Lisa Jasmina
Until we Fal

Lisa Jasmina

Until we Fall

Roman

PIPER

Mehr über unsere Autoren und Bücher:
www.piper.de

Wenn Ihnen dieser Roman gefallen hat, schreiben Sie uns unter Nennung des Titels »Until we Fall« an empfehlungen@piper.de, und wir empfehlen Ihnen gerne vergleichbare Bücher.

ISBN 978-3-492-50330-3

Litho: Lorenz & Zeller, Inning am Ammersee
Redaktion: Cornelia Franke
Covergestaltung: Traumstoff Buchdesign traumstoff.at
Covermotiv: Bilder unter Lizenzierung von Shutterstock.com genutzt
Printed in Germany

»the world's not perfect, but it's not that bad
if we got each other, and that's all we have
I will be your sister, and I'll hold your hand
you should know I'll be there for you
when the world's not perfect
when the world's not kind
if we have each other then we'll both be fine
I will be your sister, and I'll hold your hand
you should know I'll be there for you«

Alec Benjamin

Winnie Fuller

… und die Sache mit den rosafarbenen Plüsch-Haargummis

»Sport? Ich und Sport?« Ich stieß einen Laut aus, irgendwo zwischen Schnauben und Lachen. »Wenn du mich an meiner Wade anschnipst, dann schwappt die Bewegung bis in meinen Unterarm.«

»Du übertreibst.«

Tat ich nicht. Auch wenn ich auf den ersten Blick einen sportlichen Eindruck erweckte, in Wirklichkeit hatte ich die Kondition einer asthmatischen Mittachtzigerin. Nicht, dass mich das störte. Ehrlich nicht! Ich war zufrieden mit mir und meinem Körper, hatte sogar die schlanke Figur unserer Mutter geerbt. Nur wenn es um körperliche Betätigung jeglicher Art ging, sträubte sich alles in mir.

»Qualitativ hochwertige Jeanshosen. Die halten alles zusammen. Das ist das Geheimnis«, entgegnete ich trocken, legte meine Lesebrille zur Seite und lehnte mich in meinem Schreibtischstuhl zurück.

Meine Schwester Gina verdrehte die Augen. Dabei sah sie unserem Vater so ähnlich, dass sich alles in mir zusammenzog. »Ein wenig Bewegung würde dir guttun.«

»Wen versuchst du damit zu überzeugen? Mich?«, brummte ich tonlos und zog zur Antwort eine Grimasse.

Aber so schnell gab Gina nicht auf. Alles andere hätte mich auch gewundert. »Außerdem ist das kein Sport per se. Du sollst eine Kindertanzgruppe leiten, keinen Marathon laufen.«

Seufzend sank ich tiefer in das lederne Polster. Kam im Endeffekt auf das Gleiche hinaus. »Du willst mich doch nur quälen. Ich kann besser über meine eigenen Füße stolpern als tanzen.«

Gina konnte sich ein Auflachen nicht verkneifen und drehte eine ihrer langen, rotbraunen Strähnen auf dem Finger auf. Dennoch ließ sie sich nicht beirren. »Es ist auch nur für begrenzte Zeit. Spätestens nach den Sommerferien übernimmt Madison die Gruppe wieder. Bitte, du würdest mir einen großen Gefallen tun!«

»Warum übernimmst du nicht den Kurs?«

»Meine Bastelstunde überschneidet sich damit«, schnaubte sie und schaffte es dabei, ihre Worte wie einen Vorwurf klingen zu lassen. Als verteidige sie gerade das Frauenwahlrecht oder einen geschlagenen Welpen. Meine Mundwinkel zuckten.

»Du weißt ganz genau, wie wichtig die mir ist, und wir hängen mit der Dekoration für nächste Woche schon hinterher!«, führte sie weiter aus.

»Na super.« Mein Widerstand bröckelte und in Gedanken stupste ich meine innere Beyoncé an. Die wischte sich die Chipskrümel aus dem Gesicht und winkte mit einem hektischen Kopfschütteln ab. »Gibt es keine Alternative? Mum? Tante Helen? Oder Onkel Jim?«, startete ich einen letzten Versuch.

Gina presste die Lippen aufeinander und hob die Schultern. Ihr kurzweiliger Aufstand war einem entschuldigenden Grinsen gewichen. »Keine Chance.«

Ich unterdrückte ein Stöhnen. »Wenn die Kinder den Krankenwagen rufen, weil sie glauben, ich hätte einen Krampfanfall, dann bist du schuld!«

»Du bist die Beste!«, flötete Gina und drückte mir einen Kuss auf den Scheitel. Offensichtlich war ich nicht nur unsportlich, sondern auch viel zu leicht zu überzeugen. Ehe ich es mir anders überlegen konnte, verließ Gina mein Büro. Was hatte ich mir da nur aufschwatzen lassen?

Nicht nur, dass ich chronisch unsportlich war. Auch wenn ich für die *Burnaby Association for Kids and Teens* arbeitete, ich hatte nie richtig den Draht zu den Kindern gefunden. Ich wollte den Kindern helfen. Auf jeden Fall. Aber mir kam es vor, als hatten

Gina und unsere Cousine Madison immer die richtigen Worte, die richtige Betonung, die richtigen Gesten parat. Ich hingegen fühlte mich wie ein Eisbär am Südpol. Nicht ganz falsch, aber auch nicht ganz richtig, ein bisschen fehlgeleitet und desorientiert, wenn ich für die Kinder zuständig war.

Die *Burnaby Association for Kids and Teens*, kurz *BAKT*, war seit zwanzig Jahren in der Hand der Familie Fuller. Wir alle unterstützten in diesem Teil British Columbias benachteiligte Kinder, sorgten für eine warme Mahlzeit, eine Hausaufgabenbetreuung und stellten verschiedene Kurse zur Verfügung, die die Kids für eine begrenzte Zeit von der Armut und den oftmals zerrütteten Familienverhältnissen ablenkten. So auch der Modern-Dance-Kurs, der drei Mal in der Woche angeboten wurde. Normalerweise kümmerte sich meine Cousine Madison darum. Die hatte sich letzte Woche allerdings das Knie verdreht und dabei das Innenband angerissen, und humpelte seitdem mit Krücken durch unsere Räumlichkeiten. Das hatte uns allen zu dem üblichen Stress noch gefehlt.

Früher war es einfacher gewesen. Mit dem Tod unseres Vaters vor fünf Jahren war der wichtigste Teil der *Burnaby Association for Kids and Teens* weggebrochen. Von einem auf den anderen Tag waren wir nicht nur mit unserer Trauer, sondern auch den zahlreichen Aufgaben, die er als Leiter der *BAKT* innegehabt hatte, konfrontiert worden. Unser Vater hatte zwar schon immer unter zu hohem Blutdruck gelitten und Tabletten dagegen genommen, dennoch war der Infarkt ein Schock für uns alle gewesen. Mein eigenes Herz wurde schwer, als ich daran dachte.

Seitdem rackerten wir alle oft bis tief in die Abendstunden. Meine jüngere Schwester Gina leitete nach der Uni eine Bastelgruppe. Aktuell kümmerten sie sich um die Halloween-Deko, die sie nächste Woche aufhängen wollten. Unsere Cousine Madison unterstützte, neben der Tanzgruppe, die Kleinen bei den Hausaufgaben und gab dem einen oder anderen Nachhilfe in Englisch und Französisch. Mum war für das Abendessen zuständig, das täglich in der kleinen Cafeteria angeboten wurde. Für viele der

Kinder war es die einzige warme Mahlzeit am Tag und die glücklich funkelnden Augen, wenn es zur Abwechslung Pizza oder Schokoladenpudding zum Nachtisch gab, bestätigten mir, dass es richtig war, am Erbe unseres Vaters festzuhalten.

Aber ich war ehrlich – die letzten Jahre hatten uns zugesetzt. Vor allem die Finanzen brachten mir schlaflose Nächte ein. Ich kümmerte mich neben der Mathe-Nachhilfe um die Buchhaltung, die Bestellungen und Rechnungen, überwachte die Konten und prüfte die Zahlungseingänge.

Burnaby war keine sonderlich wohlhabende Stadt in British Columbia, was den wachsenden Zulauf an Kindern und Jugendlichen erklärte. Und die angespannte, finanzielle Situation hatte natürlich auch Auswirkungen auf die Spenden, durch die wir uns hauptsächlich finanzierten.

Die Räumlichkeiten, die an unser Wohnhaus grenzten, waren zwar zum Glück abbezahlt, aber das Geld fehlte an allen Ecken. Tropfende Wasserhähne, feuchte Wände und abblätternder Putz waren dabei noch meine geringsten Probleme. Den Kleinen zusätzlich etwas vorzutanzen und sie zum Mitmachen zu animieren, passte mir ganz und gar nicht in den Kram. Abgesehen davon, dass ich wirklich nicht übertrieben hatte.

Während Gina den Humor unseres Vaters geerbt hatte, eiferte ich ihm in seiner sachlich-analytischen Art nach. Jeglicher Versuch, sich sportlich zu betätigen, war seitdem von meiner tollpatschigen Ader (keine Ahnung, wem ich die zu verdanken hatte!) vereitelt worden. Beim Sportfest in der ersten Klasse war ich über meine eigenen Füße gestolpert und hatte mir bei meinem Sturz den Arm ausgekugelt. Beim Inline-Skating in der dritten Klasse hatte ich mich in einen Hundehaufen abgelegt. Und drei Jahre später beim Eislaufen, zu dem mich Gina gezwungen hatte, war ich nach gefühlt zehn Metern auf das Gesicht gefallen und hatte mir die Nase gebrochen. Man konnte also guten Gewissens behaupten, dass ich mit meinen zweiundzwanzig Jahren eine Gefahr für mich selbst und die Allgemeinheit war. Gelinde gesagt.

Schien hier trotzdem niemanden zu interessieren, denn in diesem Moment steckte meine Cousine Madison den Kopf durch die Tür.

»Winnie, hast du kurz? Ich habe gehört, Gina konnte dich überzeugen«, sagte sie mit einem zufriedenen Grinsen und strich sich über den ausrasierten Nacken.

»Leider«, stöhnte ich.

Dann stand ich auf, um ihr die Tür zu öffnen. Oder vor der Nase zu zuknallen. So ganz schlüssig, war ich mir noch nicht. Den Arm auf eine Krücke gestützt humpelte sie in mein Büro und ließ sich ohne Weiteres auf meinen Stuhl fallen.

»Glaub mir, ich hätte lieber auf die hier verzichtet.« Sie zeigte auf die Schiene, die sie um ihr Knie befestigt hatte, und verzog das Gesicht. »Außerdem warst du nicht meine Wunsch-Stellvertreterin. Ich habe erst Mum, Silvie und Gina gefragt.« Vermutlich auch noch den Postboten, Franka, unsere Putzhilfe, und die Kassiererin vom Supermarkt die Straße runter. Die bedeutungsvolle Pause, die entstand, dementierte das zumindest nicht. »Aber die haben alle keine Zeit. Also bleibst nur noch du übrig. Leider.« Madison hatte schon immer einen Hang zu direkten Worten gehabt, und auch wenn nicht jeder damit zurechtkam, ich schätzte diesen Zug an ihr.

»Suboptimal.«

»Wie wahr.«

Wir seufzten unisono. Ein zutiefst unzufriedener Laut. Dann verfielen wir in schallendes Lachen. Was für eine vertrackte Situation! Japsend setzte ich mich auf die Schreibtischkante. Während sich Madison erst eine Träne aus dem Augenwinkel, dann eine Strähne ihres kurzen, schwarzen Haares aus dem Gesicht wischte.

»Da das geklärt wäre, würde ich sagen, wir gehen den Kurs kurz durch«, kam sie auf ihren eigentlichen Grund des Besuches zurück. Ihr Blick huschte über den Stapel Unterlagen in meinem Rücken. »Oder ist es gerade schlecht?«

»Geht schon, lass es uns hinter uns bringen. Wann ist die nächste Tanzstunde? Dienstag?«, hakte ich nach.

»Morgen.«

»Morgen«, quietschte ich. Wunderbar. Wirklich wunderbar. »Wie soll ich bis dahin eure Tänze draufbekommen? Ich merke mir nicht mal die Spielregeln für Eishockey!« Und das war schließlich Kanadas Nationalsport Nummer eins! So sehr mir Zahlen lagen, mein Kopf-Arm-Bein-Verhältnis und die Abfolgen, die damit einhergingen, waren miserabel.

»Mach dir keine Sorgen, so lebensmüde ist niemand, dir einen Schläger und einen Puck in die Hand zu drücken«, scherzte Madison. Sie hatte gut lachen, schließlich hatte sie in dieser Familie das meiste sportliche Talent abbekommen. »Außerdem musst du nicht alle Tänze hinbekommen. Wir wollten ab nächster Woche einen neuen Tanz ausprobieren. Jetzt ziehen wir das eben vor.«

»Hmm, ein neuer Tanz also«, überging ich ihre Stichelei, drehte mich um und suchte meinen Schreibtisch nach Brille, Stift und Papier ab.

»Willst du das echt mitschreiben?« Madisons grüne Augen funkelten belustigt.

»Wie soll ich mir das sonst merken?«, hielt ich dagegen, schlug ein Bein über das andere und positionierte den Block auf meinem Schenkel. »Also, ich bin bereit.«

Madison schüttelte den Kopf, dann lehnte sie sich ein Stück zurück und massierte ihr Bein. »Du beginnst mit einer kleinen Warm-Mach-Übung. Ein Spiel oder so was. Fangen und Mord in der Disco sind bei uns aktuell hoch im Kurs.«

»Mord in der Disco?« Stirnrunzelnd hob ich den Blick.

»Mensch, Winnie! Hat deine Kindheit nur aus Tee und Krimiromanen bestanden?« Sie wartete meine Antwort nicht ab. Ich hatte ohnehin nicht vorgehabt, etwas zu erwidern. Schließlich hatte sie damit recht. Meine Familie, das Engagement für die *BAKT* und meine Leidenschaft für Krimis und Thriller, seien sie noch so furchteinflößend und blutig, hatten mein Leben schon immer dominiert. Ich konnte daran nichts Verwerfliches feststellen.

»Am besten bleibt ihr beim Fangenspielen«, redete sie weiter. »Danach dehnt ihr euch ein bisschen und dann beginnt ihr mit dem Tanzen. Normalerweise wiederholen wir immer ein oder zwei von den älteren Tänzen.« Als sie meinen skeptischen Blick bemerkte, beeilte sie sich zu sagen: »Die Kids haben die allerdings so gut drauf, dass du nicht unbedingt mitmachen musst. Dann geht's an den neuen. Einer wird für die nächsten zwei Wochen ausreichen. In den letzten Monaten haben wir auf viel Neumodisches getanzt. Deshalb dachte ich zur Abwechslung an einen Klassiker. Vielleicht fürs Erste etwas à la *Baby One More Time*, was meinst du?«

Ein Klassiker? War das ihr Ernst? »Also wenn du mich gerade fragst, ob ich mit einer Horde Sechs- bis Zehnjähriger ein anstößiges Britney-Spears-Video nachstellen will – NEIN.«

»Ihr sollt euch nicht in Miniröcke und bis unter die Brust geknüpfte Blusen schmeißen, es geht um den Tanz! Er ist einfach und leicht zu merken, was gerade dir in die Karten spielt«, entgegnete Madison spitz.

Tanzen und dann auch noch auf so etwas? Tat sie mir das gerade wirklich an?

Ja, ohne Zweifel.

Ich rutschte auf der Schreibtischplatte herum und schluckte meinen Unmut herunter. Mangels anderer Ideen sagte ich: »Britney Spears also. Ich hatte schon immer eine Schwäche für die Neunziger und rosafarbene Plüsch-Haargummis.«

Dann schrieb ich *Baby One More Time-Video angucken* auf meinen Block und unterstrich es zwei Mal. Was kam da nur auf mich zu?

Winnie Fuller

… und der brennende Wunsch nach einem Sauerstoffzelt

Ich würde sterben.

Jetzt und hier.

Zwischen diesem Plastik-Klappstuhl und dem CD-Player, der gerade den *Frozen*-Themesong *Let It Go* anstimmte. Die Kids flippten bei dem Lied beinahe aus, während ich mit akuter Atemnot kämpfte. Gina würde einen Grabstein an diesem Ort errichten müssen. *Winnie Fuller – Ihr Leben war kurz und schmerzvoll.*

Während ich vor mich hin litt, sang Demi Lovato voller Inbrunst *A kingdom of pain …* äh *isolation, and it looks like I'm the queen! Let it go, let it go! Can't hold it back anymore!* Ja, ich konnte es auch nicht mehr zurückhalten. Ich wollte nur noch weg, und mich mit Tee und einem Buch in meinem Zimmer verkrümeln. Dort bestand lediglich das Risiko an einem Fussel, nicht an Kurzatmigkeit, zu ersticken.

»Geht's dir gut, Winnie?« Jennifer, eine Sechsjährige mit Zahnlückenlächeln und schütterem, blonden Pferdeschwanz, hatte sich aus dem springenden Pulk gelöst und war auf mich zugekommen. »Du bist ganz rot im Gesicht!«

»Das kommt nur vom Fangenspielen«, keuchte ich. Je mehr ich mich darauf konzentrierte, langsamer zu atmen, desto schlimmer wurde es. Meine Lunge brannte lichterloh. Peinlich, Winnie, peinlich! »Susan und Aurora haben es auf mich abgesehen.«

Und jetzt auch noch die Schuld auf andere schieben!

Jennifer nickte und ihr Pferdeschwanz wippte dabei auf und ab. »Ja, aber auch nur, weil du so witzig läufst«, erklärte sie mir.

Super, jetzt machte ich mich nicht nur vor mir selbst, sondern auch vor den etwa fünfzehn Kids zum Affen. Allerdings musste ich mir an die eigene Nase fassen. Ich hatte mich maßlos überschätzt und kam mir wie das unsportlichste Individuum ganz Kanadas vor. Echt super.

»Warte, ich hole dir was zum Trinken.« Jennifer lief zu der Kiste mit Wasser, die am anderen Ende der Halle bereitstand, und kam mit einer gefüllten Flasche zurück. »Hier!«

»Danke, du bist ein Schatz«, antwortete ich, nun etwas weniger kurzatmig, und strich ihr über den Schopf. Jennifer warf mir ein verlegenes Lächeln zu, dann machte sie sich wieder zu den anderen auf. Die hopsten auf und ab, wackelten mit den Armen oder kicherten herum. An Motivation mangelte es ihnen nicht.

Nachdem ich einen Schluck getrunken hatte, nahm ich mein Notizbuch vom CD-Player. Ich hatte eine Schwäche für Planer und To-Do-Listen, bunte Stifte und Textmarker aller Art. Diese vermittelten mir zumindest das Gefühl, in dieser rasend schnellen Welt mein Leben ansatzweise im Griff zu haben. Das Spiel zum Warmwerden hatten wir hinter uns. Diesen Punkt hakte ich auf der Liste ab. Nun ging's ans Dehnen. Ich rappelte mich auf und winkte in die Runde. »So Leute, wer hat Lust ein paar Übungen zu machen?«

Ein einvernehmlich lautes »JA!« scholl mir entgegen und sicherte mir die Aufmerksamkeit. So weit, so gut. »Also, wir machen jetzt die Beine zusammen und beugen uns herunter! Soweit wir können!«

Etwa die Hälfte folgte meiner Anweisung, die anderen starrten mich an, als redete ich von einer Zellkern-Teilung. Ich wusste selbst nicht genau, von was ich da sprach! In dem YouTube-Video, das ich mir zuvor angesehen hatte, waren die Reaktionen jedenfalls anders ausgefallen. Allerdings hatte es sich dabei um eine Rentner-Yoga-Gruppe gehandelt. Also die komplett falsche Klientel, das wurde mir indes klar.

»Du musst mitmachen!«, rief Susan, die es eben schon auf mich abgesehen hatte, und ich unterdrückte ein gequältes Schnauben. »Maddy macht alles immer vor!«

»Ach, wirklich?« Natürlich machte die Ich-komme-mit-den-Händen-bis-zum-Boden-Madison bei jeder Übung mit. Hätte ich solch einen gelenkigen Körper, wäre das auch kein Problem für mich. Hatte ich dummerweise nur nicht.

»Ja, sie macht immer mit!«, brüllte mir die Gruppe im Gleichklang ins Gesicht. Das war eindeutig gewesen.

»Okay, okay … Wir machen das zusammen«, gab ich nach, positionierte meine Beine und beugte mich hinunter. Autsch. Die Sehnen protestierten. Es fühlte sich an, als würde ich versuchen, Draht auseinanderzuziehen. Ein aussichtsloses Unterfangen.

»Guck mal, ich komm bis an meine Zehen!«, tönte es vor mir.

»Guck, Winnie, guck! Und ich bis an den Boden!«, rief ein anderer.

»Toll … macht … ihr das!«, brachte ich hervor und stellte fest, dass ich es mit den Händen gerade so über meine Knie schaffte. Ehe ich mich weiter blamieren konnte, rief ich: »Und jetzt ganz langsam wieder hoch! So … Beine auseinander und einen Arm über den Kopf strecken! … Super macht ihr das!«

Es schien, als entwickelten die Kinder ein gewisses Vergnügen daran, mich leiden zu sehen. So musste ich nicht nur jede Übung vormachen, auch die Tänze hatte ich mitzutanzen. Aurora, eine Neunjährige mit Engelsgesicht hinter den braunen Ponyfransen und Teufelsbratencharme, tanzte die wildesten Figuren vor, die ich mit meiner ganzen Eleganz nachzustellen versuchte. George, ein siebenjähriger Rotblonder mit Babyspeck, musste so lachen, dass er Bauchweh bekam.

»So, ich würde sagen, das ist genug für heute«, beendete ich daraufhin den heutigen Kurs. Meine innere Beyoncé lag irgendwo halb tot in einer Ecke.

Ich reichte George, den ich auf die Bank verbannt hatte, eine Wasserflasche. »Langsam trinken, wir wollen ja nicht, dass dein Bauch wieder schmerzt.«

Er nickte, noch etwas bedröppelt, folgte aber meiner Anweisung. Nach und nach gesellten sich die Eltern zu uns, um einen Teil der Gruppe abzuholen. Diejenigen, die den Weg hierher alleine angetreten hatten, schnürten ihre Schuhe und wickelten sich in ihre Jacken, um entweder nach Hause oder zur Cafeteria zu laufen.

Als nach weiteren dreißig Minuten alle gegangen waren, atmete ich erleichtert auf. Das war doch in Ordnung für meine erste Stunde. Keine Toten. Nur ein Verletzter, und dessen Pausbacken hatten schon wieder rosig geleuchtet. Das war ein gutes Ergebnis, entschied ich für mich und machte mich ans Aufräumen der Sporthalle.

»Sie lebt noch!«, drang es von der Eingangstür zu mir herüber. Mit geröteten Wangen, meine langen, rotbraunen Wellen zu einem hohen Zopf gebunden, schaute ich auf. Ein paar Sekunden später schob sich Madison samt Krücken in die Halle. Helen, Madisons Mutter, folgte ihr auf dem Fuße.

»Ich habe nichts anderes behauptet«, sagte Helen und hob beschwichtigend die Hände. »Komm ich packe mit an, Herzchen.« Dann half sie mir, eine Matte auf den Stapel zu werfen, den ich zuvor aufgeschichtet hatte. Ihr kurzer, schwarzer Zopf wippte geschäftig. Madison war, zumindest was ihre Züge anging, ihrer Mutter wie aus dem Gesicht geschnitten, nur, dass Helen ein paar Kilo mehr auf den Hüften hatte.

»Stimmt doch gar nicht, du hast gewettet, dass Winnie …«

»Shht, gar nichts habe ich!«, unterbrach sie ihre Tochter.

Ich grinste müde. »Schon gut. Zwischenzeitlich habe ich wirklich aus dem letzten Loch gekeucht.«

»War's so schlimm?« Madison sank mit abgehackten Bewegungen auf den Klappstuhl, obwohl sie am liebsten aufgesprungen wäre und uns geholfen hätte. Sie gehörte zu der Sorte Mensch, der immer in Bewegung war. Das war in den nächsten Monaten jedoch nicht drin. Im schlimmsten Falle drohte ihr noch eine Operation, die sie noch länger an die Krücken fesselte.

»Nein, echt nicht«, beeilte ich mich zu sagen, um nicht weiter den Jammerlappen zu mimen. »Die Kinder sind toll, auch wenn es das eine oder andere auf mich abgesehen hat. Wir sind sogar die ersten Schritte zu *Baby One More Time* durchgegangen.«

»Ich bin stolz auf dich, Winnie.« Helen setzte sich auf den Mattenstapel und schoppte die Ärmel ihres Pullovers nach oben. »Es wäre eine Schande gewesen, den Tanzkurs abzusagen, bis Madison wieder fit ist.«

»Ich hab sogar eine positive Nachricht für dich«, klinkte Madison sich ein, griff nach dem CD-Player und nahm die CD heraus, die in den letzten Stunden rauf und runter gelaufen war. »Wir bekommen Unterstützung!«

»Unterstützung?« Ich ließ mich neben Helen fallen und zog die Beine an. Unterstützung war in unserem Bereich rar. Eine gute Bezahlung konnten wir schlichtweg nicht bieten, und viele Ehrenamtler verirrten sich nicht hierher. Das war der Grund, warum die *Burnaby Association for Kids and Teens* bisher als reines Familienunternehmen geführt worden war. Mein Onkel Jim, der Bruder meines Vaters, war Hausmeister und lebte mit Helen eine Straße weiter. Helen half Mum in der Küche, arbeitete allerdings noch nebenbei in einer Bäckerei, um die Haushaltkasse aufzustocken.

»Einer von den Eishockey-Spielern. Er hat Mist gebaut und ist von seinem Trainer verdonnert worden, uns die nächsten sechs Wochen auszuhelfen.«

»Als Strafe?«, quiekte ich überrascht. Für diesen Job brauchte man Feingefühl und den Willen, an etwas dran zu bleiben. Jemand, der weder die Lust noch die Ambition hatte, hier anzupacken, war nur hinderlich.

Madison nickte. »Ja, er wird uns ab Donnerstag unterstützen. Jetzt guck nicht so! Lern ihn erst einmal kennen, bevor du dir ein Urteil bildest!«

Ab Donnerstag schon?

Geht's noch?

»Warum höre ich erst jetzt davon?« Als diejenige, die für die Buchhaltung und die Einsatzplanung zuständig war, wurde solch eine Entscheidung durch mich getroffen. Auf diese Weise davon zu erfahren, stieß mir bitter auf. Ich mochte es nicht, übergangen zu werden, und es fiel mir schwer, meinen Missmut zu verbergen.

Helen legte eine Hand auf meinen Oberschenkel und tätschelte ihn versöhnlich. »Sei nicht sauer, Winnie. Jim kennt den Trainer der *Burnaby Polar Bears* und ist von ihm darauf angesprochen worden. Du weißt selbst, dass wir zu dieser Zeit jede helfende Hand gebrauchen können. Vor allem, da es auf den Wohltätigkeitsmarkt zu geht.«

Mit dem Hinweis auf den Wohltätigkeitsmarkt, der jedes Jahr zur Weihnachtszeit stattfand, hatte sie den richtigen Schalter bei mir umgelegt. Der war seit Jahren einer unserer wichtigsten Einnahmequellen in diesem Quartal und kam immer viel zu plötzlich. Ich seufzte ergeben. Wie war das gleich? Ich ließ mich viel zu leicht überzeugen.

»Wisst ihr überhaupt etwas von ihm? Seinen Namen, woher er kommt?«

Madison blickte ihre Mutter an. Helen zuckte nur mit einer Schulter und betrachtete ihre schwarz lackierten Fingernägel. Das fing ja super an.

»Wir lernen ihn eben kennen«, entgegnete Madison und hievte sich hoch. »Er wird schon kein kindermordender Psychopath sein.« Das Kichern, das sie von sich gab, stieß mir bitter auf.

»Das hoffe ich doch.«

Madison kam zu mir herüber gehumpelt und schlang einen Arm um mich. »Das wird schon, Cousinchen. Bist du einverstanden?«

»Schön, von mir aus können wir ihm eine Chance geben. Wenn ich aber merke, dass er uns mehr Arbeit kostet, als abnimmt, kann sich der Trainer der *Burnaby Polar Bears* eine andere Strafe überlegen.«

»Sei nicht immer so pessimistisch«, erwiderte Tante Helen, löste den Blick von ihren Nägeln und lächelte aufmunternd. Sie war neben meiner Mutter die gute Seele des Hauses und ließ sich durch beinahe nichts aus dem Konzept bringen. Eine Eigenschaft, um die ich sie beneidete.

Ich zwang mich zu einem Lächeln, gegen das meine Muskeln protestierten. »Ich gebe mir Mühe.«

Jonathan Montague

… Pauken und Trompeten, und der Moment, in dem ein Nilpferd starb

Ich hatte keine Zeit.

Echt nicht.

Mein Studium, das Eishockey-Training und mein Nebenjob in der Bar fraßen mein letztes bisschen Freizeit auf und ließen diesen Quatsch nicht zu. Coach Nelson schien da anderer Meinung zu sein. Anstatt wie zuvor drei Mal die Woche zum Training zu fahren, durfte ich nur am Pflichttraining freitags teilnehmen und musste die restliche Woche hier verbringen. Ich schnaubte genervt.

Es war nicht das erste Mal, dass ich Ärger gemacht und dafür eine Geldstrafe oder eine Spielsperre kassiert hatte. Aber hiermit hatte der Coach mir eins reinwürgen wollen. Und auch wenn ich es ungern zugab, er hatte es geschafft. Coach Nelson wusste, spätestens, nachdem Steven es ihm gesteckt hatte, wie wichtig mir meine Zeit außerhalb des Trainings und der Spiele war. Diesmal tat seine Maßregelung richtig weh.

Ich war nie mit sonderlich viel Zurückhaltung gesegnet gewesen. Das machte mich zu einem der Top-Stürmer, den die *Burnaby Polar Bears* zu bieten hatten, stand mir aber in gleicher Weise im Weg. Der Ausbruch letzte Woche hatte Nelsons Geduldsfaden endgültig zum Reißen gebracht. Er war ebenfalls ein Hitzkopf wie ich. Und die Widerworte, die ich ihm auf seine Standpauke entgegen gepfeffert hatte, hatten ihre Wirkung verfehlt.

Jetzt hatte ich sechs Wochen Strafarbeit bei diesem Wohltätigkeitsverein und den Ärger vom Coach am Hals. Als hätte ich sonst nichts, mit dem ich mich herumschlagen musste.

Angepisst stapfte ich über die breite Auffahrt, die links von einem dunklen See, rechts und im Hintergrund von riesigen, schwarzen Tannen gesäumt wurde. Burnaby war geprägt von Wäldern, Hügelzügen, Tälern und Seen, und dieser Ort fügte sich perfekt darin ein. Zwei Häuserkomplexe mit ausladenden Veranden waren auf dem Gelände zu erkennen. Auf den ersten Blick sah es nicht danach aus, dass meine Hilfe hier gebraucht wurde.

Dieser Eindruck revidierte sich allerdings schnell. Spätestens, als ich an den maroden Holzfassaden vorbeimarschierte und meinen Blick über die abgeplatzte Farbe und das Gestrüpp schweifen ließ, das sich trotz der Jahreszeit durch jede Ecke zwängte.

»Hey! Kann ich Ihnen helfen?« Ein Kerl so breit, dass man ihn unwillkürlich mit einer gewissen Vorsicht musterte, kam auf mich zu. Ein dichter, dunkler Bart wucherte in seinem Gesicht, doch die Augen wirkten müde und eingefallen. Einige Meter vor mir stoppte er und fixierte mich mit der gleichen Wachsamkeit, die ich ihm entgegenbrachte.

»Hey, mein Name ist Jonathan Montague. Ich soll hier aushelfen«, stellte ich mich vor und lächelte schmal.

»Jonathan!« Die anfängliche Skepsis meines Gegenübers schmolz wie Eis in der Sonne, und ein gut gelauntes Funkeln trat in seine Augen. »Ich bin Jim Fuller. Schön, dich kennenzulernen!«, tönte er, überbrückte den letzten Abstand zwischen uns und klopfte mir auf die Schulter, als wäre ich ein alter Freund. »Komm mit, ich zeige dir alles!«

Voller Enthusiasmus stapfte Jim voraus, sodass mir gar nichts anderes übrig blieb, als ihm zu folgen. »Das hier ist das Wohnhaus meiner Schwägerin und ihrer beiden Kinder, Winnie und Gina«, erklärte er und zeigte auf das kleinere, heruntergekommene Gebäude. Zielstrebig hielten wir auf das andere zu. »Und dahinten sind die Räume der Stiftung. Über die Veranda erreicht man die zwei unteren Aufenthaltsräume. Meine Nichte Gina bastelt dort mit den Kindern.«

Er sagte das, als hätte diese Gina einen Orden verdient. Wir betraten das Haus. Die Eingangshalle war über und über mit Spinnweben aus Watte, Girlanden mit Kürbissen, Skeletten und Fledermäusen aus buntem Bastelpapier geschmückt. Ja, da hatte tatsächlich jemand eine ungesunde Beziehung zu Wellpappe und Bastelkleber.

»Dahinten ist die Küche und die Cafeteria. Abendessen gibt es jeden Tag von fünf bis halb sieben. Wenn wir die Zeit finden, kannst du gerne mitessen«, redete Jim weiter und warf mir ein aufmunterndes Lächeln zu. »Nur wer gut isst, kann gute Arbeit erbringen.«

Ich erwiderte sein Lächeln kläglich und versenkte die Hände in meinen Hosentaschen. »Danke für das Angebot.«

»Wenn du früh genug dran bist, ist sogar ein Mittagessen drin«, versuchte er, mich zu ködern, und mir wurde bewusst, dass dies hier kein Spaziergang werden würde. Klasse.

»Ich muss schauen, ob ich es schaffe. Hab noch ein paar andere Dinge, um die ich mich kümmern muss.«

»Logisch! Wir sind froh, dass du uns überhaupt zur Hand gehst! Komm, ich zeige dir den Rest der Räume.« Jim stieg eine Treppe empor, die vom Flur abging. Bevor ich allein in der Bastel-Hölle zurückgelassen wurde, folgte ich ihm. Die Stufen gaben bei unserem Gewicht ein lautes Knarren von sich und ich hoffte, nicht durch eine hindurch zu brechen und so im Keller zu landen.

»Hier oben findet die Hausaufgabenbetreuung und die Nachhilfe statt. Meine Kleine, die Madison, das ist eine ganz Flotte. Gibt Unterstützung bei Englisch und Französisch!«, erklärte er, nicht ohne seinen väterlichen Stolz durchklingen zu lassen.

»Cool.«

»Da drüben ist das Badezimmer und da oben …« Er nickte eine weitere Treppe empor. »Der Dachboden. Wir nutzten ihn als Bibliothek. Hinter dem Haus sind noch meine Werkstatt und die Sporthalle. Da macht die Winnie im Moment den Tanzkurs. Vorher hat meine Madison den geleitet, aber sie hat sich das Innenband angerissen. Ganz böse Geschichte, das sag ich dir.«

»Hört sich schmerzhaft an«, stimmte ich ihm zu. Mit Verletzungen aller Art hatte ich zu meinem Leidwesen einige Erfahrungen gemacht. Das blieb beim Eishockeyspielen nicht aus.

Zusammen verließen wir das Haus. Nachdem mir Jim seine Werkstatt gezeigt hatte, bemerkte er mit einem Blick auf meine Jeans: »Das ist übrigens keine gute Hose, um zu arbeiten. Hast du eine Arbeitshose, irgendwas Robusteres?«

»Nein, nur Sporthosen und Jeans«, erwiderte ich leicht irritiert und fragte mich, was zur Hölle dieser Kerl in den nächsten Wochen mit mir vorhatte.

»Hm-hm.« Damit war das Thema vorerst abgehakt. »Komm, ich zeig dir noch die Sporthalle. Dann stell ich dich den anderen vor.«

Die Halle, die mich mehr an eine Baracke mit Linoleumboden erinnerte, hatte eindeutig schon bessere Tage erlebt. Die Tür musste eingestellt werden, durch die Fenster pfiff es und der gräuliche Belag an den Wänden war sicherlich keine Fingerfarbe der Bastel-Tante. Mit ein bisschen Fantasie konnte die Halle auch als die nächste SAW-Kulisse durchgehen, nur, dass es hier etwas sauberer war. Aber das war nicht das, was meine Neugier weckte, während Jim alle Baustellen aufzählte, die er in den nächsten Wochen richten wollte. Irgendein alter Britney-Spears-Song trällerte durch die Halle, während ein Dutzend Kinder dazu durch die Gegend sprang. Doch das Mädchen, Winnie, wie Jim es genannt hatte, zog meine Aufmerksamkeit auf sich.

Oh baby, baby how was I supposed to know … Oh pretty baby, I shouldn't have let you go …

Meine Brauen wanderten mit jeder Strophe ein Stück nach oben, bis sie fast meinen Haaransatz erreichten. Und das lag nicht allein an der fragwürdigen Musikauswahl.

Das Mädchen hatte in etwa die Eleganz eines verendenden Flusspferds, und ich konnte es nicht einmal leugnen – das hatte einen gewissen Unterhaltungswert. Obwohl sie mit dem Rücken zu den Kids an vorderster Front tanzte, gab sie das mit Abstand schlechteste Bild ab. Nicht nur, dass sie immer zwei, wenn nicht sogar drei Sekunden, zu spät war, sie bewegte sich völlig gegen den Takt der Musik. Faszinierend, wirklich faszinierend.

Das Elend … korrigiere, das Lied fand sein Ende, und langsam kehrte Ruhe in den Haufen ein. Winnie, die uns immer noch nicht bemerkt hatte, fuhr sich mit beiden Händen durch das lange, wellige Haar. Rote Flecken prangten ihr auf Wangen und der Stirn. Ihre Schminke war verrutscht und zeichnete sich nun als schwarze Schatten unter ihren Augen ab. Anscheinend war da jemand ein wenig aus der Form.

»Hey Winnie!« Jim hatte seinen Redefluss unterbrochen, um seine Nichte auf uns aufmerksam zu machen. Die gute Laune schien, kaum dass sie uns erkannte, ins Gegenteil umzuschlagen. Mit zögerlichen Schritten kam sie auf uns zu.

»Onkel Jim … hey«, sagte sie, während ich sie nicht aus den Augen ließ. Auch ihre zerzausten Haare und die verrutschte Schminke konnten nicht darüber hinwegtäuschen, wie attraktiv sie war. Die Sportklamotten unterstrichen ihre schlanke Figur. Als sie vor uns zum Stehen kam und einen Arm in ihre wohlgebogene Hüfte stemmte, bohrte sich ihr Blick in meinen, ganz so, als hätte sie mich bei etwas Unanständigem ertappt.

»Winnie, das ist Jonathan. Er wird uns die nächste Zeit unter die Arme greifen«, stellte Jim mich vor und klopfte mir ein weiteres Mal auf die Schulter. So fest, dass ich fast einen Schritt nach vorne getaumelt wäre.

Ich hob die Hand. »Jona. Hi.«

Anstatt einer Antwort trat ein stoischer Ausdruck in ihre moosgrünen Augen. Scheinbar unberührt wischte sie sich den verlaufenen Mascara fort und ich spürte, wie sie mich dabei einzuschätzen versuchte. Wahrscheinlich hatte Coach Nelson nicht an sich gehalten und mein Ruf war mir bereits vorausgeeilt.

Egal.

Ich musste diesem Mädchen mit den zwei linken Beinen nichts vormachen und schon gar nichts beweisen. So wie mich Winnie gerade taxierte, hatte sie ihre Meinung über mich ohnehin gebildet. Sie verschränkte die Arme vor ihrem durchgeschwitzten Sport-Top und stierte uns an. »Wie lange steht ihr schon hier?«

»Ich fürchte, lange genug«, antwortete ich und verkniff mir ein Grinsen. Gelang nur zum Teil. Meine Mundwinkel zuckten nach oben, und das verbesserte nicht gerade die Stimmung.

Winnie schluckte. Doch sie versteckte ihr Unbehagen hinter einem abschätzigen Funkeln. Ich konnte den leisen, vermutlich nicht jugendfreien Fluch, den sie auf ihren Lippen balancierte, förmlich schmecken. Aber sie behielt ihn für sich. Anständiges Mädchen.

»Habt ihr nichts Besseres zu tun, als uns zuzuschauen, Onkel Jim?«, wandte sie sich stattdessen von mir ab. Ohne eine Antwort abzuwarten, drehte sie sich herum und stolzierte hoch erhobenen Hauptes zurück zu den Kindern. Das konnte sie im Gegensatz zum Tanzen ziemlich gut. Obwohl …

Im gleichen Moment, in dem ich den Gedanken zu Ende gedacht hatte, stolperte sie über das Kabel des CD-Players. Der gab ein lautes, protestierendes Poltern von sich, als er auf dem Boden aufschlug. Nur mit Mühe und Not fand sie Halt an einem Klappstuhl. Mit hochrotem Kopf blickte sie zurück, um abzuschätzen, ob ihr Fast-Sturz ungesehen geblieben war. War er nicht. Zur Bestätigung hob ich eine Hand und lächelte ihr über die Entfernung hinweg schief zu. *Jupp, ich fand es auch schön dich kennenzulernen. Ich wurde noch nie mit einer Tanzeinlage begrüßt, schon gar nicht mit solch einer amüsanten.*

Jim quittierte die Situation mit einem Stirnrunzeln. »Komm, Jona, lass uns los. War vielleicht ein schlechter Zeitpunkt.«

Wie wahr.

Damit war auch dieses Thema für ihn abgehakt und er widmete sich wieder seiner To-Do-Liste, die wir bei diesem Ausmaß die nächsten hundert Jahre nicht abarbeiten würden.

Winnie Fuller

… die Reise nach Mordor und die Suche nach der eigenen Selbstachtung

Auch wenn ich in den letzten zwei Stunden immer wieder an den Punkt gekommen war, meine Selbstbeherrschung wegzuschmeißen, mein Schamgefühl war mir noch nicht abhandengekommen. Das sagte mir zumindest mein heftig pochendes Herz, das zur Abwechslung nicht gegen Britney oder die sportliche Betätigung protestierte. Auch das Sengen in meinen Adern und der Ärger, der in meinem Magen schwelte, waren eindeutige Anzeichen, dass mir der Neue gewaltig gegen den Strich ging.

Wie er dagestanden hatte. Mit seiner dunkelbraunen James-Dean-Gedenk-Frisur, den gleichfarbigen Augen und dem leichten Schmunzeln auf den Lippen.

Und dann Onkel Jim! Wie war er auf die Idee gekommen, ausgerechnet in einen meiner Kurse zu platzen? Hätte er nicht zwei Stunden früher an die Tür zu meinem Büro klopfen können?

Anscheinend nicht.

Es sollte mich nicht ärgern, echt nicht. Aber ich war eben ein Mensch, der immer, wirklich immer, sein Bestes gab. Früher an der Uni. Bei der Arbeit, im Privaten. Ich wusste, wo meine Stärken lagen, und ich wusste, sie entsprechend einzusetzen. Dass ich hier nicht die beste Figur abgab, überraschte mich nicht. Dennoch konnte ich darauf verzichten, die Belustigung für einen dämlich grinsenden, und dabei viel zu gut aussehenden Eishockey-Spieler zu sein. Mein Bauchgefühl hatte mir sofort gesagt, dass er uns nur Probleme einbringen, dass er mehr Belastung sein, als uns Arbeit abnehmen würde. Wenn er überhaupt noch mal hier auftauchte.

Tja, mein Bauchgefühl hatte sich geirrt.

Obwohl Jona immer ein bisschen zu spät und mit einem abgehetzten Gesichtsausdruck das Gelände betrat, in der darauffolgenden Woche erschien er an jedem einzelnen verabredeten Tag. Er half Onkel Jim, übernahm einige der dringenden Reparaturen, während ich wie ein einbeiniges Hühnchen auf LSD durch die Sporthalle hüpfte.

»Du guckst, als hättest du einen Käfer verschluckt.« Ginas Brauen waren zu einem skeptischen Strich verschmolzen, während sie mich musterte. Ich drückte meine Schwester ein Stück von mir weg. Wenn sie noch näherkam, konnte sie meine Nasenhaare zählen.

»Da hat sie recht. Einen richtig fiesen Käfer sogar. Hast du Muskelkater, mein Spatz?«, mutmaßte Mum und rührte in dem riesigen Topf Chili, den sie für das Abendessen zubereitete.

»Nur ein bisschen«, murrte ich in meinen Tee. In Wirklichkeit spannten und zwickten sämtliche Muskeln in meinem Körper, als wollte mich jede einzelne Zelle mit aller Gewalt davon abhalten, später in die Sporthalle zurückzukehren.

Mum führte einen Holzlöffel voll Chili an die Lippen, um davon zu probieren. »S-shit! Verflucht, ist das heiß!«, zischte sie und kniff die Augen zusammen.

»Mum.« Gina kicherte und verdrehte die Augen, und auch ich konnte ein Grinsen nicht unterdrücken.

Meine Mutter war eine der stärksten und zugleich sanftesten Frauen, die ich kannte. Sie war diejenige, die uns zusammenhielt, uns führte und immer für uns da war. Allerdings hatte sie den Hang, zu fluchen wie ein Seemann, wenn ihr etwas nicht passte. Was nicht immer förderlich war, wenn man stets Gefahr lief, einen Pulk Kinder um sich zu haben.

»Ja, schon gut«, wiegelte sie ab und fing an, den Gewürzschrank zu durchsuchen. »Das schmeckt noch zu fade. Wo ist der Zimt? Ahh, da!«

»Kommst du denn voran?«, wandte sich Gina derweil an mich.

Sie schnappte sich die Baguettes und befreite sie aus ihrer Papierhülle. Anschließend griff sie nach einem Brettchen und einem Messer.

»Ich gehe mal davon aus, dass du nicht auf die Zählerstände anspielst, die ich ablesen und an die Verwaltung übermitteln muss«, antwortete ich gedämpft.

Gina hielt in der Bewegung inne und schenkte mir einen Was-glaubst-du-wohl?-Blick. Dann schnitt sie weiter das Brot in Scheiben und schichtete es in die Schüsseln, die ich hervorgeholt hatte.

»Es ist okay, wirklich«, begann ich. »Es ist schön, Zeit mit den Kleinen zu verbringen. Allerdings bleibt so viel im Büro liegen.«

»Soll ich dir heute Abend helfen?«, bot Gina an und wusch sich die Hände. Brotkrümel hatten sich in ihren langen, rotbraunen Strähnen verfangen.

»Nein, danke. Lieb von dir, aber danach habe ich nur noch mehr Arbeit.« Ich milderte meine Worte mit einem schmalen Lächeln ab und hauchte ihr einen Luftkuss zu. Gina war vielleicht der kreativere Part von uns beiden, allerdings auch die Mutter der Unordnung.

»Hey, so chaotisch bin ich nicht!«, schnappte Gina empört. Mum und ich schnaubten einstimmig.

»Du bist genauso chaotisch, wie Winnie unsportlich ist.« Mum probierte ein weiteres Mal das Chili. Diesmal trat ein zufriedener Ausdruck auf ihre Züge.

»Frechheit.«

»Absolut«, stimmte ich Gina in trockenem Ton zu, fischte ein Stück Brotkruste aus ihrem Haar und steckte es mir in den Mund.

»Ihh, du Ekel«, prustete Gina.

»Selber Ekel!« Ich knuffte sie mit dem Ellbogen.

»Naja, wenigstens bin ich pünktlich zu meinem Kurs«, meinte sie mit einem Schulterzucken und versuchte, sich das diabolische Lachen zu verkneifen.

»Shit! Ist es schon so spät?« Mein Blick hetzte zu der Uhr neben dem Herd. Tatsächlich, ich kam zu spät!

»Hör auf zu fluchen! Du fängst schon an wie Mum!«, hörte ich Gina noch nach mir rufen, dann war ich bereits aus der Küche gehetzt.

Es war zwanzig nach drei. Um halb vier würden die Kids auf der Matte stehen, und ich hatte anstatt meiner Yoga-Hose noch Jeans und ein Langarm-Shirt an. Im Laufschritt verließ ich das Gebäude und trabte auf unser Wohnhaus zu. Mein Zimmer lag im ersten Stock. Als ich es betrat, hielt ich auf die Holztruhe zu, die am Fuße meines Bettes stand. Dort bewahrte ich nicht nur meine Sammlung schräger Kuschelsocken auf, sondern auch meine gefühlt zwanzig Yoga-Hosen. Ja, ja, ich machte nie Sport! Zumindest nicht freiwillig. Aber gab es etwas Befriedigenderes, als sich in so einer Sportleggins auf die Couch zu hauen?

Nein.

Ganz eindeutig nicht.

Auch wenn der Gedanke verlockend war, es war mir nicht vergönnt. Hektisch durchwühlte ich die Truhe, auf der Suche nach etwas, das ansatzweise ausdrückte: Hallo-Autoritätsperson! Oder zumindest Dieser-Jemand-bricht-nicht-in-den-ersten-zehn-Minuten-zusammen!

Doch außer ein paar Socken mit aufgedruckten Monsteraugen fand ich nichts. *Oh-oh, ganz schlecht.* Hatte ich aufgrund des Stresses der letzten Tage echt vergessen, meine Wäsche zu waschen?

Sah danach aus. Der Blick in den Wäschekorb im Bad bestätigte mir meine Befürchtung. Ich, Winnie, die Organisierteste der Familie Fuller, hatte nichts zum Anziehen!

Großartig.

Und der Wecker auf meinem Nachttisch trieb mich an, mir schnell eine Alternative einfallen zu lassen. Fünf vor halb vier, spie er mir in giftgrünen Ziffern entgegen.

Ich schnappte mir eines meiner Tops, zerrte mir das Shirt über den Kopf und wagte mich in meiner Eile in die Höhle der Verdammnis, auch bekannt als Ginas Zimmer. Dieser Raum war wie das Mordor British Columbias. Man musste teuflisch aufpassen, wohin man trat, denn überall herrschte Durcheinander. Angefangen bei dem Inhalt ihres Kleiderschrankes, der sich zu großen Teilen über den Boden und zahlreiche Möbelstücke verteilte. Aufgehört bei der Masse an Bastelsachen, die den restlichen Teil des Raumes einnahm und an den ungewöhnlichsten Stellen zu pappen schien.

Während ich mich noch fragte, ob ich in Bastelkleber oder Zahnpasta hineingetreten war, schnappte ich nach der Yoga-Hose, die zu meinem Glück in ihrem Schrank Zuflucht gefunden hatte. Ein kurzer Riechtest bewies mir – gewaschen und sauber. Ich putzte mir den Fuß an einem Handtuch ab, das ich aus einem undefinierbaren Wäscheberg gezogen hatte, und verließ Ginas Zimmer so schnell wie möglich.

Gandalf wäre stolz auf mich.

Zurück in meinem Zimmer schlüpfte ich aus meiner Jeans und zwängte mich in Ginas Hose. Ähm … ob das normal war, dass es mir die Luft abschnürte? War mein Hintern wirklich so viel größer als der meiner Schwester?

Die mir verbleibenden zwei Minuten waren nicht genug, um mir darüber den Kopf zu zerbrechen. In Windeseile zog ich meine Sportschuhe über. Ja, so was besaß ich, und ja, es waren die gleichen, die ich bereits im Sportunterricht der Junior High School getragen hatte. Dann stürmte ich aus dem Haus. Onkel Jims irritierter Blick folgte mir bis zur Sporthalle.

Ich hatte Schwein gehabt. Der Platz vor der Halle war noch verwaist. Also sperrte ich die Eingangstür auf, dann holte ich einen Kasten Wasser aus dem anliegenden Schuppen und stöpselte den CD-Spieler ein.

Nach und nach fanden sich die Kinder in der Halle zusammen. Als die Eltern gegangen waren und wir die ersten Aufwärmspiele hinter uns hatten, rief ich die Meute zusammen.

»Soo, jetzt dehnen wir uns! Beine zusammen und langsam runterbeugen, soweit wir …«

Argh.

Nein, mir war nicht die Hose gerissen. Obwohl das nach dem

heutigen Tag nicht verwunderlich gewesen wäre. Es war jedoch viel schlimmer. Ein stechender Schmerz war durch meine Wirbelsäule gezuckt und nistete sich nun dumpf pochend zwischen meinen Schulterblättern ein.

»Winnie, geht's dir gut?«, hörte ich George mit weinerlicher Stimme fragen.

»K-klar, alles gut. Macht nur weiter«, krächzte ich und richtete mich mit der Geschmeidigkeit einer Katze auf. Na gut, einer leicht übergewichtigen Katze. Mit verdrehtem Rücken und … lassen wir das. »Machen wir uns an den ersten Tanz.«

Ich wählte das zweite Lied auf der CD aus. Der *Frozen*-Soundtrack war ein Selbstläufer und der Tanz, den Madison sich ausgedacht hatte, war den Kleinen mittlerweile in Fleisch und Blut übergegangen, so sehr, dass ich keine Anweisungen durch die Halle brüllen musste. Stattdessen ließ ich mich auf den Stuhl sinken und machte eine kurze Bestandsaufnahme. Irgendwas stimmte mit meinem Rücken nicht. Fühlte sich an, als sei etwas blockiert.

Seufzend hob ich den Blick und starrte direkt in Jonas kaffeebraune Augen. Die Hände in den Taschen seiner zerschlissenen Jeans vergraben, stapfte er auf mich zu und sah dabei so unverschämt lässig aus, als käme er von einem New Yorker Laufsteg.

»Was machst du hier?«, begrüßte ich ihn. Ein nervöses Surren machte sich in meinem Magen breit, und gesellte sich zu dem Pochen in meinem Rücken.

»Jim meinte, das Fenster muss neu abgedichtet werden. Das wollte ich mir ansehen«, antwortete er, eine Silikon-Spritze in der Hand, und blieb vor mir stehen. Seine dunklen Haare wurden von einer Kappe aus der Stirn gehalten und der Kapuzenpullover, den er über die Unterarme geschoppt hatte, war mit einer schwarzen Flüssigkeit, vielleicht Motoröl, verschmiert. Jim schien ihn richtig zu fordern und für einen Moment tat er mir leid. Für einen ganz kurzen. Denn seine nächsten Worte zerstörten diesen flüchtigen Ausfall meines Urteilsvermögens.

»Die Frage ist wohl eher, was du hier machst? Das hat alles andere als gut ausgesehen.«

»Ich habe keine Ahnung, was du meinst«, entgegnete ich.

»Nicht?« Seine Augenbrauen zogen sich zu zwei amüsierten Bogen nach oben und ein Grinsen schwang um seine Lippen. »So, wie du deine Dehnübungen ausführst, wundert es mich kein bisschen, dass du dir sämtliche Wirbel verrenkst.«

Ich erhob mich mit einem gequälten Zischen, damit er nicht weiter von oben herab zu mir sprechen konnte. Dennoch war er einen ganzen Kopf größer als ich. »Ach, und du hast so viel Ahnung?«

Sein Grinsen wurde breiter. So breit, dass sich seine Augen kurz zu zwei schmalen Schlitzen verengten. Das Surren in meiner Magengegend verstärkte sich.

»Nicht unbedingt. Aber ich spiele seit meinem sechsten Lebensjahr Eishockey. Ein ausgerenkter Rücken ist da nicht unüblich. Stephanie, unsere Physio, hat uns einige gute Übungen dafür gezeigt. Komm her, ich helfe dir.«

»Äh…« Ehe ich protestieren konnte, hatte er mich am Arm gepackt und mich mit dem Rücken zu sich gedreht. Seine Finger strichen mein Rückgrat hinab und übten leichten Druck darauf aus. Ein Prickeln folgte seiner Berührung und innerlich schrie ich meinen Körper an, keine Gänsehaut zu bekommen. *Zusammenreißen, zusammenreißen!*

»Der da ist raus«, stellte er mit einem Brummen fest und ließ die Finger über meinen unteren Rücken gleiten. Fühlte sich seltsam gut an. Ich fragte mich, wann ich das letzte Mal von jemandem so berührt worden war – es war lange, lange her. Ob ihm bewusst war, wie nahe wir uns gerade waren? »Und der da auch. Verschränk mal die Arme vor der Brust.«

»Okaaay.«

»Tief durchatmen und bis drei zählen.«

»Ich weiß zwar nicht für was …« Bevor ich meinen Satz zu Ende brachte, hatte er mich bereits von hinten gepackt und hochgehoben. Wie ein nasser Sack hing ich in Jonas Armen und wurde von ihm durchgeschüttelt. »W-w-was s-so-soll das?«

Knack.

Der erste Wirbel saß wieder an Ort und Stelle und eine wohlige Welle erfasste mich, als er mich abstellte. »Wow, das war … danke«, stammelte ich. Meine Wangen waren heiß, als ich zu ihm emporblickte. Ja, er war echt groß. Kein Wunder, dass ich mich in seinen Armen wie eine hilflose Ameise gefühlt hatte. Ich war im Begriff, mich von ihm wegzudrehen, da hielt er mich am Oberarm auf. Wieder dieses Kribbeln. Oh Mann, das war so was von nicht gut.

»Wir sind noch nicht fertig«, sagte Jona.

»Nicht?«

»Nein, einer ist noch draußen. Den bekommen wir auf diesem Weg nicht rein. Leg dich auf den Boden.«

Ich runzelte die Stirn, folgte aber seiner Anweisung. Wenn er mir eine Übung zeigte, die mich von meinem Schmerz befreite, dann würde ich das in Anspruch nehmen. Mit meinem Ego konnte ich später darüber diskutieren.

»Jetzt schlag das rechte Bein über das linke und drehe den Oberkörper auf die andere Seite. Mit dem linken Arm drückst du gegen das überschlagene Bein«, erklärte er ungerührt. Anscheinend war ich die Einzige, die bei dieser Art von Behandlung innerlich glühte.

»So?«, fragte ich und fühlte mich wie ein auf den Rücken geworfener Maikäfer, hilflos mit den Gliedmaßen wackelnd.

»Najaaa …« Jona rieb sich etwas ratlos den Nacken, dann ging er ebenfalls in die Hocke und langte nach meinem Unterschenkel. »Eher so, das Bein muss angewinkelter sein.«

Ich schluckte. Während er mein Bein in die richtige Position brachte, stieg mir sein Geruch in die Nase. Nach Eis, Wald und feuchtem Holz und einer Spur Duschzeug. Dafür, dass er gearbeitet hatte, roch er erstaunlich gut. Mir blieben nicht oft die Worte im Halse stecken, aber gerade war meine Kehle trockener als Knäckebrot.

»Und jetzt den Oberkörper langsam zur anderen Seite drehen … weiter … weiter, genau so«, wies er mich murmelnd an. Konzentriert legte er seine Hand auf meine Schulter, presste leicht dagegen und überbrückte den letzten Widerstand meines Körpers.

»Oh Gott«, keuchte ich, dann rasteten meine Wirbel mit einem weiteren lauten Knacken ein. Wow. Ich fühlte mich entspannt und zugleich völlig ausgelaugt. Auch wenn ein leises Pochen mich noch an die letzten Minuten erinnerte.

»Morgen müsste es dir besser gehen und die Reizung verschwunden sein.« Er erhob sich und stemmte die Arme in die Hüfte. Der konzentrierte Ausdruck von eben war innerhalb von Sekunden einem überheblichen Lächeln gewichen. Tja, in Anbetracht der Lage konnte ich ihm das nicht einmal verdenken. »Vielleicht solltest du dir ein weniger gefährliches Hobby suchen. Stricken zum Beispiel.«

»Lustig ... und überhaupt nicht chauvinistisch«, erwiderte ich und erhob mich ungelenk. Hatte ich eben innerlich geglüht, so schossen meine Augen nun Eisblitze. »Das ist kein Hobby, sondern mein Job.«

»Ach, wirklich.«

»Und du kannst das besser?«

»Ich glaube jeder, der nicht zwei gebrochene Beine hat, kann das besser«, zog er mich auf. »Nichts für ungut. Sicher hast du andere Vorzüge«, relativierte er, und ich hätte ihm am liebsten geschlagen. Nicht gerade pädagogisch wertvoll, aber gegen meine innere Stimme konnte ich wenig ausrichten. Nur mit Mühe gelang mir ein falsches Lächeln.

»Bevor du mich vorverurteilst, mach es erst einmal besser«, säuselte ich.

Jona schnaubte.

»Siehst du, große Klappe, rein gar nichts dahinter.«

»O-ho. Nicht so schnell«, lachte er. Dann ging er auf den CD-Player zu und hantierte daran herum. Die Kinder, wie auch ich, sahen ihm dabei voller Zweifel zu. Was sollte das? Er würde sicherlich nicht ...

Ein zufriedener Ausdruck erhellte seine Züge, als die ersten Takte von *Baby One More Time* durch die Halle schallten. *Oh baby, baby … Oh baby, baby …* Ich war nicht oft sprachlos. Doch Jonathan Montague schaffte es, mich mit offenem Mund dastehen zu lassen, da er eine perfekte Version von Britney Spears abgab.

Und auch den Kids klappte die Kinnlade herunter. Georges Augen waren so groß wie der Burnaby Lake. Jennifer gab ein entzücktes Quietschen von sich und klatschte in die Hände. Und Susan, Aurora und Mara begannen, nach einem verdutzten Blinzeln in Jonas Richtung, bereits einzusteigen und mitzutanzen. Am Ende hatte ich über ein Dutzend Kinder, die lachten, kreischten und dabei Jona anhimmelten. Als die letzten Takte verhallten, beendete er seine Show mit einer tiefen Verbeugung.

»Das war schräg«, sagte ich, nachdem er gut gelaunt auf mich zugekommen war. Meine innere Beyoncé, das verräterische Miststück, blinzelte verträumt in seine Richtung. Doch das würde ich mir nicht eingestehen. »Mit Abstand das schrägste, was sich je in dieser Halle zugetragen hat.«

»Das war verdammt gut«, hielt er dagegen und besaß dabei die Dreistigkeit, nicht einmal außer Atem zu sein.

»Jetzt übertreib nicht.« Ich kniff die Augen zusammen und stemmte die Arme in die Hüften. Mein Pokerface wackelte. »Woher kannst du das überhaupt?«

»Meine Schwester hatte früher eine bedenkliche Beziehung zu Britney und den Backstreet Boys«, antwortete er und schnappte wie selbstverständlich wieder nach der Silikon-Spritze.

Ich schüttelte den Kopf. Dieser Mann steckte voller Widersprüche. Ein Zeichen dafür, dass ich mich von ihm fernhalten sollte. »Danke fürs Einrenken. Das war echt nett von dir. Ich muss jetzt allerdings weitermachen. Wir sind in zwanzig Minuten fertig. Dann kannst du dir das Fenster anschauen.«

»Werde ich, Winnie.« Er schenkte mir einen letzten, langen Blick, bevor er aus der Halle stiefelte.

»Ist das dein Freund?«, fragte Jennifer. Weitere fünfzehn neugierige Augenpaare waren auf mich gerichtet.

»Nein.«

»Schade«, erwiderte sie. »Er ist so nett und lustig! Und er hat nicht einmal gelacht, als deine Hose gerissen ist!«

»Meine WAS?« Hektisch fasste ich an mein Hinterteil. Tatsächlich. Diese vermaledeite Hose war gerissen.

Winnie Fuller

... und ein gemischtes Doppel mit Frosty, the Snowman

Zweieinhalb Tausend kanadische Dollar.

Kurz vor einem Nervenzusammenbruch stehend starrte ich auf die Nebenkostenabrechnung für die letzten sechs Monate, die ich vor einer halben Stunde aus dem Stapel Briefe gefischt hatte.

Zweieinhalb Tausend kanadische Dollar! Was denn noch? Vielleicht mein Erstgeborenes und eine meiner Nieren?

Das war ein Albtraum. Keine Ahnung, wo ich diese Summe in den nächsten vier Wochen auftreiben sollte. Unsere halbjährlichen Nebenkostenabrechnungen waren immer ein Grauen, das uns einmal rund um Halloween und dann im darauffolgenden Frühjahr erreichte. Aber so exorbitant hoch war sie noch nie gewesen. Was war da los? Zwackte uns jemand was ab? Himmel, das durfte nicht wahr sein!

Ich strich mir eine Träne der Frustration aus dem Augenwinkel, dann griff ich nach meinem Notizbuch. Die Halloweenparty, die am Samstagabend in unserer Sporthalle stattfinden sollte, war größtenteils durchgeplant. Die Getränke und die Lebensmittel für das Buffet waren bestellt und die Tickets, die wir für zwei Dollar ebenfalls fast alle verkauft hatten, konnte ich im Nachhinein nicht teurer machen. Die Eltern der meisten Kinder hatten hart schluckend oder mit geschürzten Lippen gezahlt. Dabei hatten wir versucht, die Preise so niedrig wie möglich zu halten.

Resigniert angelte ich nach meinem Telefon und wählte die Nummer des Zauberkünstlers an, den wir beauftragt hatten.

»Larry, hey«, begrüßte ich ihn, als er abhob. »Du, wir haben ein Problem wegen der Buchung am Samstag.«

»Winnie, hallo. Was gibt's denn?«

»Ich muss dir leider absagen«, kam ich direkt auf den Punkt.

Eine kurze, unangenehme Pause entstand. Mit dem Kugelschreiber klopfte ich in nervösem Stakkato auf meinen Notizblock.

»Oh, das ist … kurzfristig.«

»Ich weiß und es tut mir unglaublich leid. Aber …«, ich räusperte mich. »Ich habe eben die Nebenkostenabrechnung erhalten und da ist deine Zaubershow leider nicht drin.«

»Hm«, brummte er. »Normalerweise wäre eine Ausfallentschädigung fällig. Aber lassen wir das. Vielleicht finde ich noch einen anderen Auftrag bis dahin.«

»Tut mir echt leid«, wiederholte ich nochmals und verglühte in meinem Unbehagen. »Wir sehen uns.«

»Ja, schon gut. Bis dann.« Ohne ein weiteres Wort legte er auf. Larry war ein Alleinunterhalter hier aus der Gegend. Auch wenn er manchmal etwas barsch wirkte, er war ein guter Mann, der selbst schauen musste, wie er am Ende des Monats mit seinem Geld zurechtkam.

Das Telefon landete auf der Schreibtischplatte und ich strich mir die Haare nach hinten. Auch wenn ich mit der Absage die Kinder enttäuschte, damit hatte ich zweihundert Dollar gespart. Irgendwo musste ich Abstriche machen, und das war die einfachste und schnellste Möglichkeit gewesen.

Ein Klopfen riss mich aus meiner Frustration. »Winnie, hast du einen Moment?« Madison steckte ihren dunklen Schopf durch meine Tür.

»Beim letzten Mal habe ich den bereut«, meinte ich trocken, klappte meinen Notizplaner zu und stand auf, um ihr die Tür zu öffnen. Den einen Arm auf ihre Krücke gestützt, balancierte sie mit ihrer freien Hand zwei dampfende Tassen. Der Geruch von frischer Minze stieg mir in die Nase und machte mich stutzig. »Was willst du und wie viele Nerven kostet es mich?«

»Ach Winnie, geh doch nicht immer vom Schlimmsten aus«,

wiegelte sie ab und schlängelte sich an mir vorbei, um sich auf meinen Stuhl zu setzen. Die Krücke ließ sie achtlos zur Seite rutschen. »Du magst Pfefferminztee.«

»Das ist es, was mich misstrauisch macht.« Pfefferminztee, gesüßt mit drei Löffeln Honig, war mein flüssiges Kryptonit und ich vernichtete Unmengen davon am Tag. Seufzend räumte ich einen Pulk Unterlagen weg und rutschte auf die Schreibtischplatte. Dann griff ich nach dem Becher, den Madison mir entgegenhielt.

»Es scheint gut mit den Kids zu laufen«, stellte sie fest. »Hast du dir schon Gedanken für den Wohltätigkeitsmarkt in sechs Wochen gemacht?«

Daher wehte der Wind. Ich nippte am Tee und kniff die Augen zusammen. »Ich mache mir seit Wochen um nichts anderes Gedanken. Worauf willst du hinaus?«

»Ich meine nicht die Finanzen.« Madison verdrehte die Augen und stellte ihren unangetasteten Tee ab. »Wir haben eine Show abzuliefern. Die Besucher möchten unterhalten werden.«

Ich seufzte. Fehlte nur noch, dass sie wie ein Showmaster aus den Achtzigern in die Hände klatschte. Sollte mich das motivieren?

»*Baby One More Time* haben die Kleinen inzwischen auch besser drauf als …« Ich nahm noch einen Schluck und lächelte schief.

»Als du. Ich weiß. Aber das reicht nicht. Die Leute möchten verzaubert werden. *Baby One More Time* ist spaßig, aber nichts, was ich zu einer Weihnachtsshow präsentieren möchte. Es muss auf jeden Fall etwas Festlicheres sein. Ich dachte an zwei, maximal drei Tänze. Das sollte bis dahin kein Problem sein.«

»Ist das dein Ernst?«

»Ich habe mir ein paar Songs überlegt. *Frosty The Snowman* wäre toll, *Santa Claus Is Coming To Town* ist auch immer ein Hit und vielleicht *Last Christmas*«, sprach sie weiter, ohne auf meine Frage einzugehen. »Obwohl ich mir dabei nicht sicher bin.«

Ich stellte meine leere Tasse ab und angelte nach Madisons. Der Adventsmarkt war unglaublich wichtig für uns. Er bot uns nicht nur einen finanziellen Puffer für die nächsten Monate, mit ganz viel Glück waren sogar ein paar Weihnachtsgeschenke für die Kinder realisierbar. Jennifers große Augen kamen mir ins Gedächtnis, als sie ihr Paket letztes Jahr geöffnet und die Elsa-Puppe herausgenommen hatte. Ihr entzücktes Quietschen.

Oh Mann.

»Ja, gut. Schön, dann studieren wir ein paar verfluchte Tänze ein«, stöhnte ich in meine Tasse. Hatte ich schon erwähnt, dass ich viel zu leicht zu überzeugen war? Nein? »Aber ich werde nicht mittanzen. Unter keinem Umstand.«

»Das erwartet auch niemand. Obwohl du sicher für den einen oder anderen Lacher sorgen würdest«, entgegnete sie grinsend.

»Charmant wie eh und je. Und du wunderst dich, dass du noch Single bist?« Ich trat leicht nach ihr und erwischte in meiner wunderbaren Grobmotorik ihr Knie. »Ups, sorry.«

Madison verzog das Gesicht zu einer Grimasse. »Du blöde Kuh«, brummte sie und sog zischend nach Luft, fing sich dann aber schnell. »Den habe ich wohl verdient. Apropos Single, hast du mal einen Blick auf unseren neusten Zugang geworfen?«

Ich wusste direkt, dass sie auf Jona anspielte. »Dafür hast du eindeutig mehr Zeit als ich.« Ich stand auf, in der Hoffnung, sie ebenfalls zum Gehen zu bewegen. Auf mich warteten ein paar Rechnungen, die ich zu begleichen hatte, und die Lebensmittelbestellungen für die nächsten zwei Wochen. Doch Madison dachte gar nicht daran. Verträumt lächelnd lehnte sie sich in meinem Stuhl zurück.

»Möglich. Ein Blick wird deinen kostbaren Zeitplan jedoch nicht komplett über den Haufen werfen. Und jetzt komm mir nicht mit ›ich habe keine Zeit für einen Mann‹.«

Mein Mund klappte wieder zu. Unwirsch sammelte ich die Tassen ein und drückte sie ihr in die Hand. »Gerade gibt es jemand anderen, für den ich überhaupt keine Zeit habe. Schön, dass du hier warst, aber ich muss nun wirklich weiterarbeiten.«

»Gib es zu – er ist heiß.«

»Nur weil du auf jemanden stehst, heißt das nicht, dass das automatisch auch für mich gilt.«

Sie zuckte mit einer Schulter. »Wie du meinst. Ich würde ihn jedenfalls nicht von der Bettkante stoßen, wenn sich die Gelegenheit ergibt.«

Das wunderte mich nicht. Madison war schon immer relativ offen gewesen, was ihre Männerbekanntschaften betraf. »Und dann wirst du dabei von seinem überheblichen Grinsen geblendet. Wer will das schon?«

Ich verdrehte die Augen, während Madison süffisant lächelte und dabei auf ihre Unterlippe biss. »Ich habe ihn übrigens tanzen gesehen«, meinte sie.

Ich stutzte. Wobei es mich nicht überraschen sollte. Madison, meine verrückte Cousine, hatte Augen und Ohren überall. »Hast du uns etwa bespitzelt?«

»Bespitzeln würde ich das nicht nennen. Ich habe nur viel Zeit und bin bei der Halle vorbeigekommen, als er dir *geholfen* hat.« Sie betonte das Wort so unanständig, dass ich unwillkürlich ein Stöhnen ausstieß.

»Er hat mich eingerenkt.«

»Und dich dabei mit seinem Blick ausgezogen.«

»Unfug, hat er nicht! Er hat sich über meine Tanzkünste lustig gemacht.«

»Und das kannst du ihm verdenken?« Vergeblich versuchte sie, ein Grinsen zurückzuhalten. »Und daraufhin hast du ihn zum Tanzen verdonnert?«

»Ich habe ihn zu gar nichts verdonnert. Er hat mich provoziert, eines hat zum anderen geführt und auf einmal wollte er mir beweisen, dass er es besser kann und, ja, das kann er«, gab ich ohne Umschweife zu.

»Definitiv. Er wäre deine Chance, Winnie.«

»Meine Chance?«

»Du weißt schon, die Wohltätigkeits-Show richtig groß aufzuziehen. Er könnte dir helfen, die Kinder zu trainieren.«

Uneinsichtig schüttelte ich den Kopf. »Das schaffe ich auch allein.«

»Aber sicher«, spottete sie.

»Was ist mit dir? Du kannst mir helfen!«

»Ich kann mir die Choreografien ausdenken, doch wie soll ich damit die Bewegungen vormachen?«, fragte sie und zeigte anklagend auf ihre Schiene. In ihren Augen funkelte noch etwas Anderes. Eine ungute Vorahnung machte sich in mir breit. Dafür kannte ich Madison inzwischen zu gut.

»Du hast ihn schon gefragt!«, würgte ich vorwurfsvoll hervor.

»Es war zu verlockend! Hast du ihm zugesehen?«

»Maddy!«

»Sorry.« Sie hob abwehrend die Hände, doch die Belustigung in ihrem Blick sprach andere Bände.

»Du machst mich wahnsinnig! Seit wann machen alle mit mir, was sie wollen?«

»Ich habe dich auch lieb.«

»Ich muss jetzt wirklich weiterarbeiten!«, knurrte ich ihr als Antwort zu.

»Okay, okay, ich habe verstanden.« Ungelenk erhob sie sich aus meinem Stuhl und fischte nach der Krücke. »Ich werde mir ein paar Choreografien ausdenken und dann sprechen wir weiter.«

»Ich kann es kaum erwarten«, erwiderte ich ironisch.

»Ich weiß. Jona geht es vermutlich genauso.« Sie zwinkerte mir zu und verschwand anschließend aus der Tür. Mit einem Seufzen sank ich zurück in meinen Schreibtischstuhl. Womit hatte ich das nur verdient?

Jonathan Montague

… und die Überzeugungsarbeit für ein Dinner zu zweit

Es war kein Wunder, dass ich ein und denselben Kurs nun zum dritten Mal belegte. Wer keine Zeit zum Lernen hatte, gehörte inzwischen wie ich zu den Opas auf dem Campus.

Ich überquerte das Gelände der *Simon Fraser University*, das direkt auf dem Burnaby Mountain lag, und marschierte zu meinem Auto. Das niederschmetternde Feedback zu meiner Hausarbeit geisterte immer noch in meinem Hinterkopf – unstrukturiert, zu oberflächlich und schlecht recherchiert.

»Du hättest sehen sollen, wie sich Steven hingepackt hat. Sein Kinn ist zu einer Tomate angeschwollen«, quatschte Carter mich von der Seite zu. »Wird Zeit, dass du wieder voll dabei bist.«

»Hm-hm«, gab ich von mir. Ich hatte ihm nur mit halbem Ohr zugehört. »Noch knapp fünf Wochen.«

»Ja, zum Glück. Finde immer noch, dass Coach Nelson viel zu hart zu dir war. Steven ist echt ein Idiot, der hatte die Abreibung so was von verdient.«

»Das war nicht wegen Steven. Nelson ist es gegen den Strich gegangen, dass ich ihm Widerworte gegeben habe. Deswegen habe ich diesen Mist jetzt am Hals«, erklärte ich, zerrte meinen Autoschlüssel hervor und hielt auf meinen alten Ford zu.

»Tja, du warst nie mit viel Zurückhaltung gesegnet«, lachte Carter und hob die Hand zur Verabschiedung. Eigentlich mochte ich ihn, auch wenn er viel Mist von sich gab. »Wir sehen uns.«

»Bis dann«, erwiderte ich und rutschte hinter das Lenkrad.

Das Röhren des Motors, zwei, drei … Sekunden lang, erinnerte mich daran, dass die Inspektion einige Monate überfällig war. Trotzdem sprang der Wagen nach einem leise gemurmelten Fluch an. Ich verließ den Campus und fuhr direkt auf den Burnaby Mountain Parkway.

Das Anwesen der Familie Fuller war nur wenige Fahrminuten entfernt und würde es nicht in der komplett entgegengesetzten Richtung zu meiner Wohnung liegen, hätte ich noch einen kurzen Abstecher nach Hause gemacht.

Aber die Zeit saß mir im Nacken. Es war schon kurz nach Drei und der Tanzkurs, zu dem mich die kleine Schwarzhaarige bequatscht hatte, begann schon um halb. Ich biss die Zähne aufeinander und rief mir in Erinnerung, warum ich zugestimmt hatte.

Rein theoretisch gab es nur einen Grund, dafür aber einen ziemlich guten. Nach den zwei Stunden, die drei Mal pro Woche stattfanden, könnte ich ohne Probleme verschwinden. Das war nicht selbstverständlich, denn Jims Aufgaben waren scheinbar unendlich und einmal zu oft war ich erst nach neun Uhr abends nach Hause gekommen. Und somit viel zu spät, um pünktlich zu meinem Nebenjob zu kommen. Mittwochs, donnerstags und samstags arbeitete ich hinter der Theke einer Bar in Burnaby, mixte Cocktails, zapfte Bier und half ab und an auch im Service aus.

Ich parkte den Ford neben der Halle und stapfte um ihn herum, um den Kofferraum zu öffnen. Mindestens drei Sporthosen, benutzte Shirts und ein Paar Sportschuhe quollen daraus hervor. Ordnung zu halten, und das vor allem in meinem Auto, hatte noch nie zu meinen Stärken gehört. Vermutlich würde ich in keiner wandelnden Müllkippe herumfahren, wenn ich die Zeit hätte, hier aufzuräumen. Ich kickte meine groben Stiefel von den Füßen und zerrte die Jeans herunter. Der Wind pfiff um meine nackten Beine und ließ mich frieren.

»Ähm … hey Magic Mike!«, räusperte sich eine helle, wenn auch leicht pikierte Stimme, einige Meter entfernt. »Das ist ein Kindertanzkurs, keine Stripshow!«

Ich sah auf und grinste. Winnie hatte die Arme vor der Brust verschränkt. Das konnte sie, by the way, ziemlich gut. Zusammen mit dem skeptischen Funkeln in den Augen passte das voll in das Bild, das ich mir von ihr gebildet hatte. Ihr rotbraunes Haar fiel ihr bis über die Brust und kringelte sich in den Spitzen. Diesmal hatte sie auf die Schminke verzichtet. Stand ihr ohnehin viel besser.

»Ich hatte keine Zeit, mich vorher umzuziehen«, erklärte ich das Offensichtliche, zerrte eine Hose aus dem Haufen zu meinen Füßen und zog mir dann die Sportschuhe über. Dennoch genoss ich das Unbehagen, das ihr ins Gesicht gestempelt war. Ihr Blick war, auch wenn sie es zu überspielen versuchte, jeder meiner Bewegungen gefolgt. Nun schluckte sie auf.

»Zum Aufräumen wohl auch nicht«, stellte sie mit einem Nicken in Richtung des Chaos in und um meinen Kofferraum fest.

»Dafür bin ich auch nicht hier.« Ich sammelte meine Sachen ein, verstaute alles in meinem Wagen und schloss ab.

»Nein, bist du nicht.« Der verkniffene Zug, der ihre geschwungenen Lippen einnahm, ließ darauf schließen, dass ihr die Situation alles andere als gefiel. Eigentlich hatte ich immer eine positive Wirkung auf Frauen gehabt. Mal davon abgesehen, dass ich weder Zeit für etwas Ungezwungenes noch für etwas Festes hatte. Aber Winnie hatte anscheinend eine natürliche Abneigung gegen mich. Warum auch immer. Machte mir es gerade deswegen so viel Spaß, sie zu ärgern?

»Ehrlich gesagt, frage ich mich, ob du wirklich eine Hilfe bist.«

»Hat dich mein Auftritt nicht überzeugt?«, fragte ich und ging an ihr vorbei in Richtung Halle. Ihr echauffiertes Schnauben zeugte davon, dass sie mir folgte.

»Daran liegt es nicht, das sollte dir klar sein. Auch wenn es niemand anderen interessiert, ich will wissen, was du angestellt hast. Mal ehrlich, du bist schließlich nicht aus reiner Herzensgüte hier«, erörterte sie.

Ich blieb im Türrahmen stehen. Winnie prallte gegen meinen Oberarm, fing sich allerdings schnell. Die Arme in die Hüfte gestemmt, kniff sie die irritierend grünen Augen zusammen und ging einen Schritt zurück. »Also?«

»Was interessiert dich das überhaupt?«, seufzte ich. Das war echt kein Thema, das ich breittreten wollte. »Sei einfach froh, dass ich dir helfe, dich nicht weiter zu blamieren.«

»Ich will wissen, wen ich auf meine Schützlinge loslasse. Woher soll ich wissen, dass du kein Verrückter oder … Serienkiller bist.«

»Wenn ich ein Serienkiller wäre, dann säße ich nicht hier, sondern im Burnaby Jail fest. Allerdings ist der Gedanke sehr verlockend, dich zum Schweigen zu bringen.«

Sie versetzte mir einen Hieb gegen die Brust. Okay, das kam überraschend. Ich konnte mir ein dreckiges Grinsen nicht verkneifen und visierte sie an. Winnie funkelte in gleicher Intensität zurück. Ob sie auch gerade das Bild im Kopf hatte, auf welche Art und Weisen ich sie zum Schweigen bringen konnte?

»Ich lasse dich nicht mitmachen, bevor ich nicht den Grund weiß. Jim magst du vielleicht überzeugt haben, aber mich nicht. Dein Coach hat dich nicht umsonst dazu verpflichtet, hier zu helfen!«, rief sie aus und entzog dem Moment sämtliche, elektrisierende Spannung. Zurück blieb nur ihr unverhohlenes Misstrauen. Ich zog meine Kappe ab und strich mir durch das Haar. Dann setzte ich sie wieder auf. Irgendwie konnte ich ihren Einwand sogar verstehen.

»Ich habe bei einem Training vor ein paar Wochen dem Freund meiner Schwester eine verpasst. Er spielt ebenfalls bei den *Polar Bears*. Hätte ich bis nach dem Training gewartet, dann stünde ich gar nicht hier. Aber ich konnte nicht an mich halten und der Coach hat's mitbekommen«, erzählte ich, ließ den Hinterkopf gegen den Rahmen sinken und schaute auf ihre zierliche Gestalt hinab. »Ich konnte die Klappe nicht halten, habe ihm Widerworte gegeben und das war keine meiner begnadetsten Ideen. So bin ich hier gelandet. Bist du jetzt zufrieden?«

Für den Moment starrte sie mich einfach nur an. Mit diesem Winnie-Blick, der mir gehörig auf die Nerven ging. Aber ich musste zugeben, dass sie, davon abgesehen, ziemlich anziehend war. Ihre Rundungen wurden durch die Sport-Leggins perfekt in Form gesetzt, die blasse Haut erinnerte an den Raureif, der die Gräser im Hintergrund überzog, und die langen, rotbraunen Wellen verliehen ihrem kantigen Charakter etwas Weiches.

»Was hat der Freund deiner Schwester gemacht, dass er eine Abreibung verdient hätte?«, überraschte sie mich und kam ein Stück näher. Eine Windböe wehte eine Strähne in meine Richtung. Ihr Shampoo roch nach Minze und reifen Erdbeeren.

»Meine Schwester ist kein Unschuldslamm, sie flirtet gerne und viel, und das bringt ihr dauernd Ärger ein. Aber das ist keine Entschuldigung«, sagte ich grimmig und sog nach Luft. Allein die Gedanken daran ließen meine Nervenenden prickeln. Ich ballte die Hand, in der ich den Autoschlüssel hielt, zur Faust, dann lockerte ich sie wieder. Winnie folgte der Bewegung, ehe sie wieder zu mir aufblickte. »Steven hat ihr vor ein paar Wochen eine geknallt. Ihre ganze linke Gesichtshälfte war blau und geschwollen. Als ich das herausbekommen habe, habe ich ihm den Schlag doppelt und dreifach zurückgegeben. Direkt in seine hässliche Visage.«

Sie kräuselte die Nase. »Das geht gar nicht«, murmelte sie und überraschte mich damit nicht im Geringsten. Jetzt würde sie mir erzählen, dass ich meine Sachen packen und hier nicht mehr aufkreuzen sollte. Dass ich eine Gefahr für sie und die Kinder war. Blabla. Und ich könnte mich später mit Coach Nelson herumschlagen. »Ich kann Männer, die ihren körperlichen Vorteil ausspielen, nicht ausstehen. Daher kann ich verstehen, wie du reagiert hast.«

Ich stutzte. »Echt jetzt?«

»Ja, aber, wenn ich nur einmal mitbekomme, dass du hier ausrastest oder einen meiner Schützlinge angehst, aus welchem Grund auch immer, dann werde ich auf direktem Wege deinen Coach, wenn nicht sogar die Polizei, kontaktieren«, flüsterte sie und presste ihren Zeigefinger gegen meine Brust. »Hast du das verstanden?«

Oh ja.

Mein Blick ruhte auf ihrem Gesicht. »Verstanden.«

»Gut. Dann los, die Kids kommen gleich.« Mit diesen Worten löste sie sich von mir und schritt voraus, so als hätte es das Gespräch und das vorherige Knistern nie gegeben. Baff schaute ich ihr hinterher.

Die nächsten zwei Stunden gingen schneller vorüber, als ich zu Anfang gedacht hatte. Die Quirlige mit dem Kurzhaarschnitt hatte uns aufgetragen, eine Choreografie für ein Weihnachtslied durchzugehen. Ich kannte es von einer der Weihnachts-CDs meiner Granma. Abgesehen von den Temperaturen, die draußen herrschten, war die weihnachtliche Stimmung ziemlich mau. Aber als ich gehört hatte, dass wir ganze drei Tänze in den nächsten vier Wochen einzustudieren hatten, sah ich darüber hinweg. Es war bitter nötig, dass wir uns ranhielten.

Doch die Kids waren lernwillig und auch wenn Winnie mich vorgewarnt hatte, dass es hart und nervenaufreibend werden könnte, zusammen hatten wir sie unter Kontrolle. Den ersten Tanz gingen wir bis circa zur Hälfte durch. Obwohl ich skeptisch gewesen war, die Kleinen machten das verdammt gut. Nachdem alle gegangen waren und Winnie und ich die Halle aufgeräumt hatten, schnappte ich mir eine Wasserflasche und trank in langen, gierigen Schlucken. Als ich die Flasche absetzte, fiel mir Winnies Blick auf.

»Willst du auch?«

»Nein. Danke«, lehnte sie mit einem Zögern ab. Ich hatte das Gefühl, dass sie noch etwas sagen wollte, aber da wandte sie sich bereits ab. Mein Blick folgte ihr, als sie sich in Richtung Ausgang aufmachte.

Bevor sie mich allein hier zurückließ, joggte ich ihr hinterher. »Und, zufrieden?«, fragte ich von der Seite.

»Ja, das war gut heute«, gestand sie nach einer Weile. Wir verließen zusammen die Halle und Winnie schloss das sperrige Eisentor ab. »Danke, dass du geholfen hast. Ich hätte nicht gedacht, dass das so gut klappt.«

»Was hast du denn erwartet?«

»Verletzte und ein paar Bengalos?« Sie zuckte mit einer Schulter und wir gingen zu meinem Auto. »Nein, keine Ahnung. Ich halte meine Erwartungen in der Regel niedrig. Dann kann ich nicht enttäuscht werden.«

Nicht die schlechteste Einstellung zu leben. Doch ehe ich antworten konnte, gab mein Magen ein unpassendes, lautes Brummen von sich. Ich hatte heute noch nichts gegessen.

Winnie, die ihre Fürsorge hinter verschränkten Armen und in einem stets wachsamen Blick verpackte, hob den Kopf. »Hast du Hunger? Das Abendessen ist gerade im Gange. Mum hat sicher etwas für uns übrig.«

»Nein, passt schon«, lehnte ich ab und zückte bereits meinen Autoschlüssel.

Winnie schürzte die Lippen. Augenscheinlich glaubte sie mir nicht.

»Außerdem muss ich los«, setzte ich nach.

»Es ist erst sechs. Normalerweise bist du länger hier. Komm mit, ich treibe uns was auf«, entschied sie und ging voraus. Resolutes Mädchen.

»Bist du immer so bestimmend?«

»Manchmal.« Verschmitzt grinste sie mich über ihre Schulter an, während sie die Veranda überquerte und die Tür aufzog. »Stell dich nicht so an, du verhältst dich, als wolle ich dir was Schlechtes.«

Gut, vielleicht stellte ich mich an. Ein bisschen Zeit hatte ich noch und Jim hatte mich noch nicht vereinnahmen können. Wir liefen durch die Cafeteria, die zu dieser Uhrzeit voll besetzt war, und kehrten in die Küche ein. Die war zum Glück verwaist, nur das leise Rauschen von Kinderstimmen drang durch die geschlossene Tür.

»Ich hoffe, du magst Hühnerfrikassee«, murmelte sie mit einem Blick in einen der Töpfe. Ich mochte so ziemlich alles, was nicht mit heißem Wasser aufgegossen eine Mahlzeit ergab. Abgesehen von Instant-Nudeln und pulverisiertem Kartoffelbrei, war meine ernährungstechnische Bandbreite ziemlich eingeschränkt.

»Hört sich gut an.«

»Finde ich auch. Ich habe seit dem Frühstück nichts mehr gegessen«, sagte sie und füllte zwei Schüsseln, um sie danach in der Mikrowelle aufzuwärmen.

Ein würziger Geruch verteilte sich in der Küche und mein Magen zog sich hungrig zusammen. Winnie stemmte die Hände auf die Arbeitsplatte der Küchenzeile hinter sich und versuchte, sich hinauf zu heben. Ein genervter Laut entkam ihren Lippen, als sie es nicht schaffte und auf halber Strecke in der Luft baumelte.

»Kann ich dir helfen?«, bot ich an und feixte.

»Nein, kannst du nicht«, erwiderte sie zuckersüß und schaffte es beim zweiten Anlauf auf die Fläche. Während die Mikrowelle summte, öffnete sie die Schublade links von sich, zog zwei Löffel hervor und reichte mir einen davon.

Unsere Blicke trafen sich und hielten einander fest. Auch wenn ich hätte wegschauen wollen, konnte ich es nicht. Winnie hatte etwas an sich, das mich reizte. Vielleicht weil ich nie genau einschätzen konnte, was in ihrem klugen Kopf vor sich ging. Flirteten wir auf subtile Weise oder führten wir ein Blick-Duell? Ich fand es nicht heraus, denn das schrille *Bing* riss uns aus unserer Trance. Ich öffnete die Mikrowelle und übergab ihr eine der Schüsseln. Schweigend schaufelten wir das Essen in uns hinein und, verdammt, ich wusste nicht, wann ich das letzte Mal so gut gegessen hatte. Winnies Mum hatte echt was drauf.

»Willst du Nachschlag?«, brach Winnie als erste die Stille, und schielte auf meine leere Schüssel.

»Nein, danke. Geht schon.«

Sie hob die filigranen Brauen, rutschte von der Tischplatte und nahm mir die Schüssel aus der Hand. »Wer's glaubt«, murmelte sie und füllte sie erneut. »Mit falscher Bescheidenheit kommst du hier nicht weit. Merk dir das.«

Anstatt einer Antwort grinste ich nur. Keine Ahnung warum, aber langsam fand ich Gefallen an ihrer Bestimmtheit. In gewissem Maße war es interessant und lockend. Ich mochte Herausforderungen.

Winnie Fuller

… and drama, baby, drama!

So übel war Jona nicht.

Auch wenn er gerne das Gegenteil von dem machte, um was man ihn gebeten hatte, er war lustig, konnte sich ausdrücken und das Eis, auf dem er normalerweise drei Mal die Woche herumkurvte, hatte ihm nicht sämtliche Gehirnzellen weggefroren. Er verstand die Dinge, von denen er sprach, egal, ob es sich dabei um sportliche Abläufe, Ideen für die Tänze oder Lokalpolitik handelte. Inzwischen saßen wir schon eine Stunde zusammen. Das sagte zumindest die verchromte Uhr über dem Herd. Aber ich wollte da nichts hineininterpretieren. Wir waren Kollegen. Nicht mehr, nicht weniger.

»Ich finde einfach, die Politik müsste Stiftungen wie unsere mehr unterstützen. Wir kümmern uns um die Zukunft Burnabys. Ist das nicht Grund genug?«, führte ich meinen Standpunkt weiter aus.

»Doch natürlich. Aber ich bezweifle, dass sich daran in den nächsten Jahren was ändern wird. Dafür fehlt einfach das Geld.« Wie wahr. Jona schob sich ein Stück Schokoladenkuchen in den Mund und überlegte. »Aber ihr bekommt das super hin. Die Kids scheinen echt zufrieden zu sein.«

»Ja, allerdings wird das auf lange Sicht nicht ausreichen«, seufzte ich und lehnte den Hinterkopf an einen der Oberschränke. Das Thema deprimierte mich und das wollte ich nicht zulassen. Ich hatte mich in der vergangenen Stunde wirklich amüsiert.

»Kommst du hier aus Burnaby?«, lenkte ich unser Gespräch deswegen in eine andere Richtung.

Jona leckte sich einen Krümel vom Daumen, bevor er antwortete. »Ja, ich bin hier geboren. Mein Großvater stammt allerdings aus Südamerika, falls du auf meinen dauergebräunten Teint anspielst«, grinste er von der anderen Seite der Theke.

Das hatte mich tatsächlich interessiert. Denn im Gegensatz zu mir sah Jona aus, als sei er direkt aus einem dreiwöchigen Karibik-Urlaub gekommen. Dunkelbraune Strähnen stahlen sich aus dem Saum seiner Kappe und das Herzensbrecher-Lächeln, mit dem er so gerne kokettierte, hatte man ihm vermutlich in die Wiege gelegt.

Sein Blick saugte sich an mir fest. »Dir sieht man die langen Winter an.«

»Wie charmant.« Ich lachte auf. Ja, ich hatte einen Rotstich in den Haaren und war so blass wie eine Packung Magerquark. Zwei Attribute, die eine Vielzahl stereotyper Kommentare nach sich zogen und immer auf ein und dieselbe Art beantwortet wurden.

Bist du krank? Nein, so sehe ich aus. Schminkst du dich mit Absicht so hell? Nein, so sehe ich aus. Kommst du aus Schottland? Zur Hölle, nein. So sehe ich verflucht noch mal aus. So oder so ähnlich verliefen die Gespräche. Wenn meine Gedanken jemals als Denkblase über meinem Kopf aufpoppen sollten, war ich geliefert.

Richtig geliefert.

Zwar regten mich die Fragen auf, doch in gewisser Weise konnte ich sie nachvollziehen. Edward Cullen war nichts gegen mich. Im Sonnenlicht glitzern? Please, eat my glitter, buddy! Ich leuchtete sogar im Dunkeln. Zumindest laut Gina.

»Ich bin ebenfalls hier geboren. Meine Großeltern sind von der Ostküste nach Burnaby gezogen und mein Vater hat dann vor zwanzig Jahren die *BAKT* gegründet«, erzählte ich und stellte meinen eigenen Teller zur Seite.

»Wie ist er darauf gekommen?«, klinkte sich Jona wieder ein.

Mein Blick hangelte sich an den Schränken in seinem Rücken entlang, während ich überlegte. »Mein Vater war Idealist. Meine

Familie hatte nicht viel und ich schätze, er hätte sich damals eine solche Einrichtung gewünscht.«

»Was ist mit deinem Vater?«, hakte er nach und ich fragte mich, aus welchem Grund wir uns von einem heiklen Thema in das nächste manövrierten. Erstaunlicherweise fühlte es sich weniger deprimierend an, als ich vermutet hatte. Es tat sogar gut, über Dad zu sprechen. Auch wenn ich ihn vermisste, ich war stolz auf das, was er geleistet und uns hinterlassen hatte.

»Er ist vor fünf Jahren an einem Herzinfarkt gestorben.«

»Oh, das …« Jona setzte zu einer Erwiderung an, doch im gleichen Augenblick flog die Tür zur Küche mit einem vehementen Krachen auf, und ich zuckte zusammen.

»Du! Du hast Larry abgesagt? Geht's noch?!«, schallte Ginas Stimme durch den Raum. Schrill und viel zu laut.

Vor Schreck ließ ich meine Kuchengabel fallen. Klirrend kam sie zwischen uns auf den Fliesen auf. »Geht das auch zwanzig Dezibel leiser?«

»Nein, geht es nicht! Nicht, bis du mir sagst, was das soll!« Rote Flecken hatten sich auf ihren Wangen und ihrem Dekolleté gebildet, und zeigten, wie aufgewühlt sie war. Eine Fuller-Krankheit, mir erging es ähnlich.

Mein Blick huschte zu Jona, der die Szene prüfend zur Kenntnis nahm. Dann wandte ich mich an meine Schwester. »Wir haben kein Geld für Larry. Seine Gage hat zweihundert Dollar ausgemacht«, erklärte ich und versuchte, meine Stimme ruhig und sachlich zu halten.

»Zweihundert Dollar? Was sind schon zweihundert Dollar im Gegensatz zu den Kindern, die am Samstag maßlos enttäuscht sein werden!«, fauchte sie mich weiter an. »Wie kannst du das hinter meinem Rücken machen?«

»Hinter deinem Rücken?«, schnappte ich und sank von der Küchentheke. Der Frust der letzten Wochen und Monate brach aus mir hervor. »Du weißt überhaupt nicht, wie unsere Finanzen aussehen. Würde ich nicht darauf achten, dass wir in der Spur bleiben, wären wir längst bankrott!«

»Übertreib nicht.« Gina verdrehte die Augen und heizte mich damit weiter an. Niemand schaffte es schneller, mich auf die Palme zu bringen als meine Schwester.

»Ich übertreibe nicht.« Die Worte drangen abgehackt über meine Lippen und ich schwankte zwischen dem Vorhaben, Gina zu schütteln, und dem Bedürfnis, mich nicht völlig vor Jona zu blamieren.

»Du kannst so eine Entscheidung nicht allein fällen! Nicht einmal Mum wusste etwas davon! Hätte ich Larry nicht zufällig im Supermarkt getroffen, wäre ich immer noch davon ausgegangen, dass er am Samstag bei uns aufschlägt!«, keifte sie und ich konnte ihren Ärger in gewisser Weise verstehen. Trotzdem wurde ich von ihren Eisblicken erdolcht. Wie so oft blieb das gegenseitige Verständnis aus.

»Ich habe erst gestern mit ihm telefoniert«, stellte ich klar. »Es tut mir leid, wenn du eben davon überrascht wurdest. Aber ich hätte spätestens heute Abend mit euch darüber gesprochen.«

Gina gab einen abfälligen Laut von sich. Von uns beiden, war sie diejenige, die das meiste Temperament vererbt bekommen hatte. Aber das hieß nicht, dass ich mit mir umspringen ließ, wie sie wollte.

»Hör jetzt auf, hier herumzuschreien. Larry war dieses Jahr finanziell nicht drin. Wenn du darüber diskutieren willst, dann heute Abend«, würgte ich sie ab.

Sie kniff die Augen zusammen und ihr Blick wanderte zwischen mir und Jona hin und her. Ich visierte Gina an und tatsächlich schien sie meine unausgesprochenen Worte zu schlucken. *Wenn du weiter eine Szene machst, dann reiße ich dir später den Kopf ab.* Glücklicherweise war es mit Ginas Temperament wie mit einem Sommergewitter. Es kam schnell und unvorhergesehen. Aber es verzog sich auch genauso flott.

»Das Thema ist noch nicht gegessen«, zischte sie und gestikulierte mit ausgestrecktem Finger in meine Richtung. Dann wandte sie sich theatralisch wirbelnd um, verschwand aus der Küche und ließ uns allein zurück.

Puh.

Ich stieß einen zittrigen Atemstoß aus und drängte die wütenden Tränen zurück, die sich hochgekämpft hatten. Kurz darauf hatte ich mich wieder unter Kontrolle. Jonas Blick bohrte sich förmlich in meinen Nacken. Seine nächsten Worte überraschten mich allerdings.

»Kann ich euch helfen?«

Erschöpft lehnte ich mich gegen den Kühlschrank. Die Aluminiumfläche in meinem Rücken kühlte meine überhitzten Nerven. »Wenn du nicht zufällig, auch ein Praktikum bei Houdini gemacht hast, dann nein«, seufzte ich.

»Nicht ganz. Aber ich habe die letzten drei Jahre den Santa Claus für Carters kleine Schwester gespielt. Ich kann ziemlich überzeugend sein, weißt du?«

Ein heiseres Lachen brach aus meiner angespannten Brust hervor. »Für Weihnachten bist du ein paar Wochen zu früh.« Ich war froh, dass er mich nicht mit Mitleid überhäufte, sondern seine gewohnt lockeren Sprüche klopfte. Es war, als hätte er mit seiner ungezwungenen Art den Knoten in meinem Inneren zum Platzen gebracht.

»Wer sagt, dass ich keinen wunderbaren Dracula oder …« Er überlegte. »Wie heißt der Typ aus *The Nightmare Before Christmas* noch mal?«

»Jack Skellington?«

»Stimmt, wer sagt, dass ich keinen wunderbar verschrobenen Jack Skellington abgebe?« Er untermauerte seine Worte mit einem düster gespielten Blick. Seine rechte Braue zog sich in einem grotesken Winkel nach oben und seine Hand lag an seinem Kinn.

Ich verschluckte mich beinahe an meinem Lachen und legte die Hand auf meine Brust. Nach Luft japsend versuchte ich, mich zu beruhigen. Zu viele Gefühlszustände in den vergangenen fünf Minuten. »Du spinnst.«

»Wieso?«, meinte er auf einmal völlig ernst.

»Wieso solltest du das tun?« Nun schwang Irritation in meiner Stimme mit. Jona war uns zu nichts verpflichtet und ein Pulk Kinder auf einer Halloweenparty zu bespaßen, gehörte nicht zu den Aufgaben, die man ihm aufgebrummt hatte.

»Ich schätze, es sollte mehr Menschen wie euch geben. Ich will nur helfen.« Er schürzte die Lippen, als müsse er sein Angebot selbst verdauen. Seine Augen glitten zu der Uhr an der Wand. »Überleg es dir einfach und gib mir Rückmeldung, damit ich meine Schicht umlegen kann.«

Jona rutschte nun ebenfalls von der Theke und stellte seinen Teller in die Spüle. Anschließend griff er nach einer Serviette und kritzelte mit einem Kugelschreiber, den er auf der Fensterbank gefunden hatte, seine Handynummer darauf. Mit einem undefinierbaren Blick in den Kaffeeaugen reichte er sie mir. »Hier, melde dich. Ich muss jetzt los.«

Obwohl sich unsere Hände nicht berührten, spürte ich seine Nähe wie ein Knistern auf der Haut. Wie ein Band, das sich ganz langsam um uns spannte. Bevor ich dem Gefühl mehr beimessen konnte, stieß ich ein *Okay* hervor.

»Wir sehen uns«, sagte er, den Blick ebenfalls auf die Serviette oder viel mehr meine Hand gerichtet. Der Moment, indem wir uns voneinander verabschiedeten, fühlte sich seltsam an und ich konnte nicht einmal bestimmen, warum.

»Ja«, antwortete ich einsilbig. Erst, als die Tür ins Schloss fiel, drang ein leises *Bis dann* über meine Lippen. Dann versuchte ich, die widerstreitenden Gefühle in meinem Körper zu ordnen. Doch Überraschung, Skepsis und die letzten Ausläufer meiner Wut ließen sich schwer voneinander trennen.

Winnie Fuller

… schwarze Nächte und noch schwärzere Gestalten

Er kam nicht.

ER kam nicht.

Mittlerweile war es kurz nach acht. In der Nachricht, die Jona mir gestern geschickt hatte, hatte er mir versichert, ab fünf Uhr beim Aufbau zu helfen. Meine innere Furie trommelte nervös mit den Fingern, während mein Blick durch die Halle schweifte.

Natürlich hatten wir auch ohne seine Hilfe den Raum in ein Grusel-Kabinett verwandelt. Die Decke war mit schwarzen Stoffbahnen behangen. Silberne Girlanden zogen sich über die Seiten und die Fenster waren mit Laken verdeckt, hinter denen wir blinkende Lichterketten angebracht hatten. Alles in allem gab die sonst so trostlose Location ein schaurig-schönes Spektakel ab.

Mum und Helen hatten sich mit dem Buffet, das an der Längsseite aufgebaut war, förmlich übertroffen. Mumien aus Blätterteig, Mini-Pizzen mit Monstergesichtern und Burger mit aufgemalten Kürbissen tummelten sich auf den langen Tischen. Dazu gab es grüne Brause, Blut, beziehungsweise Kirschsaft, in Bechern und Schoko-Muffins mit Fondant-Spinnen. Nebenbei dröhnte Musik aus den Lautsprechern, die Onkel Jim extra in den Ecken montiert hatte.

Jeder half, wo er konnte. Jeder packte an, wo anzupacken war. Außer Jona, der – wenn überhaupt – nur mit seiner Abwesenheit glänzte. Zu meinem eigenen Frust war ich wirklich geknickt. Vor allem, weil ich fest mit seiner Anwesenheit gerechnet hatte. Wie hatte ich vor einer Woche so schön getönt? *Ich halte meine Erwar-*

tungen niedrig, dann werde ich auch nicht enttäuscht. Tja, so viel zu dem Thema. Ich hatte auf sein Angebot vertraut und das hatte ich davon.

Ich steckte mir einen Schoko-Muffin beinahe zur Hälfte in den Mund, um den Fluch zurückzuhalten, den ich unweigerlich ausstoßen wollte. *Diese unzuverlässige Mistkröte.* Gina brannte mir derweil ihre Blicke in den Nacken. Nach unserem Streit vor einigen Tagen hatten wir nur das Nötigste miteinander gesprochen. Jedoch hatte ich mir den Hinweis, dass Jona mit anpacken wollte, nicht verkneifen können. Auch sie fragte sich vermutlich, wo zur Hölle er steckte. Schön, da waren wir schon zu zweit.

Zwei kleine Hexen mit grün bemalten Gesichtern liefen an mir vorbei. Jedem Kind hatte es heute Abend freigestanden, in Kostümierung zu kommen. Viele allerdings trugen Kostüme, die abgewetzt oder über Generationen weitergegeben worden waren. Daher hatten wir neben einer Station für Kinderschminken auch eine Ecke zum Basteln von Verkleidungen geplant. Gina war prädestiniert für diesen Job. Seit heute Mittag saß sie an ihrer Nähmaschine, die wir in einer ruhigeren Ecke der Halle untergebracht hatten, und nähte Stoffreste zu den ungewöhnlichsten Kreationen zusammen.

Für George hatte sie eine alte, grüne Schürze zu einem Overall umgenäht und nun rannte der kleine Kerl mit schwarzem Rucksack und Gartenschlauchpistole bewaffnet als Ghostbuster herum und jagte Monster aller Art. Jennifer hatte die strohblonden Haare zu zwei Zöpfen gebunden und wurde von Gina gerade zur Vogelscheuche herausgeputzt.

Wie auf Kommando fing Gina meinen Blick auf und winkte mich zu sich hinüber. »Kannst du mir was zum Trinken besorgen?«

»Klar, Zombie-Brause oder Kirschblut?«

»Egal was, Hauptsache die nicht jugendfreie Variante davon. Meine Finger bringen mich um«, seufzte sie und zeigte mir anschließend ihren Daumen, der von einer dicken, roten Blase geplagt wurde. Während Jennifer sich im Spiegel betrachtete, der an der Wand lehnte, und dabei verträumt lächelte, zupfte Gina das Kostüm zurecht. »So, du bist fertig, Süße. Erschreck die anderen nicht zu sehr.«

»Ich sehe ganz schön gruselig aus, oder?«

»Und wie«, stimmte ich ihr zu und fasste mir in einer theatralischen Geste an mein Herz. Jennifer rannte kichernd zu den anderen Kindern und ich schlich mit einem Becher Brauselimonade zur Abstellkammer. Madison hatte dort sicherlich eine Flasche Hochprozentiges versteckt. Auch wenn ich heute Mittag lautstark mit ihr geschimpft hatte, als ich sie dabei erwischt hatte, es wunderte mich kein bisschen, dass ich die Flasche nun wieder zwischen unseren Putzutensilien entdeckte. Zumindest Gina kam es recht. Ihr Daumen hatte wirklich schlimm ausgesehen. Ich streckte die Brause mit Madisons Gesöff, dann nahm ich kurzum noch eine Schmerztablette und ein Pflaster aus unserem Medi-Kit mit.

»Hier, Zombie-Brause und eine Tablette, falls Madisons Gesöff nicht ausreicht«, sagte ich, als ich wieder zu ihr stieß.

»Du bist ein Engel«, seufzte sie und trank in langen, genussvollen Schlucken. Als sie fertig war, reichte ich ihr das Pflaster.

Ich lächelte leicht und setzte mich auf den Hocker neben ihr. »Ein Engel also. Eigentlich wollte ich Sherlock Holmes abgeben.«

Gina stellte den leeren Becher zwischen uns ab und zupfte skeptisch an meinem karierten Rock. »Ich will dich nicht enttäuschen, aber du siehst mehr nach heruntergekommenen College Girl aus.«

»Auch okay«, antwortete ich schulterzuckend. Für den Moment trat Stille zwischen uns ein. Wir lauschten der Musik im Hintergrund und dem Lachen und Schwatzen der Kinder.

»Wegen unserem Streit«, begann Gina nach einer Weile und blickte zu mir. »Ich wollte dich nicht so anfahren. In dem Moment ist es einfach aus mir herausgebrochen. Ich war so enttäuscht wegen Larry.«

Ich seufzte lautlos. Die letzten Tage waren so stressig gewesen, daher war ich froh, dass sie das Thema ansprach. Wir hatten uns nicht oft in den Haaren, aber wenn, dann hing es mir meistens noch Tage hinterher.

»Es ist ungünstig gelaufen. Ich hätte sofort mit euch reden sollen«, gestand auch ich ein und ließ meinen Blick schweifen. »Ich wusste, wie du reagieren würdest und habe es herausgezögert. Sorry … Schwamm drüber?«

»Okay«, willigte sie ein und versuchte, sich das Pflaster über ihre Blase zu streifen. Als sie maßlos daran scheiterte, nahm ich es ihr aus der Hand und befestigte es selbst. »Es ist auch ohne Larry eine schöne Party geworden. Ich glaube, den meisten gefällt es richtig gut bei uns.«

»Ja, das Gefühl habe ich auch«, stimmte ich zu.

»Hattest du nicht gesagt, dass Jona uns aushelfen wollte?« Im Augenwinkel erkannte ich, wie Gina mich anvisierte. Ihre grünen Augen, die eben noch einen zerknirschten Ausdruck innegehabt hatten, funkelten nun voller Neugierde.

»Ja, das hatte ich«, brummte ich ausweichend. »Hab mich wohl geirrt.«

»Schade, er scheint wirklich nett zu sein.«

»Du bitte nicht auch noch.«

»Was denn?«

»Maddy hat auch bereits ihr Interesse bekundet.«

»An wem bekundet Madison nicht ihr Interesse?«

Ich schnaubte, schüttelte schmunzelnd den Kopf und stand auf. »Auch wieder wahr. Ich gehe mal nach dem Buffet sehen. Kommst du zurecht?«

»Ja natürlich. Nach diesem Abend kann ich mir zwar ein paar neue Finger besorgen, aber was tut man nicht für die Kleinen.« Gina begann die Stoffreste aufzusammeln, die sich wie ein Fächer um sie ausbreiteten. Damit würde sie einige Zeit beschäftigt sein.

»Bis später«, verabschiedete ich mich.

Am Buffet gab es nicht viel zu tun. Ich füllte ein paar Becher mit Salzstangen auf und half anschließend George, der sich dermaßen in seinem Gartenschlauch verwickelt hatte, dass er bei jedem Schritt drohte, über seine Füße zu fallen. Himmel, ich war drauf und dran, mein Herz an diesen kleinen Tollpatsch zu verlieren. Auch wenn ich es nie laut ausgesprochen hätte, irgendwie erinnerte er mich an eine junge Version von mir selbst.

Ein Blick auf meine Armbanduhr zeigte mir, dass wir bereits nach neun Uhr hatten. Nachdenklich schaute ich aus dem nachtschwarzen Fenster. Heute Morgen hatte ein leichter Schneeregen eingesetzt, doch in den letzten Stunden war es trocken geblieben. Die Nachtwanderung, die ich und Mum geplant hatten, konnte also stattfinden. Allerdings erschien mir, eine Horde vor Nässe quengelnder Kinder von einer halb gefrorenen Schlammpfütze zur nächsten zu zerren, alles andere als verlockend.

»Bist du bereit?« Mum kam auf mich zu, einen Berg Kinderjacken in den Armen.

»Ja, lass dir helfen«, erwiderte ich und nahm ihr einige Jacken ab. Jim drehte derweil die Musik leiser, während Madison durch die Halle grölte und die Nachtwanderung anpries. Ein aufgeregtes Murmeln schwoll an, während wir uns daran machten, ein Kind ums andere dick einzupacken.

Nachdem ich meinen eigenen Mantel übergeworfen hatte, bemerkte ich ein Zupfen an meinem Saum.

»Kann ich die mitnehmen?«, wisperte George und wies auf seine Gartenschlauch-Kanone. Ich bezweifelte zwar, dass er damit überhaupt eine Weinbergschnecke killen konnte, lächelte aber gutmütig.

»Na klar, einer muss uns doch beschützen«, sagte ich.

Ein panischer Ausdruck huschte über sein Gesicht und er kräuselte die Nase. »Ja, das kann ich bestimmt«, presste er hervor.

Ich zog ihm eine Mütze über, dann griff ich nach seiner Hand. »Komm, wir beschützen die anderen zusammen.«

Diese Aussicht behagte ihm zusehends und er klammerte sich förmlich an mich. Zusammen liefen wir gen Ausgang, wo bereits Mum mit den anderen Kindern auf uns wartete. Madison hatte eine Ladung Taschenlampen und bunte Leuchtstäbe verteilt, und nun war der Bereich in allerlei Farben getaucht.

»Sind alle soweit?«, fragte Mum in die Runde. Sie hatte sich ebenfalls in ihren Daunenmantel geworfen und zog den Reißverschluss bis zur Nase hoch.

Die Kinder bejahten lauthals und so machten wir uns in das angrenzende Waldstück auf. Madison hatte sich richtig Mühe gegeben. In den Bäumen, deren blattlose Finger sich in die Nacht erstreckten, klemmten Lichterketten mit weißen Lampions, die uns den Weg wiesen. Irgendwo im hinteren Teil unseres Grundstückes dudelte ein altes Radio vor sich hin und gab das Knacksen von Schritten auf totem Laub wieder.

Mum machte den Anfang, ich hielt die Kinder am Ende zusammen. Zunächst kamen wir an einem mit Kissen ausgestopften Jogginganzug vorbei, den Madison künstlerisch über einen Ast drapiert hatte. Zu seinen Wurzeln hatte sie eine Flasche Ketchup sowie buntes Konfetti ausgekippt. Entweder das oder ein Zombie-Einhorn hatte sich dorthin erbrochen. Ich wusste nicht, ob ich Madisons morbide Ideen, den Wald zu schmücken, bedenklich oder amüsant finden sollte. Wenn ich Georges große Augen zu meiner Rechten betrachtete, eher das zweite.

»Alles gut, du musst keine Angst haben«, sagte ich und drückte seine Hand.

»Hab ich nicht«, versicherte er, presste aber mit der freien Hand den Gartenschlauch an seine Brust.

Gleich würden wir zu der Stelle kommen, an der Jim, in ein Betttuch gehüllt, uns erschrecken sollte. Obwohl ich davon wusste, schnellte mein eigener Puls kurz in die Höhe. Georges Griff um meine Hand wurde fester und ich lächelte ihm aufmunternd zu.

Mit einem lauten *Buhh* sprang Jim zwischen den Bäumen hervor. Auf vereinzelte Schreie folgte lautes, einstimmiges Kichern der anderen Kinder. Und sogar George jauchzte vor Begeisterung. Auch wenn Jim eine klägliche Version eines Gespenstes abgab. Mit dem weißen Laken über dem Kopf sah er mehr wie ein aufgedunsener Marshmallow statt wie ein Untoter aus. Was auch mir ein Lachen entlockte.

Die Gruppe dröselte sich ein wenig auf und die Abstände zwischen uns wurden größer. Dennoch ließ ich keines der Kinder aus den Augen.

»Susan, Aurora! Auf dem Weg bleiben!«, rief ich nach vorne. Die beiden sahen mit einem frechen Grinsen zu mir zurück, gehorchten aber.

»Wie gefällt dir die Party, George?«

»Gut«, meinte er einsilbig.

»Hast du Spaß?«

»Ja.« Er nickte. George kam seit etwa einem Jahr zu uns in die Einrichtung, hatte aber seine vorsichtige Art anderen gegenüber nicht abgelegt. »Mein Papa sitzt den ganzen Tag nur auf der Couch. Das ist manchmal langweilig«, sagte er plötzlich von sich aus.

»Würdest du dir wünschen, dass ihr mehr zusammen unternehmt?«, tastete ich mich an dieses heikle Thema heran.

»Ich weiß nicht. Irgendwie ja und irgendwie nein.«

Ein Knacksen ließ mich zusammenzucken und George spähte zu mir empor. In diesem Teil des Waldes hatten wir kein Radio versteckt. Nur ein paar Lichter, die in den Bäumen hingen und einige Gespensterpuppen, die an Stricken von den Ästen baumelten.

»Was war das?«, wisperte George.

»Ein Eichhörnchen wahrscheinlich.«

»Machen die nicht Winterschlaf?«, fragte er mit hochgezogenen Brauen.

Hm, guter Einwand. »Bei dem Krach, den ihr heute Abend gemacht habt, kann kein Eichhörnchen schlafen«, versuchte ich, ihn zu beruhigen.

George war genauso wenig von meinen Worten überzeugt wie ich selbst.

Wieder ein Knacken. Schritte auf gefrorenem Boden. Auf Ästen und totem Laub. Mein Herz machte einen Satz und ich blieb stehen. George klammerte sich an meine Seite. Entweder rannte hier ein radioaktiv verseuchtes, adipöses Eichhörnchen durch den Wald oder etwas Anderes verfolgte uns.

Dann sah ich die Gestalt. Dunkel gekleidet. Gezielt bewegte sie sich durch das kaum vorhandene Licht, direkt auf uns zu. Mein Körper reagierte instinktiv. Ich schob den hektisch keuchenden George hinter mich, schnappte nach seiner Gartenschlauch-Kanone, machte einen Ausfallschritt nach vorne und zog der Gestalt eine über die Rübe.

Ein dumpfes Geräusch, gefolgt von einem Schmerzenslaut. Und dann erkannte ich Jona, der sich die Stirn hielt und dabei schimpfte wie ein Rohrspatz.

Jonathan Montague

… und die schmerzvolle Liaison mit einem Gartenschlauch

Autsch.

Helle Sterne tanzten in meinem Blickfeld, obwohl stockfinstere Nacht herrschte. Meine Schläfe pochte, während ich mich fragte, wie ich so dumm sein konnte und gegen einen Ast gelaufen war.

»Jona?«, drang eine Stimme durch den Dunst, der sich nur nach und nach lichtete. Eine bekannte, wenn auch ziemlich piepsige Stimme.

»Hey … ja, ich bin's«, brummte ich und öffnete ein Auge. War ich geschlagen worden? »Winnie? Warst du das?«

Tatsächlich.

Das war Winnie.

Ein dicker, hellblauer Mantel verhüllte den Großteil ihrer schmalen Gestalt. Lediglich einzelne Haarsträhnen stahlen sich aus dem Kragen hervor. Eine Hand hatte ich noch immer auf meine Schläfe gedrückt, gegen die sie so unwirsch geschlagen hatte, während ich argwöhnisch in ihre Richtung blinzelte. Zumindest musste ich mir keine Gedanken machen, dass sie sich nicht verteidigen konnte.

»Du! Du bist unglaublich!«, rief sie und machte Anstalten, ein weiteres Mal nach mir zu schlagen. Ehe sie mich treffen konnte, packte ich nach ihren Unterarmen. Mein Kopf pochte protestierend, aber lieber das, als den Wald mit einem Veilchen zu verlassen.

»Ist das ein Gartenschlauch?«, fragte ich mit einem leicht irritierten Blick auf das Ungetüm.

»Eine Ghostbusters-Pistole«, präzisierte der Knirps mit dem

Sommersprossen-Gesicht, der sich gerade hinter Winnies Rücken hervorschob. Wie hieß er noch mal? Gerold? Gisbert? »Um Geister zu jagen.«

»Aha.«

»Was machst du überhaupt hier?«, ging Winnie darüber hinweg und blitzte mich an. Unwirsch schüttelte sie mich ab und ich ging einen Schritt zurück. Irgendwie bekam ich das Gefühl nicht los, dass sie sauer auf mich war.

»Ich war pinkeln«, erklärte ich. Die Frage war wohl eher, was *sie* hier machte.

»Hier? Mitten im Wald?« Kopfschüttelnd griff sie nach der Hand des Knirpses und setzte sich gemeinsam mit ihm in Bewegung. »Das gibt's doch nicht. Du bist unglaublich. Komm, George, wir gehen!«

Ahh, George hieß er!

»Mein Auto steht dort drüben. Bis zur Halle sind es nicht mehr als hundert Meter.« Ich knöpfte meine Hose zu und folgte den beiden. »Ich wollte niemanden erschrecken. Da bin ich einige Meter in den Wald gegangen.«

»Das hast du toll hinbekommen. George hat sich beinahe zu Tode erschreckt!«, hörte ich ihre anklagende Stimme und ich konnte ein Grinsen nicht unterdrücken.

»Du wohl auch.«

Mich traf ein kurzer, stechender Blick über ihre Schulter. Ich hielt ihm stand. Dann stießen wir bereits auf die anderen Kinder. Am Anfang der Gruppe erkannte ich Silvie, Winnies Mutter.

»Was wird das hier eigentlich? Ist es nicht etwas zu kalt und zu dunkel, um im Wald herumzuirren? Ihr hättet sonst wem begegnen können.«

»Das ist eine Nachtwanderung. Das hättest du mitbekommen, wenn du um fünf Uhr zum Treffpunkt gekommen wärst.« Anstatt mich wie sonst anzufunkeln, starrte sie stur geradeaus. Ihr Vorwurf klang zwischen uns nach. Auch dann noch, als sie mich stehen ließ, und mit dem Knirps und den anderen Kids zurück in der Halle verschwand.

Ich weiß, ich bin zu spät. Aber wenn du wüsstest, was bei mir zu Hause abgegangen ist …

»Jona, hey!«, unterbrach Madison meine Gedanken. Nur in eine dünne Weste gewickelt, trat sie aus dem Eisentor und kam auf mich zu. »Wer oder was hat Winnie die Laune verdorben? Warst du das?«

Ich zuckte mit einer Schulter und stieß den Atem aus. Weiße Wölkchen bildeten sich in der Dunkelheit. »Sieht wohl so aus.«

Bibbernd blieb sie vor mir stehen, die Arme um ihren schlanken Oberkörper geschlungen. Ihr Blick ruhte mit unverhohlenem Interesse auf mir. »Wo hast du eigentlich gesteckt?«

Anscheinend war Winnie nicht die Einzige, die mich vermisst hatte. Ich fragte mich, ob es eine gute Idee gewesen war, hier aufzutauchen. Was redete ich da, Winnie überhaupt meine Hilfe anzubieten. Das hatte mir bisher nur Ärger und lange Gesichter eingebracht. »Ich hatte … noch Hockey-Training.«

»Hm, war wohl ein wichtiges Training.« Sie blinzelte zu mir empor.

»Ja, das war es«, winkte ich ab.

»Schön, dass du trotzdem noch gekommen bist. Wir können hier immer jede helfende Hand gebrauchen.«

Ich zuckte mit einer Schulter. »Ich wäre gerne früher …«

»Schon okay. Jetzt bist du ja da. Wenn du magst, können wir …«, setzte sie an, wurde allerdings von einer kräftigen Windböe gestoppt.

»Sollen wir rein? Du siehst aus, als frierst du gerade fest.«

»Da ist was dran. Wenn man niemanden hat, der einen warmhält, kann das schnell passieren«, lachte sie, hakte sich bei mir unter und marschierte mit mir gemeinsam zur Halle zurück.

Ich runzelte die Stirn, von der plötzlichen Nähe überrascht, folgte ihr aber. Auch mir war die Kälte mittlerweile bis in die Knochen gekrochen. Die Winter in diesem Teil des Landes waren kalt und unbarmherzig. Wohlige Wärme empfing uns und ich blieb einen Augenblick in der Tür stehen, um den Anblick des sonst so kargen Raumes in mich aufzunehmen.

Wow, aus der Schimmelhütte war ein echtes Gruselhaus geworden. Schwarze Stoffbahnen an der Decke und viel Deko, Essen, Getränke. All das musste ein Haufen Arbeit gewesen sein. Das schlechte Gewissen regte sich wie ein Bandwurm in meinem Magen. Aber was hätte ich machen sollen?

Ich konnte vieles – vierteilen gehörte nicht dazu.

»Möchtest du etwas trinken?« Madison sah mit, für meinen Geschmack ein bisschen zu viel, Begeisterung zu mir auf. Ich lächelte unverbindlich.

»Ich komme später nach.«

Madison setzte zu einer Erwiderung an, wurde aber durch ihren Vater unterbrochen.

»Jonathan!« Jim stapfte auf mich zu, ein gut gelauntes Lächeln hinter dem Wucherbart. »Hilfst du mir mit dem Beamer?«

»Klar.« Ich war froh, endlich etwas tun zu können, und folgte Jim. Zusammen wuchteten wir das Teil aus der Abstellkammer, das sicher schon einige Jahre, wenn nicht sogar Jahrzehnte, auf dem Buckel hatte.

Die Kinder hatten sich inzwischen aus ihren Jacken geschält und es sich auf dem Mattenberg bequem gemacht, den die Mädels aufgeschichtet hatten. Popcorn und Getränke wurden verteilt, und kurz verstand ich, warum die Familie Fuller solch eine Riesenaufgabe auf sich nahm. Die Kinder wirkten glücklich. Gelöst. Sie lachten und feixten. Etwas, das ihnen zu Hause vermutlich nicht so leichtfiel. Schnell wandte ich den Blick wieder ab. Jim dimmte das Licht, während ich den Laptop an den Beamer anschloss.

»Wir wollten mit *Monster AG* beginnen«, sagte eine sanfte Stimme hinter mir und ein Finger wies mich auf den richtigen Ordner. Ich drehte mich herum und sah Silvie, die sich über mich beugte. Kurz fühlte ich mich ertappt, weil ich wenige Sekunden zuvor in den Anblick der Kinder versunken gewesen war. Aber weder sie noch ich sprachen das an.

»Okay, *Monster AG* kommt sofort.« Schon wenige Sekunden später flimmerte der Film über die Leinwand, die Jim über die Längsseite der Halle gespannt hatte. Es sah aus, wie in einem alten Kino.

Silvie klopfte mir aufmunternd auf die Schulter. »Schön, dass du noch gekommen bist. Hinter dem Buffet ist ein Kühlschrank mit Getränken. Du kannst dich bedienen, wenn du magst.«

»Okay, danke.«

Kaum hatte ich mich umgedreht, hatte sie sich bereits zu Gina und den Kindern auf eine der Matten gesetzt. Kurz sah ich einem riesigen, blauen Plüschmonster zu, wie es sich mit einem giftgrünen Augapfel auf den Weg zu Arbeit machte. Dann hielt ich auf den Kühlschrank zu, um mir eine Cola zu besorgen. Ich war müde und konnte eine Koffeinspritze vertragen. Als ich dort ankam, steckte gerade Winnie ihren Kopf hinein. Sie versank fast bis zu den Schultern darin.

»Hey«, begrüßte ich sie.

Anstatt aufzusehen, unterschätzte sie das Kopf-Kühlschrank-Verhältnis und stieß sich prompt den Hinterkopf. Autsch, das hatte wehgetan. *Nicht lachen, Jona, jetzt bloß nicht lachen!*

»So ein Mist!«, brummte sie und befreite sich. Als sie mich erkannte, verfinstere sich ihre Miene weiter. Mehr als ein gemurmeltes Hallo erhielt ich nicht. Aber das war ein Anfang. Genauso gut hätte sie mir die Flasche Wasser, nach der sie geschnappt hatte, ins Gesicht kippen können. Gewundert hätte es mich nicht. Doch sie hielt ihren Ärger zurück.

»Winnie warte«, hielt ich sie auf, ehe sie wieder in die Halle schlüpfen konnte. Meine Stimme hatte einen seltsamen Ton angenommen. Schmunzelnd und bittend zugleich.

»Warum?« Auch wenn ihre Miene unnahbar wirkte, blitzte Neugier darin auf. Sie ging noch einen Schritt zurück und musterte mich. Fast so, wie es Madison eben getan hatte. Allerdings auf eine skeptischere Weise. Es war die Art Blick, mit der man eine überfahrene Kröte inspizierte. Dieser Vergleich gefiel mir eher weniger.

»Weil …« Ich biss mir auf die Lippe und verringerte den Abstand zwischen uns. Sie registrierte das mit einem wachsamen Blinzeln, blieb allerdings stumm. »Ich wollte dich nicht enttäuschen.«

Stille bäumte sich zwischen uns auf. Die unangenehme, gespannte Variante davon. Nebenan stritt gerade das riesige, blaue Plüschmonster mit dem giftgrünen Augapfel. Wieso erinnerten mich die beiden an Winnie und mich?

»Das hast du nicht«, meinte sie nach einer Weile sachlich und wich meinem Blick aus.

»Nicht?«

»Nein. Enttäuscht hättest du mich, wenn ich im Vorhinein Erwartungen an dich gehabt hätte. Die hatte ich nicht.« Winnie knibbelte am Verschluss ihrer Wasserflasche. Als sie sich dem bewusst wurde, stoppte sie abrupt. Ich kaufte ihr die Worte nicht ab. Ganz und gar nicht. Aber was brachte es mir, tiefer zu bohren?

»Na dann«, sagte ich ausweichend, »stimmt ja alles zwischen uns, nicht wahr?«

Sie murmelte etwas Unverständliches. Etwas das Ja und Nein zugleich oder auch Ich-hätte-gerne-eine-Käsepizza bedeuten konnte.

»Bist du fertig?«, fragte sie kühl. Um ihren Worten Ausdruck zu verschaffen, verschränkte sie die Arme vor der Brust.

»Ja.«

»Gut. Wir sehen uns beim nächsten Training.« Damit drehte sie sich um und ließ mich stehen. Das Gespräch war in die entgegengesetzte Richtung verlaufen als beabsichtigt. Und ich wusste nicht, ob ich mich gut, schlecht oder wie eine Mischung aus beidem fühlen sollte.

Winnie Fuller

… und eine Tanzeinlage der etwas anderen Art

Die Halloweenparty war ein voller Erfolg gewesen. Gegen elf hatte der Großteil der Eltern ihre Kinder abgeholt, und diejenigen, die übrig geblieben waren, hatte Jim nach und nach zu Hause abgesetzt. Die meisten waren im Auto weggenickt, und auch ich war nach dem ganzen Trubel ermattet in mein Bett gefallen und augenblicklich eingeschlafen. Geträumt hatte ich nicht viel. Nur von einem Paar Kaffeeaugen in einem noch dunkleren Wald.

Durch die Aufräumarbeiten in den nächsten Tagen war im Büro einiges liegen geblieben. Schneller als erhofft waren dann der Dienstag und mit ihm mein Tanzkurs gekommen. Auch wenn ich es gerne verdrängt hätte, wir hatten eine Weihnachtsshow abzuliefern. Die Party, wie auch die Nebenkostenabrechnung, hatten ein Loch in unsere Haushaltkasse gerissen, das ich stopfen musste.

In den letzten Tagen war es richtig kalt geworden. Bevor ich das Haus verließ, zog ich mir einen dicken, flauschigen Pullover über mein Trainingstop. Im Sonnenschein glitzerte überall eine schneeweiße Frostschicht und ich war froh, dass Jim am Samstag die Heizung angelassen hatte. Im Inneren der Halle herrschte eine angenehme Temperatur. Von Jona war noch nicht viel zu sehen. Aber das wunderte mich inzwischen nicht mehr. Wahrscheinlich konnte ich mich dankbar schätzen, wenn er überhaupt auftauchte.

Wie üblich stellte ich einen Kasten Wasser zurecht und brachte den CD-Player zum Laufen. Dann wartete ich. Nach und nach trudelten die Kinder ein. Vier hatten sich für heute abgemeldet. Die alljährliche Grippewelle machte auch hier nicht Halt und so waren wir schnell vollzählig.

Zumindest fast.

Dass es die Kids mit der Pünktlichkeit nicht immer genau nahmen, erschien mir eine Sache. Viele wuchsen nicht, wie Gina und ich, mit einem geregelten Tagesablauf auf. Von einem fünfundzwanzigjährigen Studenten erwartete ich allerdings mehr. Es war gleich viertel vor vier und ich hatte genug Zeit vergeudet.

»Sooo, ich würde sagen, wir fangen schon einmal an«, eröffnete ich den Kurs und klatschte in die Hände. »Wer hat Lust auf Stopptanz?«

Zustimmendes Gemurmel erklang und ich legte die CD mit den *Frozen*-Liedern ein. Sofort begannen die Kinder sich zu bewegen, den Blick stets auf meine Hand am CD-Player gerichtet. Allmählich flog einer nach dem anderen raus, bis nur noch George und Aurora übrig waren. Die beiden tanzten geradezu verbissen gegeneinander, als mitten im Lied die Tür aufgeschoben wurde.

Mein Kopf ruckte zur Seite und drückte dabei ungewollt den Knopf. Die Musik setzte aus. Was für ein Auftritt.

»Kommst du zu deinem Hockey-Training auch immer zu spät?«, fragte ich Jona, als er durch die Eingangshalle auf mich zu geeilt kam.

»Und wenn? Lässt du mich dafür etwa ein paar Strafrunden laufen?« Obwohl er einen unbekümmerten Tonfall angeschlagen hatte, war seine unterschwellige Gereiztheit kaum zu ignorieren.

Da hatte wohl jemand einen schlechten Tag. Ich verbiss mir meinen nächsten Kommentar und sah zurück zu den Kids. Aurora hielt in einer unbequemen Geste still, während George zu ihren Füßen lag.

»George, du hast dich bewegt«, stellte ich fest, mit den Gedanken noch immer halb bei Jona. »Aurora hat gewonnen.«

George rappelte sich auf und ging auf die anderen Kinder zu. Seine Miene war düster und er rieb sich den Arm. »Aurora hat mich geschubst«, murmelte er im Vorbeigehen.

»Hast du das?«, wandte ich mich an Aurora. Die schüttelte nur mit Unschuldsmiene den Kopf. Ich seufzte. »Beim nächsten Mal passe ich besser auf. Kommt, wir dehnen uns jetzt.«

Mit – *wir dehnen uns jetzt* – hatte ich eigentlich etwas anderes gemeint. *Jona dehnt sich mit euch*, klang in meinen Ohren so viel besser.

»Übernimmst du das?« Mein Blick richtete sich auf Jona, der sich seine Jogginghose zurück auf die schmalen Hüften zog.

»Klar.« Er entledigte sich seiner Kapuzenweste und positionierte sich in der Mitte der Halle. Dann machte er einige Übungen vor. Mein Blick war auf seinen geraden, durchtrainierten Rücken gerichtet. Unter dem engen Shirt konnte ich jeden Muskel ausmachen.

Nachdem die Kinder warm waren, starteten wir mit dem ersten Tanz. Wir hatten uns für den Anfang für *Frosty The Snowman* entschieden. Die ersten Takte saßen schon und es war schön zu sehen, wie aus einem unorganisierten Pulk an Kindern eine Einheit wurde.

Jona machte die einzelnen Bewegungen vor, die Madison uns eingetrichtert hatte. Er hatte sich die Schritte und Abläufe ohne Probleme merken können, während ich immer wieder in mein Notizbuch blicken musste. Irgendwann gab ich es auf und vertraute auf Jona. Ungelenk stellte ich mich mit den Kindern eine Reihe hinter ihn und versuchte, seine Bewegungen zu kopieren. Erst trocken, dann mit Musik.

»Und eins und zwei … drei und drehen!« Jona trieb uns in unermüdlichem Tempo an. »Delilah und George, ihr müsst jetzt nach links! Christine und Susan, ihr nach rechts! Und Arme nach oben!«

Mir war warm.

Nein, das war eine Untertreibung.

Ich schwitzte wie ein Schwein auf dem Weg zur Schlachtbank. Das traf es eher. Der Flauschepulli, der mir eben noch so bequem und kuschelig vorgekommen war, glich nunmehr einem Polyester-Gefängnis. Stöhnend hielt ich inne und versuchte, mir das Teil über den Kopf zu ziehen. Dumm nur, dass es an meinem Sport-Top klebte. Noch dümmer, dass ich es mir in meiner Eleganz mit über meinen Körper zerrte. Ich fühlte mich wie ein Rollbraten, der nicht aus seiner Pelle kam.

Das Kichern und Kieksen der Kinder verrieten mir als Erstes, dass ich halb nackt mit dem Ungetüm von Pulli kämpfte. Der Stoff pappte an meiner Haut und wollte einfach nicht von mir lassen, während mein Oberkörper nur noch von meinem Sport-BH verdeckt wurde.

Großes Kino, Winnie.

Ganz großes Kino.

»Kann ich dir helfen?«, hörte ich Jonas Stimme durch den Stoff hindurch. Sie war dumpf und vor Lachen rau.

»Nein … es geht … schon«, würgte ich hervor und verhedderte mich beinahe noch mehr.

»Sicher? Wenn eines der Kinder das Zuhause erzählt, könnte das als Erregung öffentlichen Ärgernisses aufgefasst werden.«

»Was?« Ich riss die Augen auf und stoppte abrupt. Jonas heiseres Lachen verriet mir, dass er nur einen Scherz gemacht hatte. Das war nicht lustig!

Ehe ich mich beschweren konnte, spürte ich seine warmen Finger an meiner Seite. Sie griffen nach dem durchgeschwitzten Stoff meines Tops und zogen es an Ort und Stelle zurück. Dann langte er nach dem Pullover und half mir, ihn über den Kopf zu ziehen.

Mit heißem und sicher hochrotem Kopf blickte ich ihn an. Eine Gänsehaut erfasste mich, sämtliche innerlichen Alarmglocken schellten, und ich wusste nicht mehr, ob mir warm oder kalt war.

»Danke«, sagte ich kleinlaut, fischte mir einen Fussel aus dem Mund und warf den Pulli über den Plastikstuhl, auf dem der CD-Player stand.

»Gern geschehen.« Ein breites, jungenhaftes Lächeln verzog seine Lippen, als ich zu ihm zurückblickte. Er hatte die Worte so betont, dass ich sie ihm voll abkaufte. Sicher würde er mich damit die nächsten Wochen aufziehen. Himmel, Gina und Madison durften das nicht mitbekommen.

»Das bleibt unter uns«, stellte ich klar.

»Klar. Unser kleines Geheimnis«, schmunzelte er. Warum verlieh er allem, was er sagte, einen schmutzigen Beiklang? Musste das sein?

Ich verdrehte die Augen, grinste aber ebenfalls. Zusammen nahmen wir das Training wieder auf. Bis auf meinen Halb-Strip blieb der Kurs ereignislos. Zu meinem Glück. Ich hatte auf weitere Einlagen verzichten können.

Gegen Ende ließen wir uns müde und abgekämpft auf den Linoleum-Boden sinken. Jona gab Wasserflaschen aus. Die Kinder tranken, als hätten sie eine Woche in der Wüste verbracht, und obwohl sonst ein unbeschwertes Schwatzen in der Luft lag, hörte man heute nur ein vereinzeltes Gähnen. Ich war anscheinend nicht die Einzige, die Jona für einen sadistischen Mistkerl hielt oder, wie Delilah es gerade ausdrücke: »Puh, heute war anstrengend gewesen!«

Die ersten Eltern trudelten ein und holten ihre Kleinen ab. Zurück blieben nur noch Susan, Jennifer und George. Susans Mutter hatte mir im Vorfeld mitgeteilt, dass sie einige Minuten später kommen würde. Georges Vater hatte mehr Interesse an seinem Fernseher als an seinem eigenen Sohn, und seine Mutter Eliza musste immer zu den ungünstigsten Uhrzeiten arbeiten. Oftmals aß er in der Cafeteria zu Abend und wurde danach von Jim nach Hause gebracht. Ab und an wurde er auch von Jennifers Vater Simon mitgenommen. Der hingegen gehörte zu den pünktlicheren Eltern. Es wunderte mich, dass er noch nicht erschienen war.

Im gleichen Moment, in dem der Gedanke mein Bewusstsein kreuzte, wurde die Tür aufgestoßen und Simon betrat die Halle.

»Entschuldige, Winnie. Ich bin zu spät«, sprach er das Offensichtliche an und lächelte reumütig. »In der Firma ist die Hölle los.«

Simon war Buchhalter in einer mittelständischen Firma in Burnaby. Jennifers Mutter hatte sich kurz nach deren Geburt aus dem

Staub gemacht, seitdem zog Simon das Mädchen alleine groß. Er war Anfang Dreißig, und mit seinen blonden Haaren und dem leichten Dreitagebart durchaus attraktiv. Allerdings hatte ich das Gefühl, dass er mit seinem Job und Jennifer bereits so ausgelastet war, dass da kein Platz für eine Beziehung blieb. Dennoch hielt ihn das nicht davon ab, gelegentlich mit mir zu flirten.

»Kein Problem, wir sind ja hier«, sagte ich zu ihm und griff nach meinem Pullover. Simon hatte einen Schwall kalte Luft mit sich gebracht und ich fröstelte. Anstatt ihn anzuziehen, legte ich ihn mir nur über die Schultern. Sicher war sicher.

»Das sagst du so. Aber ich wüsste ehrlich nicht, was ich ohne die *BAKT* machen würde. Du hast wirklich was gut bei mir, Winnie.«

»Das sagst du seit dem Tag, seitdem Jennifer uns besucht«, grinste ich.

»Ja, aber es bringt dich jedes Mal zum Lachen.«

»Das stimmt.« Ich spähte über Simons Schulter, um seinen eindringlichen Augen zu entgehen. Dabei fielen mir im Augenwinkel Jonas bohrender Blick und der gepresste Zug um seine Lippen auf. »Pass auf, sonst komme ich vielleicht irgendwann darauf zurück«, stieg ich daher auf sein Geplänkel ein und kam mir im nächsten Moment unheimlich idiotisch vor.

»Tu das, das Angebot steht nach wie vor.« Er blickte auf seine Uhr und lächelte mir ein letztes Mal zu, dann machte er sich zu seiner Tochter auf. »Komm Jenny, wir fahren nach Hause. Wir sehen uns, Winnie.«

»Ja, macht es gut!«

Ich sammelte Susan und George ein. Dann wandte ich mich an Jona. »Kommst du mit in die Cafeteria?«

Er verstaute den CD-Player in der Abstellkammer, sah allerdings erst einige Sekunden später auf. »Ich habe keine Zeit.« Die Hände in den Taschen seiner Jogginghose vergraben, trat er auf uns zu. Ein ungewohnt düsterer Ausdruck lag auf seinen Zügen. Ich hatte Jona schon in vielen Varianten seiner Selbst kennengelernt.

Flapsig.
Selbstbewusst.
Gestresst.
Aber noch nie düster. Nein, noch nie düster.

Winnie Fuller

… eine klebrige Überraschung und der Moment,
in dem man zugleich lachen und weinen muss

»Ich dachte, du hast keine Zeit?« Ich sah zu Jona auf, der wie ein dunkler Racheengel neben mir marschierte. Er hatte den Kopf gesenkt und den Schirm seiner Kappe tief ins Gesicht gezogen. Statt einer Antwort stieß er lediglich ein Brummen aus.

Wir betraten die Cafeteria. Es war schon spät, die meisten Kinder hatten bereits gegessen. Susan und George reihten sich in die kleine Schlange an der Essensausgabe ein, an der Helen Kartoffelsuppe und Würstchen verteilte.

»Alles in Ordnung bei dir?«, fragte ich Jona, der in den vergangenen Minuten noch wortkarger als sonst gewesen war.

»Ja.«

»Du wirkst heute …«

Mir wurde warm. Nun sah er mich direkt an. Für den Bruchteil eines Moments funkelte eine spöttische Herausforderung in seinen Augen. Aber sie war so schnell verschwunden, dass ich mich auch getäuscht haben könnte. Als ich nicht weitersprach, hakte er nach. »Wie wirke ich heute?«

»Rastlos und irgendwie unzufrieden«, führte ich aus und erwiderte seinen Blick fest. »Vielleicht solltest du etwas essen. Das soll helfen.«

»Was hat das eine mit dem anderen zu tun?« Sein rechter Mundwinkel zuckte nach oben und seine umwölkte Stimmung lockerte ein wenig auf.

»Essen macht glücklich. Vor allem die Kartoffelsuppe meiner

Mutter«, erklärte ich. Ein kleiner, unverstandener Teil in mir freute sich über die Tatsache, dass ich ihn aufgemuntert hatte. Wie auf Kommando gab George, der sich neben Susan an einem der langen Tische niedergelassen hatte, ein zufriedenes Seufzen von sich.

»Wenn du das sagst, muss ich das wohl glauben.« Ein ironischer Unterton schwang in Jonas Worten mit.

Statt weiter darauf einzugehen, lotste ich Jona ebenfalls zur Essensausgabe und drückte ihm ein Tablett in die Hand. Dann nahm ich mir ein eigenes und deckte mich mit einem Teller und Besteck ein. Helen versorgte uns mit Suppe, Würstchen und warmem Brot. An einem freien Tisch nahm Jona gegenüber von mir Platz und wir begannen zu essen.

»Okay, du hast nicht übertrieben. Die Suppe macht echt glücklich«, gab er zu und schob sich einen weiteren Löffel in den Mund.

»Hast du etwa an mir gezweifelt?«

»Niemals«, grinste er und widmete sich wieder dem Essen.

Ich war der Meinung, über eine relativ gute Menschenkenntnis zu verfügen. Nur Jona wusste ich nach den vergangenen drei Wochen noch nicht einzuschätzen. Vielleicht weil ich mich mehr mit den Vorbehalten gegen ihn beschäftigt hatte. Ich war mir nicht sicher, ob ich ihn sympathisch finden oder von seiner chaotisch-unzuverlässigen Art abgeschreckt sein sollte. Möglicherweise beides.

»Also, du bist viel beschäftigt«, brachte ich die vergangenen Tage auf einen Punkt.

Sein Blick hob sich und er zuckte mit einer Schulter. »Das stimmt.«

»Was treibst du neben dem Eishockey noch?«

Er legte den Löffel ab und beugte sich ein Stück zurück. Ihm war anzusehen, dass ihm die Richtung, in die das Gespräch ging, nicht behagte. »Ich studiere und arbeite nebenbei noch in einer Bar«, sagte er dann.

Ich wusste nicht, was ich erwartet hatte. Aber das Bild, das sich in meinem Kopf manifestierte, passte zu ihm. »Was studierst du?«

»Sportwissenschaften und im Nebenfach Psychologie. Was machst du? Hast du studiert?«, lenkte er von sich ab.

»Ich habe letztes Jahr meinen Bachelor in Betriebswirtschaft gemacht.«

»Klingt trocken.«

»Im ersten Moment vielleicht. Aber es hat mir alles vermittelt, was ich für meine jetzige Arbeit wissen muss. Ich bin froh, dass ich mich dafür entschieden habe.«

»Du machst einen verdammt guten Job hier. Das ist mir schon an der Halloweenparty aufgefallen.«

Meine Wangen glühten. Ich bekam nicht oft Komplimente und dieses hier war besonders schön. Denn es betraf einen Bestandteil meines Lebens, der, zusammen mit meiner Familie, einer der Wichtigsten für mich war. Ich mochte meine Arbeit. Vor allem meine Arbeit hinter dem Schreibtisch. Ich wusste, dass ich mit meiner sachlichen Art und meinem Verständnis für Zahlen so der *Burnaby Association for Kids and Teens* am meisten helfen konnte.

»Danke«, entgegnete ich schlicht.

»Nichts zu danken. Es ist mir schon aufgefallen, dass du sehr organisiert bist.«

»Wie meinst du das?«

»Ich kann Menschen gut einschätzen.« Er nickte zu meinem Notizplaner, der neben mir auf dem Tisch lag. »Außerdem schleppst du das Ding mit dir rum, als wärst du ohne es aufgeschmissen.«

»Mache ich nicht.« Wie von allein schnellte meine freie Hand zu meinem Planer.

»Doch, ich würde sogar behaupten, dass du so neurotisch bist, dass du durchdrehst, wenn ich in nur eine Seite rausreißen würde.«

»Das ist nicht …« Oh, es war so was von wahr. Aber ich würde mir lieber die Zunge abbeißen, als das zuzugeben. Seine Mundwinkel zuckten nach oben und er lehnte sich zurück.

»Ich bin doch nicht neurotisch«, grummelte ich.

»Doch bist du, aber auf eine süße Art«, gab er ohne zu zögern zu.

»Machst du mich gerade an? Ich will dir deine Illusion ja nicht rauben, aber ich bin im weitesten Sinne dein Boss«, zog ich ihn meinerseits auf. Ich schob meinen leeren Teller von mir und knabberte an einer Brotscheibe.

Dieses Geplänkel schien ihn zu amüsieren. Seine Lippen kräuselten sich und der Blick, den er mir über den Tisch hinweg zuwarf, ging mir unter die Haut. »Nein, ich baue nur dein angeknackstes Ego auf, du kleine Neurotikerin. Wetten, dass die Bücher in deinem Zimmer nach Autoren geordnet und die Apps auf deinem Handy in einzelne Ordner untergliedert sind? Und dass ich in dem Planer eine To-Do-Liste nach der anderen finde?«

Treffer.

Ich schüttelte abwehrend den Kopf. Dann glitt mein Blick zu dem Schokoladenpudding, der auf Jonas Tablett ruhte. Und meine innerliche, verfressene Stimme dachte sich – *Ohh, I want it.* Ich hatte schon immer eine Schwäche für Zucker gehabt. Jona, dem mein begieriger Blick nicht verborgen blieb, grinste in sich hinein.

»Bin gleich wieder da«, meinte ich kurzum und stand auf.

Die Cafeteria hatte sich zusehends geleert. Vermutlich hatte Jim die allabendliche Heimfahrt eingeläutet. Ich hielt auf die kleine Kühltheke neben der Essensausgabe zu und linste hinein. Mit mäßigem Erfolg.

»Oh, ist der Pudding schon weg?« Beim Anblick des verwaisten Aluminiumbehälters konnte ich die Enttäuschung nur schwer unterdrücken. Die mit Pudding gefüllten Plastikbecher gingen jedes Mal mit einer Rasanz weg, als handele es sich um Gold.

»Sorry, Süße. Gina hat sich eben den letzten geschnappt.« Helen, die gerade die Theke abwischte, lächelte mitleidig.

»Na toll.«

»Winnie!«, tönte es auf einmal. Es war Jona. Ich drehte mich um und kniff im gleichen Moment die Augen zusammen. »Hier, fang!«

Oh-oh.

Mit einer geschmeidigen Bewegung holte Jona aus und warf mir einen Puddingbecher zu. Der flog wie ein Geschoss durch die

Lüfte, doch der einzige Gedanke, der sich in meinem Kopf formte, war – *Ist der bescheuert?*

Tja.

Das war er.

Einen Wimpernschlag später hatte ich die braune Pampe im Gesicht hängen. Und im Ausschnitt. Und in den Haaren. In den Augenbrauen sowie auf meinem T-Shirt.

»Fuuuck, was war das denn? Ich dachte, du fängst! Das waren keine zwei Meter«, kam Jona auf mich zugejoggt. Die Emotionen auf seinem Gesicht wechselten im Sekundentakt. Unglaube, schlechtes Gewissen, Belustigung.

Vor allem Belustigung.

»Ich? Und fangen?«, prustete ich hervor und wischte braunen Glibber aus meinem Gesicht. Ich revidierte die Aussage mit dem Zucker. »Ich bin froh, wenn ich beim Gehen nicht über meine eigenen Füße stolpere! Wie kommst du auf die Idee, dass ich fangen kann, Mr. Menschenkenntnis?!«

»Oh, Himmel, das ist …« Helens Gesichtsausdruck nach zu urteilen, wusste sie nicht, ob sie mich bedauern oder auslachen sollte. Ich fischte nach dem halb leeren Plastikbecher, der sich auf halber Strecke zwischen Halsbeuge und meiner Schulter verfangen hatte, und griff nach dem Handtuch, das Helen mir reichte. Jona machte sich derweil ebenfalls daran, Puddingklümpchen von meinem Schlüsselbein zu wischen. Hatte er sich gerade einen Finger in den Mund gesteckt?!

»L-lass das«, sagte ich entrüstet, entsorgte den Becher und machte mich, mit dem Handtuch bewaffnet, zur anliegenden Toilette auf.

Das klebrige Ausmaß wurde mir erst mit einem Blick in den Spiegel bewusst. Ich sah aus, als sei ich kopfüber in eine Essensschlacht geraten. Korrigiere, in die verdammte Essensapokalypse, der Angriff der Puddingmonster.

Ich wusch mir die Hände und das Gesicht, doch der schlimmste Part wartete noch auf mich. Denn der Pudding hatte sich nicht nur in meinem Ausschnitt ausgebreitet, nein, er war mir bis in den BH gerutscht. Ehe ich mir braunen Glibber aus dem Körbchen schaufelte, wurde das Flurlicht ausgesperrt. Jim hatte es noch nicht geschafft, die defekte Lampe über dem Waschbecken auszuwechseln.

»Tut mir leid, ich wollte dich nicht abschießen.« Mit seinem breitschultrigen Oberkörper nahm Jona fast den gesamten Türrahmen ein.

Ich hielt in der Bewegung inne und beließ den Pudding lieber, wo er war. Statt einer Antwort band ich mir meine Haare hoch. Einzelne Strähnen waren zu einer klebrigen Masse getrocknet und pappten nun aneinander.

»Wie kann ich es wiedergutmachen?«

»Da gibt es nichts wiedergutzumachen. Bitte bewirf mich nie mehr mit zuckerhaltigen Lebensmitteln. Damit würdest du mir sehr helfen.«

»Na schön.« Ein resignierter Laut verließ seine Kehle. Das Licht in dem kleinen Toilettenraum veränderte sich, und schon war Jona wieder verschwunden.

Auch wenn ich nicht begeistert von dem Ausgang dieses Abends war, ich war Jona nicht böse. Er hatte es auf seine eigene, verkorkste Art und Weise gut gemeint. Dass ich die Reaktionsgeschwindigkeit eines Faultiers hatte, war komischerweise noch nicht zu ihm durchgedrungen. Zumindest das hatte sich verändert.

Ich wischte das Waschbecken sauber und entsorgte dann das Handtuch in unserem angrenzenden Hauswirtschaftsraum. Von Jona keine Spur. Ich warf noch einen Blick in die Küche. Doch auch da war nichts von ihm zu sehen. Helen war in den letzten Zügen, ansonsten waren die Räume verwaist.

»Kann ich dir helfen, Helen?«, erkundigte ich mich.

»Nein, geh nur rüber. Ich bin hier in zwei Minuten fertig.«

»Okay, gute Nacht.«

»Gute Nacht, meine Süße.«

Nachdem ich mir meinen Pullover geschnappt und übergeworfen hatte, verließ ich das Gebäude der Stiftung. Als ich die Veranda überquerte, erblickte ich im Dunkeln zwei Scheinwerfer.

Zunächst dachte ich an Onkel Jim, allerdings dürfte der noch nicht von seiner allabendlichen Runde zurück sein.

Die Scheinwerfer kamen näher. Erst, als der Wagen einige Meter vor mir zum Stehen kam, erkannte ich Jona hinter dem Lenkrad. Er stieg aus und lief auf mich zu. In der Hand hielt er einen Becher. Ich unterdrückte den Drang, in Deckung zu gehen.

»Wo warst du?«, fragte ich.

»An der Tankstelle, die Straße runter.« Er hatte sich die Kapuze seiner Weste über den Kopf gezogen, um der Kälte zu entfliehen. Bevor ich weitere Fragen stellen konnte, sprach er weiter. »Ich habe dir Ersatz besorgt.«

»Ersatz?«

Frierend kam er vor mir zum Stehen und reichte mir den ominösen Becher, der beinahe genauso kalt war, wie die Luft, die in meine Wangen biss.

»Du hast mir Eis besorgt?« Überraschung füllte meine Stimme, während ich zunächst den Becher in meinen Händen und dann Jona anblinzelte.

»Sie hatten kein Schokoladeneis mehr. Nur noch dieses Pfefferminzeis mit den Schokostückchen. Aber wenn du mich fragst, ist das eh viel besser.«

Es war viel besser.

So viel besser.

Aber ich war immer noch baff. Wie war er auf die Idee gekommen? »Wir haben minus fünf Grad und du bringst mir Eis?«, hakte ich nochmals nach. Meine Lippen wurden von einem Schmunzeln verzogen.

Er biss sich auf die Unterlippe und sein Blick huschte an mir vorbei. »Es gab da eine Person, die mir weismachen wollte, dass Essen glücklich macht.«

»Was für eine überaus weise Person«, lachte ich. Es war ein echtes, ehrliches Lachen, das bis in meinen Bauch strahlte. »Zum Glück hat diejenige eine Schwäche für Zucker in sämtlichen Aggregatzuständen. Egal zu welcher Jahreszeit.«

»Darauf habe ich gesetzt.«

»Danke, das war wirklich nett von dir. Auch, wenn das nicht nötig gewesen wäre«, erklärte ich.

Nun sah er mich wieder an. Und – Himmel – der Blick ging mir durch Mark und Bein. Abschätzend und intensiv zugleich.

»Ja, ich weiß«, meinte er schlicht. Sein Blick streifte meine Lippen. Für einen langen Moment starrten wir einander an. Es war nicht unangenehm, viel mehr fühlte es sich natürlich an. Wie etwas, dass auf einmal einrastete. Da war es wieder – dieses Band, das ich schon einmal gefühlt hatte. Doch dann unterbrach ich die Verbindung, die sich aufzubauen drohte. Das war Terrain, auf das ich mich nicht begeben wollte. Wie eine Eisfläche, die mir alles andere als standfest erschien. »Danke dafür. Ich werde jetzt reingehen.«

Seine Augen verdunkelten sich und ein träges Lächeln erschien auf seinem Gesicht. »Ja, das solltest du tun. Es ist echt kalt. Gute Nacht, Winnie.«

»Gute Nacht.« Ich winkte ein letztes Mal in seine Richtung, ehe ich zum Wohnhaus lief. Meine Haut prickelte vor Kälte. Meine Hand, die den Becher umklammert hielt, fror beinahe ab. Aber in meinem Inneren pochte eine Wärme, von der ich nicht wusste, was ich davon halten sollte.

Jonathan Montague

… und der Kampf Mann gegen Müdigkeit

Die Bäume, die den Burnaby Mountain Parkway zu beiden Seiten säumten, flogen an mir vorbei. Kurz erhellt von meinen Scheinwerfern verschwammen sie nur wenige Sekunden später zu einer dichten Schwärze. Ich war müde und gleichzeitig merkwürdig aufgekratzt. Möglicherweise lag es an dem schlechten Gewissen, das sich in meinem Magen eingenistet hatte. Aus welchen Gründen auch immer, schaffte ich es, Winnie in einer Tour zu enttäuschen. Egal, ob ich sie versetzte, sie mit meinen Launen vor den Kopf stieß oder, wie ich auf meinem Punktekonto jüngst verzeichnen konnte, sie mit Schokoladenpudding abwarf.

Ich war kein sonderlich zugänglicher Mensch. Ich war launisch, kaum verlässlich. All das war mir bewusst und es war okay für mich. Ich hatte keine Zeit, mir Gedanken um die Befindlichkeiten anderer zu machen. Aber die Familie Fuller, vor allem Winnie, schien auf mich abzufärben. Anders konnte ich es mir nicht erklären.

Denn als ich eben in dem Türrahmen des schmalen Waschraums gelehnt und ihr zugesehen hatte, wie sie sich Pudding vom Körper wusch, hatte ich mich so schuldig gefühlt, dass mir gar nichts anderes übrig geblieben war, als ihr eine Wiedergutmachung zu besorgen. Doch auch jetzt, zehn Meilen vom Anwesen der Fullers entfernt, ließen mich Winnies grüne, wachsame Augen nicht los.

Es war gut gewesen, dass sie unseren Blickkontakt, der eindeutig zu lang gedauert hatte, unterbrochen hatte. Sie war die Sorte

Mädchen, geordnet, bedacht und vermutlich mit Zehn-Jahres-Plan, die sich von jemandem wie mir fernhalten sollte. Ich konnte froh sein, wenn ich meinen Tag bis zum Abend im Griff hatte. Dennoch schlitterte ich gerade über den Punkt hinaus, in dem die Fullers eine einfache Strafarbeit für mich waren. Irgendwo berührte mich der Einsatz, den sie leisteten.

Ich schüttelte die Gedanken ab und steuerte meinen Wagen in die dichter besiedelte Gegend, in der meine Wohnung lag, ein Drei-Zimmer-Appartement in einem in die Jahre gekommenen Mehrfamilienhaus. Die Fenster im Erdgeschoss waren dunkel. Nachdem ich das Auto geparkt und die Wohnung betreten hatte, machte ich mich zum Kühlschrank auf. Die Birne im Inneren spendete ein diffuses Licht, das sich über den Fliesenboden ergoss. Bevor ich nach der Cola im untersten Fach greifen konnte, stutzte ich.

Meine Zahnbürste hatte zwischen dem Ketchup und dem Dosenmais ganz sicher nichts zu suchen. Seufzend stapfte ich damit in mein kleines, spärlich eingerichtetes Bad. Als ich die Tür zum Spiegelschrank aufzog, fand ich die Mayo zu meinem Ketchup. Sie steckte im Zahnputzbecher, in dem sonst meine Zahnpasta auf ihren Einsatz wartete. Von der wiederum war nichts zu sehen.

Welcome to my life.

Aber ich war zu müde, um mir darüber den Kopf zu zerbrechen. Stattdessen ließ ich mich auf das Sofa sinken. Im Fernsehen lief irgendeine schlechte Realityshow, die mich sofort einschlafen ließ.

Jonathan!, drang es wie durch Watte zu mir durch und ich gab ein unzufriedenes *Hmm-hmmm* von mir. Gerade kämpfte ich gegen einen Berg aus Aktenordnern und Dokumenten. Unterlagen drohten über mir zusammenzubrechen, während mir die Gäste irgendwelche Bestellungen um die Ohren riefen und ich …
Jonathan, wach auf!

»Nur noch fünf Minuten«, gab ich von mir. Aber eine resolute Hand rüttelte an meiner Schulter. Ich wurde von den Papieren begraben, bekam keine Luft und schreckte auf.

Was zur Hölle …

Stöhnend rieb ich mir übers Gesicht, um den Traum zu vertreiben. In meinem Wohnzimmer war es hell erleuchtet.

»Jonathan, du bist wach!« Zwei kleine Äugelein blinzelten mir hektisch hinter einer Brille entgegen.

»Was denn?«, gähnte ich und richtete mich weiter auf.

»Die Russen kommen!«

»Was?«

»Die Russen kommen! Hol die Pistolen!«

Oh Mann.

»Gran«, brummte ich, zwang meine Augen endgültig auf und erhob mich von der Couch. »Niemand kommt. Du hast schlecht geträumt.«

Ich liebte meine Oma. Aber sie war eine Nummer für sich. Lediglich in Morgenrock und ein Paar pinken Pantoffeln stand sie vor mir. Dabei spähte sie immer wieder hektisch über ihre Schulter. Doch die einzige Bedrohung, die in der hinteren Ecke meines Zimmers zu finden war, war … ein Berg ungewaschener Wäsche. Und ganz ehrlich – vor dem hatte sich niemand zu fürchten.

»Gehirnwäsche!«, brabbelte Oma. Ihr Blick huschte zurück zu mir und nahm einen misstrauischen Ausdruck an.

»Niemand wäscht hier Gehirne, das war ein Traum, Oma. Wir haben 2020, nicht 1944«, erklärte ich ihr in ruhigem Ton. Ein kurzer Blick auf die Uhr auf meinem DVD-Player verriet mir, dass es halb drei in der Früh war. Dann fiel mir der Film auf, der über den Bildschirm des Fernsehers flimmerte – *Pearl Harbor* und das in einer Lautstärke, dass ich mich nicht wunderte, warum meine Großmutter davon wach geworden war. Am liebsten hätte ich mir selbst eine verpasst. Wie dämlich konnte man sein?

»Komm, wir bringen dich wieder ins Bett.« Mich über meine eigene Dummheit ärgernd, schaltete ich den Fernseher aus und hakte mich bei ihr unter. Dafür, dass sie nur einen Meter sechzig groß war und etwa sechzig Kilo wog, konnte sie erstaunlich störrig sein.

»Nein, wir müssen uns wehren, Jonathan!«

»Das habe ich verstanden. Wir wehren uns morgen Früh, okay?«, murmelte ich und brachte sie zurück in ihr Zimmer. Die Jalousien waren hochgezogen und ein fahles Mondlicht fiel durch das Fenster. »Siehst du, alles ganz still und friedlich dort draußen.«

»Bist du sicher?« Ihre Frage klang dünn und müde, als sie die Pantoffeln von den Füßen streifte und sich zurück in ihr Bett plumpsen ließ.

»Ganz sicher«, bestätigte ich. »Ich würde nie zulassen, dass dir jemand etwas tut. Das weißt du doch. Jetzt schlaf noch ein bisschen, es ist mitten in der Nacht.«

Sie nickte und ich breitete die Bettdecke über ihr aus. Dann ließ ich die Rollos herunter und verließ das Zimmer.

An Schlaf war zumindest für mich nicht zu denken. Ich war nach diesem ungeplanten Weckruf hellwach. In meinem Zimmer entledigte ich mich meines Pullis und der Jogginghose.

Ich sank auf meine Matratze und blättere durch ein Exemplar der *BC Hockey News*. Statistiken reihten sich an Statistiken und am Ende fanden sich noch einige Spielerporträts. Mein Blick blieb an meinem eigenen Abbild haften.

Die *Burnaby Polar Bears* war eine Amateur-Mannschaft, die in der vierten Liga der *British Columbia Hockey League* spielte. Das war zwar gut genug, um ein Teil-Stipendium fürs Studium zu ergattern, allerdings reichte es für eine professionelle Karriere meistens nicht aus. Die *BCHL* stand mehr für harte Aktionen, unfaire Fouls, Angriffe und die ein oder andere Schlägerei. Aber sie war vor allem in diesem Teil Kanadas populär und die Spiele waren gut besucht.

Ich schmiss die Zeitung zurück auf den Stapel, knipste das Licht aus und starrte gegen die nachtdunkle Decke. Vorlesungen. Granma. Die Arbeit in der Bar und bei den Fullers. Zwischendrin Training und die Sorge, alles unter einen Hut zu bekommen. Die Rechnungen am Ende des Monats bezahlen zu können. Immer und immer wieder. Mein Kopfkarussell machte mich ganz wirr und wenn es so weiterging, dann …

Ja, was dann?

Es würde so weitergehen.

Musste.

Ich hatte keine andere Wahl.

Früher war es anders, vor allem leichter, gewesen. Meine Zwillingsschwester Jess und ich waren bei unseren Großeltern auf einem Hof außerhalb Burnabys groß geworden. Unsere Mutter hatte uns dort kurz nach unserer Geburt vor fünfundzwanzig Jahren abgegeben. Sie war ebenso wie Jess – und vermutlich auch wie ich – ein eigenwilliger Mensch. Sie hatte sich nie binden können und hatte jeden Mann, der zumindest mit dem Gedanken daran gespielt hatte, mit ihren Launen vergrault. Zudem war ihr Verschleiß an Männerbekanntschaften alles andere als gering gewesen. Einer der vielen Gründe, warum weder wir noch Mum unseren leiblichen Vater kannten.

Obwohl sich das alles schwer verkorkst anhörte, wir hatten eine schöne, nahezu unbeschwerte Kindheit erlebt. Unsere Großeltern waren tolle, bodenständige Menschen gewesen, die alles dafür getan hatten, dass es uns gut ging.

Das Drama hatte erst viel später, mit dem Tod unseres Granpas vor sieben Jahren, begonnen. Er hatte ebenso wie Winnies Vater einen Herzinfarkt erlitten und war daran verstorben. Der Hof, auf dem wir jahrelang gelebt hatten, war zur finanziellen Bürde geworden. Gran hatte ihn verkaufen müssen, bevor wir uns komplett ruinierten. Auch wenn Jess da schon mehr weg als zu Hause gewesen war, hatten wir uns mit Gran zusammen diese Wohnung gesucht. Ein kompletter Gegensatz zu dem Haus unserer Kindheit.

Aber es war okay.

Für ein paar Jahre hatten wir unsere kleine Familie zusammenhalten können, hatten uns erholt. Eishockey war seitdem meine Zuflucht gewesen. Auf dem Eis verstummten meine Gedanken und Sorgen. Da war nur Platz für das Spiel. Aber auch das konnte mich nicht vor dem Unvermeidlichen retten. Denn das verdammte Schicksal hatte erneut zugeschlagen. Von hinten in den Rücken. So hart, dass niemand, nicht einmal ich, damit gerechnet hatte.

Es hatte angefangen mit Socken in der Spülmaschine und dem

Besteck zwischen unserer Wäsche. Eine neue Waschmaschine später war es mit versäumten Terminen und offenen Rechnungen weitergegangen. Ich hatte die unvermeidliche Wahrheit viel zu lang von mir hergeschoben, hatte es nicht wahrhaben wollen. Aber als Gran Jess nur noch mit dem Namen unserer Mutter ansprach und anfing, sie als Nutte zu beschimpfen … ja, da konnte ich es nicht mehr leugnen.

Schließlich hatte der Arzt die Vermutung, die ich schon Monate mit mir herumgetragen hatte, bestätigt.

Alzheimer.

Von uns Dreien hatte Gran am besten, Jess am schlechtesten, damit umgehen können. Für Jess war der Rest ihrer, sowieso auf wackligen Stützen gebauten, Welt zusammengebrochen. Von da an war sie nur noch selten nach Hause gekommen. Lieber schlug sie sich die Nächte von einer Couch zur Nächsten um die Ohren, als sich mit mir der wachsenden Herausforderung zu stellen.

Ich hasste sie dafür in gleicher Weise, wie ich sie verstehen konnte.

Jedenfalls war Grans Krankheit der Anfang von meinem Ende gewesen. Hatte ich mich vorher auf Eishockey und meine Freunde konzentrieren können, so verbuchte ich es inzwischen unter Erfolg, meine Klamotten zu waschen oder die Miete pünktlich zu überweisen. Omas Rente war nicht sonderlich hoch und das Geld, das wir für den verkauften Hof erhalten hatten, war schon lange aufgebraucht. Zudem waren die Medikamente, die sie benötigte, alles andere als günstig. Das Geld, das ich aus dem Teil-Stipendium und aus meinem Nebenjob erhielt, war auch nicht die Welt. Daher war es jeden Monat knapp auf knapp.

Coach Nelson wusste nicht, dass meine Granma krank war, das ging niemanden etwas an, aber er wusste, dass ich immer viel zu tun hatte. Mit der zusätzlichen Arbeit bei den Fullers hatte er mir einen Denkzettel erteilen wollen. Im Nachhinein betrachtet würde ich trotzdem nicht anders reagieren. Jess war, auch wenn sie sich allem entzog, meine Schwester. Meine Familie. Wenn es ihr schlecht ging, war ich für sie da. Auch wenn sie das nie erwiderte.

Wenn ich darüber nachdachte, kam ich mir wie der weltgrößte Loser vor. Aber es war nun mal verdammt hart. Ich durfte nicht krank werden, mir keine weiteren Fehler erlauben. Nicht meinen Job verlieren.

Ich musste liefern.

Alles andere war keine Option.

Winnie Fuller

… und ein Angebot, das man kaum ablehnen kann

Ich legte den Thriller, in dem ich die letzten beiden Stunden gelesen hatte, zur Seite. Mit einem anderen Genre konnte ich einfach nichts anfangen. Liebesromane fand ich besonders schlimm, auch wenn Gina immer wieder versuchte, mich dafür zu begeistern. Für mich musste ein Buch nicht auf Gefühlen aufbauen. Es musste spannend und zugleich nachvollziehbar sein.

In Gedanken versunken sah ich aus dem Fenster. Schneeregen fiel aus dem dichten, grauen Wolkenwerk hinab, das den Himmel bedeckte. Ich brauchte diese Art von Pausen. Zeit, um mich von dem ständigen Trubel, der mich umgab, zu erholen und wieder zu Atem zu kommen. Zwischen Kindergebrüll und finanziellen Sorgen tat es manchmal einfach gut, sich rauszunehmen und das eine oder andere zu überdenken.

Der November war gekommen. Die Leute begannen ihre Halloween-Deko abzuhängen und durch weihnachtliche Lichterketten und Kränze zu ersetzen, und die ersten Pläne für die Feiertage wurden geschmiedet.

Mein Blick schweifte über unser Grundstück, über den kleinen, angrenzenden See und den Schuppen, der von hier aus zu sehen war. Dann stockte ich. Ich strich mir eine meiner Strähnen, die mir in der Stirn hing, hinters Ohr, richtete mich auf und lugte aus dem Fenster.

In und um unseren Gartenschuppen wuselte Jona herum, hackte Holz und schichtete die Scheite an der Längsseite auf. Ich runzelte die Stirn. Es war später Freitagnachmittag, normalerweise kein Tag an dem Jona uns aushalf. Aber sei's drum. Nachdem ich mich kurz darüber gewundert hatte, verlor ich mich in seinem Anblick. Es hatte fast etwas Meditatives, ihn zu betrachten.

Seine breiten Schultern. Die schmale Hüfte. Die trainierte Figur. Ich konnte mir gut vorstellen, dass er früher als kleiner Junge schmächtig gewesen war. Doch nun fügte sich all das perfekt ein. Trotz des vielen Trainings wirkte er nicht bullig. Dazu kam seine stattliche Größe. Jona hatte locker einen Meter achtzig, wenn nicht sogar noch mehr. *Schmachtest du ihn gerade an?*

Nein, natürlich nicht! Ich habe nur geschaut, was er da unten treibt, verteidigte ich mich. Ich fasste mir an die Stirn. Jetzt spannte ich nicht nur, sondern redete schon mit mir selbst. Wunderbar.

Tja, manche blieben innerlich Kind. Ich war davon überzeugt, dass in meinem Kopf eine alte Oma lebte, die seltsame Dinge von sich gab, in bester Stalker-Manier von Balkonen oder aus Fenstern spähte, und am liebsten um neun Uhr abends im Bett lag.

Während ich wie eine verliebte Achtzigjährige in den Garten blickte, zuckte Jonas Kopf nach oben. Sein Blick bohrte sich in meinen, fast als hätte er mein anhaltendes Starren gespürt. Ich dachte nicht, ich handelte … und rollte mich wie Tom Cruise mission-impossible-mäßig auf die Matratze.

»Nein, nein, nein«, murmelte ich. Mir blieb nur noch die Flucht nach vorn. Peinlich berührt stand ich auf, schlüpfte in eine Jeans und einen schwarzen Wollpullover. Unten zog ich mir meine Stiefel über und verließ das Haus.

Es war eisig.

Mit verschränkten Armen wanderte ich über die Veranda. Als Jona mich erblickte, kam er mit langen, geschmeidigen Schritten auf mich zu. Ein spitzbübisches Grinsen lag auf seinen Lippen. Doch mit jedem Meter, den er näherkam, wurde ich mir der dunklen Ringe unter seinen Augen bewusst.

»Hey«, meinte ich lahm und zwang meinen Mund zu einem verkniffenen Lächeln.

»Hallo.« Jona gesellte sich zu mir unter das Vordach. Er strich sich über das Kinn. Dunkle Stoppeln zogen sich über seine Wangen. »Was war das für ein kamikaze-artiger Abgang?«

»Da war eine Spinne. Eine riesengroße«, faselte ich.

»Hm, eine Spinne also.« Er glaubte mir kein Wort. Nicht verwunderlich. »Beim nächsten Mal kannst du nach mir rufen, dann fange ich sie für dich ein.«

»Danke«, entgegnete ich lang gezogen und versteckte die Hände in meinen Ärmeln. Die Kälte kroch durch alle Maschen. »Was machst du überhaupt hier?«

»Jim hat angerufen, ich helfe ihm aus.«

»Ja, das habe ich gesehen.« Ertappt biss ich mir auf die Unterlippe und tippelte auf der Stelle. Doch Jona ging nicht weiter darauf ein. Generell schien er heute nicht in seiner besten Form zu sein. »Geht es dir gut? Du siehst müde aus«, hakte ich nach.

Ein mattes Lächeln hob einen seiner Mundwinkel. »Schlecht geschlafen.«

War das alles? Irgendwie kaufte ich ihm diese Ausflucht nicht ab. Aber wer war ich, mich in seine Angelegenheiten einzumischen? »Warum musst du Jim helfen?«, fragte ich stattdessen. »Ich dachte, das wäre mit unserem Tanz-Arrangement erledigt.«

»Ich kann am Dienstag nicht«, erklärte er und war im Begriff sich aufzurichten. »Dafür bin ich heute vor dem Training gekommen. Jim meinte, dass in den letzten Tagen einiges auf dem Gelände liegen geblieben ist.«

Für den Moment fühlte ich mich vor den Kopf gestoßen, weil er mir nicht Bescheid gegeben hatte. Wir waren schließlich ein Team. Oder nicht? Doch ich schüttelte den Gedanken ab. Wir waren kein Team und Jona war mir auch keine Rechtfertigungen schuldig.

»Also, ich mache mich wieder an die Arbeit. Wir sehen uns.«

»Hey, warte mal.« Ich hielt ihn am Ärmel seiner Jacke zurück. Dabei streifte meine Hand seine und die Kälte, die davon abging, kroch augenblicklich auf mich über. »Du siehst erschöpft aus und dir ist kalt. Mach einen Moment Pause.«

»Keine Zeit.«

»Jona!«

»Winnie …« Er schien mit sich zu hadern. Sein dunkelbrauner Blick wirkte zerknirscht.

»Keine Widerrede, setz dich hin. Ich mache uns einen Kaffee«, hielt ich dagegen und zog ihn zu der Hollywoodschaukel, die auf unserer Veranda stand. Jona gab seinen Widerstand auf, doch in seinen Augen tanzte weiterhin Skepsis. »Jim wird wohl zehn Minuten ohne dich auskommen. Und wenn nicht, dann werde ich ihm meinen Teil dazu sagen. Er soll froh sein, dass du ihm überhaupt zur Hand gehst!«

»Okay, okay, du hast mich überzeugt. Ein Kaffee wird drin sein«, seufzte Jona und streckte die Beine aus.

»Bin gleich wieder da und wehe, du sitzt dann nicht mehr hier.«

»Das würde ich mir nie erlauben.« Seine Stimme klang rau, aber auch leicht amüsiert. Während ich zurück zu unserem Wohnhaus stapfte, lächelte ich ihm zu.

In der Zeit, in der der Kaffee brühte, zog ich mir meinen Mantel an. Kanadische Winter waren brutal, vor allem in diesem Teil des Landes. Anschließend angelte ich nach zwei Tassen aus unseren Oberschränken. Als ich mich auf den Rückweg machte, hämmerte mein Herz wie wild. Bevor meine innere, grantige Oma etwas hineininterpretieren konnte, war ich wieder zurück bei Jona.

Er hatte die Arme überkreuzt und die Augen geschlossen. Sogar in dieser scheinbar entspannten Haltung, behielt sein Gesicht einen abgekämpften Ausdruck. Behutsam ließ ich mich neben ihn gleiten. Die Schaukel gab ein sich sträubendes Quietschen von sich und Jona öffnete die Augen.

»Ich wusste nicht, wie du deinen Kaffee trinkst. Ist schwarz okay?«, fragte ich, in Ermangelung anderer Worte.

»Klar.« Wieder erschien dieses schwache, schiefe Lächeln und er ergriff die Tasse, die ich ihm reichte. Mir selbst hatte ich einen Tee mit viel Honig gemacht. »Danke, das ist echt nett von dir.«

»Kein Thema. So bin ich eben.« Er schmunzelte lediglich in seine Tasse. »Was gibt es da zu lachen?«, hakte ich nach und wandte mich ihm vollends zu. Ein Bein winkelte ich an, das andere hing von der Schaukel herunter.

Jona fixierte mich mit dem gleichen ungebrochenen Interesse. »Ich habe noch niemanden kennengelernt, der seine Fürsorge in solch einen plumpen Charme verpackt.«

Gespielt beleidigt verzog ich das Gesicht. »Ich weiß gerade nicht, ob ich mich geschätzt oder beleidigt fühlen soll.«

»Vielleicht ein bisschen von beidem«, schlug er vor und nahm noch einen Schluck von seinem Kaffee. Der durchdringende Geruch vermischte sich mit dem der Minze und drang in meine Nase. Eine Weile hing jeder seinen eigenen Gedanken nach.

»Was machst du, wenn du Zeit für dich hast?«, brach ich als Erste das Schweigen.

»Das habe ich nicht.«

»Aber was wenn? Wenn du etwas machen könntest, auf das nur du Lust hast?«

Er hob eine Schulter und zunächst glaubte ich, dass er weiter schweigen würde, doch dann erzählte er: »In der Nähe des Hofes, auf dem wir früher gewohnt haben, da gab es einen See, der im Winter immer ziemlich schnell zufror. Meine Schwester und ich sind dort immer Eislaufen gegangen. Ich denke, ich würde einen Abstecher dorthin machen. Und danach würde ich mich auf die Couch knallen und ein Eishockey-Spiel gucken. Nicht sehr spektakulär, was?«

»Ich finde, das hört sich toll an«, stimmte ich ihm zu. In Gedanken sah ich diesen gefrorenen See schon vor mir.

»Ja?«

»Ja, total.«

»Du würdest also mit zu dem See kommen?«, schloss er und genoss sichtlich das Unbehagen, in dem ich mich wandte. Ähm, auf was ging das gerade hinaus?

»In unserer rein hypothetischen Vorstellung womöglich«, antwortete ich diplomatisch und spürte, wie meine Wangen heiß wurden. Schnell senkte ich den Kopf und blickte in meine Tasse. Der Teesatz war mit einem Mal sehr interessant.

»Soso … in einer rein hypothetischen Vorstellung also.« Bei seiner nächsten Frage verschluckte ich mich an meinem Tee. »Hast du einen festen Freund?«

Wo kam das denn auf einmal her? Nachdem ich einen Hustenanfall par excellence überwunden hatte, piepste ich: »Nein, noch nicht.«

Noch nicht!

Wie sich das anhörte! Als würde ich ihm diesen Job anbieten. Als handele es sich bei meinem Beziehungsstatus um ein Handrührgerät! *Wenn Sie innerhalb der nächsten fünf Minuten bestellen, bekommen Sie neben einer festen Freundin auch noch ein Backset und eine Kuchenschaufel! Ganz umsonst! Meine Damen und Herren, greifen Sie jetzt zum Hörer und Sie erhalten nicht nur eine, sondern gleich zwei feste Freundinnen! Nur heute! Nur jetzt!* Ich schüttelte mich. »Warum fragst du?«

An Jonas Grinsen konnte ich nicht ableiten, ob er mich gerade verarschte oder das eine ernst gemeinte Unterhaltung war. Daher reagierte ich vorsichtig. »Am Sonntagnachmittag könnte ich mir vielleicht zwei Stunden freischaufeln. Ich könnte dir denn See zeigen.«

»Rein hypothetisch oder …«

»In Wirklichkeit«, unterbrach er mich, stellte seine leere Tasse auf dem Boden ab und stand auf. Sein Atem malte weiße Wolken in die Luft. »Guck mich nicht so an, also was sagst du?«

»Das klingt … gut«, hauchte ich und konnte es selbst kaum glauben. Passierte das gerade wirklich?

»Halb vier?«

»Halb vier.«

»Gut, ich komme dich abholen«, sagte er und hielt meinem Blick stand.

»Und dann fahren wir zu dem See«, wiederholte ich noch einmal wie eine gesprungene Platte. Auch wenn ich äußerlich ruhig wirkte, mein Puls ging rasend schnell.

»Genau.« Jona drehte sich zum Gehen und zwinkerte mir noch einmal zu. Er wirkte tatsächlich aufgeweckter.

»Bis dann.«

»Bis dahin.«

Winnie Fuller

… und die Idee, auszuwandern.
Australien oder doch lieber Alaska?

Dieses Gefühl, gleichzeitig auf Wolken zu schweben und doch im freien Fall nach unten zu sausen, war neu für mich. Natürlich hatte ich Dates gehabt, aber meist mit Jungs, die anders gewesen waren. Leichter einzuschätzen, gar zu verstehen.

Ich war niemand, der einfach so zustimmte oder sich kopfüber in etwas hineinstürzte. Ich analysierte, wog ab, ob das Date tatsächlich einen Mehrwert für mich bot und lehnte ohnehin meistens ab. Außer gestern. Jona hatte mich mit seiner Frage kalt erwischt.

Antarktisch kalt.

Welche Synapsen die Signale in meinem Kopf fehlgeleitet hatten, wusste ich zwei Tage später nicht mehr genau. Und doch konnte ich es nicht leugnen – ein beunruhigend großer Teil in mir freute sich auf den Nachmittag. In meinem Magen kribbelte es angenehm, während ich vor dem Kleiderschrank stand und überlegte, was ich anziehen sollte. Der Schneeregen, der gestern noch vom Himmel gefallen war, hatte sich nunmehr in dicke, weiße Flocken verwandelt. Das perfekte Wetter für einen Winterspaziergang.

Ich warf mich in eine dicke Leggins und zog darüber eine Jeans. Dann folgten der Flauschepullover, mit dem ich mich fast stranguliert hatte, und ein dunkelblauer Schal. Meine Wellen flocht ich zu einem seitlichen Zopf. Offen würden sie sich nur zu einem Knäuel verknoten. Anschließend machte ich mich nach unten auf.

Es war kurz nach Drei. Also hatte ich noch Zeit für einen Tee, der meinen nervösen Magen hoffentlich beruhigte.

Ich stellte den Wasserkocher an und blinzelte aus dem Fenster. Sonntags wurden die Stiftungsräume früher geschlossen, auch wenn das nicht unbedingt hieß, dass wir dann frei hatten. Mum und Helen bereiteten oftmals schon Mahlzeiten für die nächsten Tage vor und Onkel Jim werkelte immer auf dem Hof. Normalerweise sprangen Gina und ich mit bei, halfen, das Gemüse zu schnippeln, oder kehrten die Veranden. Aber nicht heute. Heute gönnte ich mir die kleine Auszeit und ich hatte nicht einmal ein schlechtes Gewissen dabei.

Der Wasserkocher schaltete sich laut sprudelnd ab und ich schnappte mir meine Tasse, die ich bereits mit einem Teesieb ausstaffiert hatte. Der Geruch von heißer Minze stieg mir in die Nase, als ich sie mit dem Wasser aufgoss. Ich trank in kleinen Schlucken und hing meinen Gedanken nach.

Die Tür wurde aufgeschoben und Gina kam herein. Ihre Kapuze war von Schneeflocken bedeckt. »Brr … ist das kalt«, sagte sie, als sie mich an der Kücheninsel vorfand. »Oh Tee?«

»Hier.« Ich schob ihr meine Tasse zu.

Gina schälte sich aus ihrer Jacke und den Schuhen. »Danke, den kann ich gebrauchen.« Ihr Blick glitt an mir herab, während sie sich auf einen Hocker setzte. »Hast du noch was vor?«

»Ja, irgendwie schon.« Ich schindete Zeit, in dem ich mich umdrehte und mir eine weitere Tasse Tee zubereitete. Einerseits wollte ich Gina von meinem Date erzählen. Sie war nicht nur meine Schwester, sondern auch meine beste Freundin und wusste alles von mir.

»Irgendwie schon. Sehr kryptisch für dich. Das heißt, es muss etwas Interessantes sein. Schieß los«, bohrte sie nach.

Ich drehte mich wieder zu ihr um, und setzte mich mit meiner Tasse ihr gegenüber. Ihr Blick nagelte mich auf der Sitzfläche fest und ich wusste, dass ich nicht eher gehen durfte, bis sie ins kleinste Detail informiert war. »Ich treffe mich gleich mit jemandem.«

Gina war kurz davor, ihren Tee über die Kücheninsel zu prusten. »Bitte? Du und ein Date?«

»Ja, ich und ein Date.« Ich verdrehte die Augen. Sie tat so, als sei das ein Großereignis. »Ist das so abwegig?«

»Dann tu du nicht so, als wäre nichts dabei. Das letzte Mal, dass du von einem Kerl gesprochen hast, war, lass mich überlegen … als Jenny und ihr Dad hierhergekommen sind. Wie heißt er noch mal? Simon? Und das ist mittlerweile über ein Jahr her!« Meine Wangen glühten, doch Gina sprach einfach weiter. »Aber darum geht es auch nicht. Ich freue mich, wenn du dich freust. Also, wer ist es?«

»Mach bitte kein Ding draus …«

»Versprochen, und jetzt sag!«

»Es ist Jona.«

»Waaas?« Sie sprang auf, die Augen weit aufgerissen. »Du und Jona? Ich fasse es nicht, wie lange geht das schon?«

»Da geht noch überhaupt nichts und ich bin mir nicht einmal sicher, ob ich das will. Dafür sind Dates doch da. Dass man herausfindet, in welche Richtung das alles führt.«

Sie warf die Hände in die Höhe. »Du bist so ein Kopfmensch, Winnie. Du solltest einfach mal abschalten und Spaß haben. Ich glaube, Jona ist dafür die perfekte Wahl.«

Es stimmte, Jona war das absolute Gegenteil von mir. Er lockte mich aus meiner Komfortzone heraus. Wenn er mich zu den kühnsten Tanzschritten verleitete, und ich tatsächlich daran Spaß hatte. Wenn ich all meine Sorgen für zwei Stunden vergaß. Wenn er mich oder die Kids zum Lachen brachte, obwohl der Witz oftmals auf meine Kosten ging.

»Deinen Segen habe ich scheinbar«, meinte ich trocken, trank meinen Tee aus und verstaute die Tasse in der Spülmaschine.

»Und wie. Ich kenne Jona zwar nicht gut, aber er scheint ganz in Ordnung zu sein.«

»Wir werden sehen.«

»Wann kommt er dich abholen?«

Ich schaute auf meine Armbanduhr. Kurz nach halb vier. »Jetzt gleich.«

»Okay, dann verschwinde ich mal nach oben. Viel Spaß euch.« Sie wackelte betont auffällig mit den Augenbrauen und ich konnte mir nur schwer verkneifen, ein zweites Mal mit den Augen zu rollen.

»Bis dann.«

Ginas Schritte knarrten auf unserer alten Holztreppe, als sie nach oben stieg. Ich räumte auch Ginas Tasse weg, sah ich weiter aus dem Fenster. Ich wollte nicht wie ein Hundewelpe wirken, der auf sein Herrchen wartete. Doch ich wusste beim besten Willen nichts mit mir anzufangen. Und die Zeit schritt wie eine altersschwache Schildkröte fort. Langsam und quälend, in mehr als einer Hinsicht.

Es wurde vier.

Es wurde fünf.

Es wurde sechs.

Jona war nicht gekommen.

Ich war kurz davor, in Tränen auszubrechen. Aber ich hätte mir lieber beide Augen ausgekratzt, als diesem Idioten eine Träne nachzuweinen.

Irgendwann hielt ich es zu Hause nicht mehr aus. Ich schlüpfte in meine Stiefel und stapfte über die Veranda zum Stiftungshaus. In der unteren Etage brannte Licht, vielleicht konnte ich mich dort ablenken.

Inzwischen war es finster geworden. Nur der Schnee lag wie eine helle Decke über der Einfahrt. Ich rettete mich in das warme Innere und schloss die Tür hinter mir. Der Eingangsbereich lag im Dunkeln. Lediglich aus der Cafeteria drang ein geschäftiges Klappern.

Für einen Moment blieb ich in der Diele stehen und rang nach Atem. Noch immer prickelte es hinter meinen Augen. Während ich dastand und nach Fassung rang, fiel mir eine Kiste mit Büchern auf, die auf der untersten Stufe der Treppe stand. Ich ging darauf zu und warf einen Blick hinein.

Jim musste die Kiste hier abgeladen haben, um sie morgen auf den Dachboden zu bringen. Dort hatten wir eine kleine Bibliothek, die mehr von mir selbst als von den Kleinen genutzt wurde. Vermutlich hatte die örtliche Bücherei die Bücher gespendet. Ich erkannte verschiedene Kinder- und Jugendbücher, zwei historische Romane und einen Krimi von Agatha Christie. Unser Vater hatte die Bücher von ihr geliebt. Vielleicht hatte ich von ihm meine Vorliebe für diese Thematik.

Ich schnappte mir den Agatha-Christie-Roman, dann ging ich in die Cafeteria. Madison wischte die Tische. Zumindest versuchte sie es. Mit einem Arm auf die Krücke gestützt, den Köper quer über den Tisch gebeugt, sah das alles andere als elegant aus.

»Hey«, begrüßte ich sie.

Ihr Kopf ruckte hoch und sie verlor den Halt. Erst im letzten Moment fing sie sich und stützte sich mit einem Ächzen auf. »Hi. Kommst du uns helfen?«, fragte sie.

»Sieht wohl so aus.«

»Alles in Ordnung bei dir?«

»Hm-hm.«

Sie kniff die Augen zusammen. Wie es schien, gab ich keine gute Show ab. »Komm schon, welche Laus ist dir über die Leber gelaufen?«

Die Frage war eher, wer oder was mir *nicht* über die Leber oder … besser gesagt über den Weg gelaufen war. Doch ich war zu stolz, mir meinen Fehler vor Madison einzugestehen. Ja, richtig. Es war mein Fehler gewesen. Jona hatte nie einen Hehl um seinen launenhaften, unzuverlässigen Charakter gemacht. Ich hatte mehr darin sehen wollen, als tatsächlich vorhanden war.

Und nun hatte ich den Salat.

Selbst schuld.

»Winnie?«, hakte sie noch ein weiteres Mal nach.

»Ich will nicht drüber reden.«

Madison runzelte die Stirn und humpelte auf mich zu. Kurz vor mir blieb sie stehen. Hinter ihren Augen ratterte es. »Hat es mit Jona zu tun?«

Überrascht rang ich nach Luft. Ich war nicht besonders gut darin, meine Gefühle zu verstecken. Wenn mir etwas naheging, dann war es an meinem Gesicht abzulesen. Madisons Frage hatte dazu voll ins Schwarze getroffen und das hatte ich nicht erwartet.

»Nein«, schwindelte ich und schaffte es, meiner Stimme einen pikierten Unterton zu verleihen. »Wie kommst du darauf?«

»Ich habe euch gestern vor dem Haus sitzen sehen. Ihr habt einen vertrauten Eindruck gemacht.« Madison entging auch gar nichts! Ich stöhnte innerlich auf und sehnte den Tag herbei, ab dem sie wieder anderen Dingen nachgehen konnte. Arbeiten, zum Beispiel.

»Ich habe ihm nur einen Kaffee gemacht, mehr nicht«, entgegnete ich ausweichend. »Es war saukalt.«

»Da ist nicht mehr?«

»Nein, er ist ein Idiot. Es reicht mir schon, wenn ich meine Tanzstunden mit ihm habe.«

Sie humpelte noch einen Schritt auf mich zu und senkte die Stimme. »Du hast also kein Interesse an ihm?«

Oh, okay. Da näherten wir uns wohl dem eigentlichen Grund für dieses Gespräch. Es sollte mich weder wundern noch wurmen, dass Madison eine Schwäche für Jona hatte. Sie war jemand, der sich schnell und exzessiv für etwas begeistern konnte – egal, ob es sich dabei um eine neue App, einen Modetrend oder einen jungen Mann handelte, der ihr schöne Augen machte. Aber auch wenn sie sich darin verlor, ein Teil von ihr schien immer rastlos. So war meine Cousine einfach.

»Also?«, hakte sie nach.

Ich dachte an die letzten Stunden, an die Enttäuschung, die er in mir hervorgebracht hatte. An meine brennenden Lider und das Sengen in meinem Magen. »Ich habe nicht das geringste Interesse an ihm.«

Madisons linke Augenbraue wanderte skeptisch nach oben und es war, als fordere sie mich zu einem stummen Blickduell heraus. Mir wurde dieses Kreuzverhör langsam zu dumm. »Brauchst du Hilfe mit den Tischen?«

Ihre Antwort ließ auf sich warten. Doch dann schmolz der stoische Ausdruck in ihrem Gesicht und sie sagte: »Danke, das ist nett von dir, aber ich komme klar. Bin fast fertig. Ich glaube, Silvie und meiner Mum könntest du zur Hand gehen.«

»Okay, ich werde nach ihnen sehen.«

Damit drehte ich mich um und ging ohne ein weiteres Wort in die Küche. Als ich die Tür öffnete, drang mir bereits ein Dunstschwall entgegen. Madison hatte recht, die Küche lag im Chaos, während Mum in einem riesigen Topf rührte und Helen gegenüber an der Theke lehnte, ein Glas Rotwein in der Hand. Die beiden taten das öfter. Kochen, tratschen und dabei ein Gläschen trinken. Und ich mochte die gelöste Atmosphäre, auch wenn jeder drei Mal so lange für seine Arbeit brauchte.

Ich legte das Buch in einer geschützten Ecke ab und bevor ich fragen konnte, wie ich mich nützlich machen sollte, hatte Helen mir ein Glas Wein in die Hand gedrückt. Ich nahm es dankend entgegen, obwohl ein Glas nicht ausreichen würde, um den heutigen Tag zu vergessen. Mum und Helen quatschten über Nichtigkeiten, den Beziehungsstatus unserer Putzhilfe oder den neuen Postboten, der unsere Briefe immer im falschen Briefkasten einwarf. Und ich war froh, dass mein Gedankenkarussell in Gegenwart der beiden langsamer drehte.

Gegen viertel nach sieben zog ich mich mit meinem Buch zurück. Ich durchquerte die inzwischen dunkle Cafeteria, die lediglich vom Flurlicht beleuchtet wurde und überlegte, wie ich Gina nicht mehr über den Weg laufen würde, die mich sicher nach meinem Date ausfragen wollte. Daher entschied ich mich, die Treppe hochzusteigen.

In unsere Bibliothek, die auf dem Dachboden untergebracht war, verirrte sich kaum einer. Und an so einem verschneiten Sonntagabend war die Wahrscheinlichkeit, dort jemanden anzutreffen, gleich null. Ich brauchte Ruhe, um abzuschalten und meine Gefühle zu ordnen. Agatha Christie würde mir hoffentlich dabei helfen.

Ich stieß die Tür zur Bibliothek auf und … Mir fehlten die Worte. Alle Worte. Träumte ich oder stand da gerade Madison, an ein Regal gelehnt, mit Jona an ihren Lippen?

Ja, ohne Zweifel.

Madison presste ihren Mund auf Jonas. Die beiden bemerkten mich nicht einmal, so eingenommen waren sie von ihrem Kuss. Tränen schossen mir prompt in die Augen. Gerade spielte ich mit dem Gedanken auszuwandern – Hauptsache hier weg!

Australien sollte schön sein.

Oder Alaska.

Jonathan Montague

… und ein Überfall der etwas anderen Art

Dieser Tag war das reinste Desaster gewesen. Der Coach hatte zu einem Straftraining ausgerufen. Das Spiel gestern gegen die *Vancouver Ice Sharks* hatten wir haushoch verloren und daher durften wir an diesem Morgen schon um neun Uhr auf dem Eis antreten. Auch ich. Ich wusste, dass es Coach Nelson nicht passte, doch er konnte nicht auf mich verzichten, wenn er nach dieser Saison nicht absteigen wollte. Was zwar meinem Ego, aber nicht meinem Zeitplan in die Karten spielte.

Bis zur absoluten Erschöpfung hatte Nelson uns über die Eisfläche getrieben, uns Übungen für den Kraftaufbau und den Gleichgewichtssinn machen lassen. Erst um kurz nach drei war ich müde und ausgelaugt nach Hause gekommen und was ich da vorgefunden hatte, hatte mich zunächst in eine nervöse Starre versetzt. Nicht gut. Echt nicht gut.

Die Wohnung war leer.

»Gran?«, hatte ich in nahezu jedes Zimmer gerufen, hatte im Flur nachgeschaut, wie auch in der Einfahrt. Nichts. Nur eine gähnend beunruhigende Leere. »Gran?!«

Sie war weg.

Mit steigendem Puls hatte ich nach meinem Handy gegriffen, um die Polizei anzuwählen. Doch da war bereits eine Nachricht auf meinem Display aufgetaucht. Es war Carter, der mir geschrieben hatte. *Bin gerade bei McDonalds. Glaube, deine Granma mischt die Kassiererin auf. Hab ich was verpasst?*

Definitiv. Genauso wie ich.

Ich war zu meinem Auto gesprintet, um meine Großmutter einzusammeln. Aber das hatte ich mir leichter vorgestellt, als es im Endeffekt gewesen war.

Nicht nur, dass sie die Kassiererin in einer Tour als Flittchen betitelt hatte, auch dem Mitarbeiter mit dem osteuropäischen Akzent hinter der Theke hatte sie allerlei fremdenfeindliche Beleidigungen an den Kopf geworfen. Ergo, wir waren mit einem Hausverbot heimgegangen, gefühlt hundert böse Blicke im Rücken. Bei all dem Scheiß, den ich in meiner Jugend angestellt hatte, ich hatte nie in einem Schnellrestaurant Hausverbot bekommen. Und nun schaffte Granma das mit annähernd achtzig Jahren?!

Allein davon bekam ich Kopfschmerzen. Das Ding war, meine Oma war einer der freundlichsten Menschen, die ich je kennengelernt hatte. Sie sorgte sich um ihre Lieben, engagierte sich für die Gemeinde und hatte mir und Jess eine wunderbare Kindheit ermöglicht. Nur meine Mutter war ihr immer ein Dorn im Auge gewesen, zurecht, wenn man bedachte, wie wenig sie sich für mich und Jess interessierte. Früher hatte Granma sich ihren Unmut gegen Frauen, die ihrer Meinung nach leicht zu haben waren, nur gedacht. Nun ja, durch die Demenz sprach sie sie mittlerweile aus.

Als wir endlich wieder in der Wohnung waren, war mein Frust-Level jenseits von Gut und Böse. Es war kurz nach fünf gewesen, Oma war völlig aufgekratzt und ich hatte meine Verabredung mit Winnie schon um über eineinhalb Stunden überzogen. Darüber hinaus war mein Handyakku leer, sodass ich sie nicht einmal anrufen konnte. Wohin auch immer Granma das Ladegerät weggeräumt hatte, für den Moment blieb es verschwunden.

Bis ich Granma beruhigt und mich umgezogen hatte, war die Sonne lange untergegangen. Die Uhr auf meinem Armaturenbrett hatte halb sieben angezeigt, als ich mit meinem Auto endlich über das Grundstück der Fullers gerumpelt war. Doch Winnie war nicht mehr zu Hause gewesen. Das Wohnhaus der Fullers hatte sich mit seinen dunklen Fenstern kaum vom Wald im Hintergrund abgehoben und so hatte ich mich zum Stiftungshaus aufgemacht.

Böser Fehler.

Denn das war das Ende eines Anfangs gewesen, von dem ich selbst nicht wusste, ob er bestehen sollte. Ich hatte das zweifelhafte Talent, innerhalb einer Zeitspanne von fünf Sekunden nicht nur eine Frau zu vergraulen, nein, ich schaffte gleich zwei.

Das Kuriose daran war, dass ich im Nachhinein nicht einmal genau sagen konnte, wie ich mich in diesen Mist manövriert hatte. Zumindest nicht ganz.

In der Diele brannte Licht, als ich die Tür geöffnet hatte. Madison begegnete mir im gleichen Moment und der Blick, den sie mir zuwarf … gut, der war nicht jugendfrei. Aber dann bat sie um Hilfe und fragte, ob ich ihr eine Kiste mit Büchern nach oben tragen konnte. Wer würde einer Frau an Krücken diese Bitte abschlagen?

Spätestens auf dem Weg in Richtung Dachboden hätte mir ein Licht aufgehen können. Madison und Bücher? Und warum quälte sie sich mit ihrem verletzten Knie drei Stockwerke hinauf?

»Ich weiß, wo die hinmüssen. Jim hat mir bei meiner Einführung den Dachboden gezeigt«, sagte ich noch in meiner Dämlichkeit. Aber Madison winkte nur ab und erklärte, dass sie mir das ganz genau zeigen wollte.

Oben angekommen stellte ich die Kiste auf einem der staubigen Sofas ab. Im gleichen Moment entwich Madison ein Zischen und sie verzog ihr Gesicht vor Schmerz.

»Autsch.«

»Alles okay?«

»Nein, ich glaube, ich habe einen Krampf«, stöhnte sie und schwankte dabei bedrohlich zur Seite. Bevor sie mir wegkippte, hatte ich sie geschnappt und gegen eines der Bücherregale gestützt. So weit, so furchtbar.

Ich war nicht leicht zu überraschen, doch Madison Fuller erwischte mich eiskalt. In dem einen Moment krampfte sich ihre Hand hilfesuchend um meinen Unterarm, im nächsten hatte ich bereits ihre Zunge im Hals.

Hörte sich klischeehaft an?

War es auch.

Aber egal, was ich jetzt zu meiner Verteidigung anführte, es machte es nicht besser. Sie hatte mich in einem schwachen Moment überrumpelt und ich hatte nachgegeben. Und dem noch nicht genug. Zu meinem verdammten Glück tauchte im nächsten Augenblick Winnie im Türrahmen auf. Das Schicksal musste sich echt über mich schlapplachen.

Ein entsetzter Laut war ihr entwichen und schon stieß ich ihre Cousine Madison von mir. Was ich nicht einkalkuliert hatte – Madison war im Augenblick nicht die Standfesteste. Und so hing sie nur wenige Sekunden später im Bücherregal, ein aufgeschlagenes Buch auf dem Kopf und einen Blick, der einer Morddrohung glich, in den Augen.

Und ich? Ich rannte Winnie drei Stockwerke hinterher. Madison war zäh, sie würde sich schon zu helfen wissen.

»Winnie, warte!«, rief ich ihr nach. Dafür, dass sie so unsportlich war, sprintete sie die Stufen erstaunlich flink hinab.

»Lass mich in Ruhe!«

»Ich kann das …«

Sie stoppte abrupt, ihre Augen brannten vor Wut. Im letzten Moment schaffte ich es abzubremsen, und sie nicht über den Haufen zu rennen. »Ich warne dich, sag jetzt nicht, dass lässt sich erklären!«, presste sie zwischen den Zähnen hervor.

»Es tut mir leid.«

»Muss es nicht. Es war mein Fehler. Das war eine dumme Idee gewesen, mich auf das einzulassen…«, sie fuchtelte mit der Hand zwischen uns hin und her, »was auch immer es war. Also spar dir deine faulen Ausreden. Ich will sie nicht hören.«

Jedes ihrer Worte bohrte sich bittersüß zwischen meine Rippen. Das Training, die Angst um meine Großmutter, all das war nichts gegen das Gefühl, das mich gerade heimsuchte. Ich konnte Winnie nicht gerecht werden. Das wurde mir in diesem Augenblick klar. Und gleichzeitig wurde ich wütend.

Auf mich.

Die Umstände.

Doch das Schlimmste an diesem viel zu langen Moment war, dass ich nichts erwidern konnte. Denn sie hatte recht. Das mit uns – es war ein Fehler. Auch wenn wir uns auf verkorkste Art und Weise anzogen, der Zeitpunkt passte einfach nicht. Unsere Blicke verwoben sich ineinander und ich spürte, dass sie auf meine Erwiderung wartete. Auf meinen Einspruch. Doch nichts, das jetzt über meine Lippen dringen würde, konnte ihr ihren Schmerz nehmen.

Die Erkenntnis tröpfelte in ihr Bewusstsein und mit einem letzten abschätzigen Schnauben wandte sie sich um und stürmte davon. Das Krachen der Haustür hallte viel zu laut in meinen Ohren. Keine Ahnung, wie lange ich dastand. Sekunden, vielleicht auch Minuten. Erst Madisons Zetern, ein Stockwerk höher, riss mich aus meiner Bewegungslosigkeit.

»Hey Romeo, wenn du nicht willst, dass dir eine Anzeige wegen versuchter Körperverletzung ins Haus fliegt, dann schwingst du jetzt deinen süßen Hintern hier hoch und hilfst mir runter«, hörte ich Madison oben nach mir rufen.

Für einen Moment starrte ich noch die Wohnungstür an, bevor ich die Treppenstufen hinaufjoggte. Einen Arm auf ihre Krücke gestützt, die andere Hand auf dem Geländer, humpelte Madison mir entgegen.

»Sorry, ich wollte dir nicht wehtun«, brummte ich schuldbewusst und schlang einen Arm um ihre Taille.

»Hast du nicht, obwohl mein Ego ein bisschen angekratzt ist.« Sie lächelte zerknirscht. »Das eben … das war der Oscar unter den Abfuhren. Hätte nie gedacht, dass ich nach einem Kuss mal in einem Bücherregal lande.«

»Du hast mich überrascht.«

»Echt jetzt? Und ich dachte, dass ich es nicht noch offensichtlicher angehen konnte.« Ich warf ihr einen kurzen Blick zu und sie beeilte sich zu sagen: »Keine Panik, ich habe kapiert, dass du kein Interesse hast. Du warst überzeugend, Großer.«

»Sorry.«

»Schon gut.« Wir waren unten angekommen. »In Anbetracht

dieses denkwürdigen Auftritts schließe ich, dass du nicht wegen mir hergekommen bist.«

»Ich war mit Winnie verabredet. Wir wollten … ach, ist egal.« Ich winkte ab und zückte meinen Autoschlüssel. »Kann ich dich nach Hause bringen?«

»Das wäre nett. Mum ist anscheinend ohne mich gefahren.« Ihr Blick huschte in Richtung Cafeteria, dann schnappte sie sich ihre Jacke, die über dem Geländer hing. Zusammen machten wir uns zu meinem Wagen auf.

»Also erzähl, was wolltet ihr?«, hakte sie nach, als wir im Auto saßen.

»Sorry, aber ich will nicht darüber reden.« Mürrisch schaltete ich den Motor ein und hantierte an der Heizung herum. Dann fuhr ich von dem Gelände der Fullers auf die Hauptstraße. »Wo muss ich hin?«

»Immer geradeaus, ich sage dir, wann du abbiegen musst. Also … ich kann mit Winnie sprechen, ihr erklären, dass ich dich überrumpelt habe … obwohl du mir nicht abgeneigt schienst.« Ich spürte Madisons eindringlichen Blick auf meinem Gesicht, behielt aber stur die Straße im Auge. Die Situation war mir unangenehm.

»Da hast du was falsch verstanden. Ich mag dich, Madison. Als Winnies Cousine. Als jemand, der sich echt engagiert. Zwischen uns wird nie mehr sein«, stellte ich klar. »Und ich wäre dir dankbar, wenn du dich nicht weiter einmischst.«

»Du weißt nicht, was du verpasst, aber okay. Damit kann ich leben«, schmunzelte sie. Ich war froh, dass sie sich nicht angegriffen fühlte. Ein Problem weniger. »Aber über das mit dem Einmischen müssen wir noch reden.«

»Momentan wäre ich froh, wenn wir überhaupt nicht reden.« Ich lächelte schmal. »Sorry, scheiß Tag gehabt.«

»Schon in Ordnung.« Ihre Miene wurde weich. Im Prinzip war sie Winnie gar nicht so unähnlich. Auch Madison versteckte ihre Fürsorge gerne hinter saloppen Worten und einem schiefen Grinsen. »Den haben wir alle mal. Es kommen noch mal bessere.«

»Wenn du das sagst.«

Winnie Fuller

… und die Kunst, einen Eierschalentanz aufzuführen

Als ich gestern Abend realisiert hatte, dass Jona nicht mehr kommen würde, dass er mich versetzt hatte, da war ich mir wahnsinnig dumm vorgekommen. Nicht im Traum hätte ich daran gedacht, dass es davon noch eine Steigerung gab. Aber doch. Die gab es, und wie es sie gab!

Geradezu verbissen versuchte ich mich auf meine Arbeit zu konzentrieren, aber die Wörter verschwammen vor meinen Augen und immer wieder starrte ich aus dem Fenster, hinaus in den trüben Montagmorgen. Die Szene in der Bibliothek in Dauerschleife vor meinem inneren Auge. Ich hörte das Buch, wie es erst auf Madisons Kopf landete und dann dumpf auf dem Boden aufschlug. Das überraschte Schnappen nach Luft. Ich spürte die Demütigung, die sich durch meinen Körper fraß. Und ich schmeckte den schalen Beigeschmack dieses Kusses auf meiner eigenen Zunge.

Nach dem ersten Schock war alles ganz schnell gegangen. Ich war nach unten gestürmt, Jona an meinen Fersen. Er hatte mich aufhalten wollen. Das dachte ich zumindest. Also hatte ich ihm all die Worte, die mir durch den Kopf geschossen waren und die ihn verletzen sollten, entgegengeschleudert. Aber er hatte mich nur stumm angestarrt.

Und eine kurze Nacht und einen noch kürzeren Morgen später, fühlte sich das noch viel fahler an. Es war wie eine zweite Demütigung gewesen. Ein weiterer Schlag in die Magengrube. *Ich hatte ihn angeschrien, dem Mund zu halten. Und er hatte geschwiegen.*

Beim Gedanken daran kochte erneut ein wütendes Unverständnis in mir hoch. Ich war dumm gewesen, auf sein Angebot zu vertrauen. Jona hatte mir einmal zu oft gezeigt, dass auf ihn kein Verlass war. Dennoch hatte ich mich von seinem jungenhaften Lächeln und den Augen, die an bitteren Kaffee erinnerten, verleiten lassen.

Es klopfte und die Tür wurde aufgeschoben. Madison steckte ihren kurz geschorenen Schopf hinein. »Hey, hast du einen Moment?«

»Gerade ist es schlecht. Ich versinke in Arbeit«, wimmelte ich sie ab. Ich war ihr nicht böse. Madison war seit klein auf wie eine große Schwester für mich. Sie hatte mir mehr als einmal erklärt, dass sie bezüglich Jona nicht abgeneigt war. Dass er ihr gefiel. Konnte ich es ihr verübeln, dass sie es versucht hatte?

»Dauert auch nicht lang.« Ohne meine Antwort abzuwarten, schob sie sich in mein Büro und lehnte sich an den Abstelltisch, der neben der Tür platziert war. Die Krücke stellte sie an der Tischkante ab. »Das gestern Abend tut mir leid«, kam sie direkt zum Punkt.

»Ich weiß nicht, wovon …«

Madison verdrehte die Augen. »Spar dir das, Winnie. Beim nächsten Mal erzählst du mir gleich, dass ihr verabredet seid. Dann hätte ich Jona nie angegraben!«

Ich schürzte die Lippen. »Zu dieser Verabredung ist es nicht gekommen. Außerdem schien er nicht abgeneigt zu sein«, antwortete ich spitz. Meine Stimme war so hell wie zerspringendes Glas.

»Du hast schon mitbekommen, dass er mich in ein Bücherregal geschubst hat, oder?«, hakte sie in amüsiertem Ton nach. Diesen Zug hasste ich an ihr. Madison konnte nichts ernst nehmen. Und damit goss sie Öl in mein Feuer. »Jetzt schau nicht so, als hättest du in eine Zitrone gebissen. Hätte ich gewusst, dass du Interesse an ihm hast, hätte ich …«

»Das mit dem Interesse hat sich erledigt, du kannst ihn haben.« Mit einer resoluten Geste packte ich den Papierstapel vor mir und heftete ihn zusammen. Der Tacker gab ein gequältes Knacken von sich.

»Ach Winnie. Siehst du denn nicht, dass Jona eine Schwäche für dich hat?«, fragte sie nun etwas sanfter. Ein mildes Halbgrinsen schwang um ihren Mundwinkel. »Das habe sogar ich bemerkt. Er war richtig fertig, nachdem du verschwunden bist.«

Ich zerrte mir die Lesebrille von der Nase und funkelte sie an. »Echt jetzt? Soll ich Mitleid mit ihm haben? Erst versetzt er mich um dreieinhalb Stunden und dann knutscht er mit meiner Cousine. Der Arme. Ich sollte ihm einen Präsentkorb schicken!«

Madison lachte schnaubend. »Aus dieser Perspektive hört sich das tatsächlich ziemlich schräg an. Bestimmt gibt es eine Erklärung dafür.«

»Ich habe ihm die Chance gegeben, aber er hatte nicht viel zu seiner Verteidigung zu sagen«, gab ich zurück, packte ein weiteres Bündel Papier und tackerte es zusammen.

»Das ist schade.«

»Ansichtssache.«

»Jedenfalls tut es mir wirklich leid, wie das gestern Abend verlaufen ist. Ich wollte dir nicht wehtun.« Madison machte einen zerknirschten Eindruck. Ihr war das schlechte Gewissen in fetten, schwarzen Lettern auf die Stirn geschrieben und meine harte Fassade bekam Risse.

»Mir geht es gut«, versicherte ich ihr. Wieder ein lautes Knacken. Keine Ahnung, ob die Zettel überhaupt zusammengehörten.

»Na gut, ich schaue später noch mal nach dir.« Madison seufzte resigniert. Im Augenwinkel sah ich, dass sie sich ungelenk erhob. »Ich muss mich auf die Socken machen. Gleich habe ich noch einen Arzttermin.«

»Danke fürs Vorbeikommen«, brummte ich und klang dabei so undankbar, dass ich mich in diesem Moment selbst nicht leiden konnte. Verfluchter Montag.

Madison hob ihre freie Hand zur Verabschiedung und öffnete die Tür. »Ja, wir sehen uns. Und Winnie?«

Ich blickte auf.

»Lass den Tacker heil.«

»Hmmmm.« Das konnte ich nicht versprechen.

Der Anfang der Woche war in einem Strudel aus Trübsinn und Regengüssen vergangen. Den Tanzkurs dienstags durfte ich alleine durchführen, da Jona verhindert war. Obwohl ich zunächst gedacht hatte, dass es so besser war, fehlte Jona an allen Ecken. Die Kleinen waren quengelig und demotiviert gewesen, und wir hatten doppelt so lang für die einfachsten Tanzschritte gebraucht.

Zwei Tage später hätte ich meinen Kopf am liebsten auf die Schreibtischkante gehauen. Ich überlegte sogar, den späteren Tanzkurs abzusagen. *Sorry Kinder, Winnie hat die Schweinegrippe und muss die nächsten drei Wochen in Quarantäne bleiben.*

So oder so ähnlich. Aber dann würde ich zu einem späteren Zeitpunkt auf Jona treffen. Und würde es das besser machen?

Nein.

Sicher nicht.

Aber der Anstand tat mir gut. Vor allem meine geschundenen Nerven dankten es mir. Madisons Besuch hatte mich zwar milder gestimmt, meiner Familie konnte ich nie lange böse sein, doch ich war enttäuscht vom Verlauf des Wochenendes, und ich war enttäuscht von mir selbst.

Um viertel nach drei machte ich mich dennoch zur Halle auf. Um halb vier waren alle Kinder vollzählig. Ich wollte die Stunde gerade alleine beginnen, als Jona durch die Tür gejoggt kam. Sein Haar stand ab und Regen schimmerte in den dunklen Strähnen.

Mir war nicht nach weiteren Auseinandersetzungen. Ich wollte nur die nächsten zwei Stunden hinter mich bringen. Daher schwieg ich.

»Sorry, bin spät dran«, brummte Jona, zerrte sich seinen Kapuzenpullover über den Kopf und warf ihn neben den CD-Player.

Der Rest war Routine. Wir starteten mit einem Spiel zum Anfang, machten uns warm, und wiederholten die Schritte, die wir beim letzten Mal trainiert hatten. *Frosty The Snowman* hatten wir inzwischen einwandfrei drauf. Und mit *wir* meinte ich vor allem die Kinder. Ich würde mich bei der Show dezent hinter der Bühne aufhalten.

Jona und ich sprachen wenig. Hatte er in den letzten Wochen

immer wieder meine Blicke gesucht und mich wie zufällig berührt, so war er heute wie ein Fremder. Das beruhigte mich in gleichem Maße, wie es mich frustete.

Die Stunde fiel etwas kürzer aus und bevor alle Kinder abgeholt waren, verabschiedete sich Jona mit einem kurz gemurmelten Gruß. Ich kümmerte mich nicht darum, sondern wandte mich Georges Mutter Eliza zu, die gerade die Halle betreten hatte. Trotz seines arbeitslosen Vaters wurde George normalerweise von Onkel Jim oder Jennifers Dad, Simon, nach Hause gebracht. Daher wunderte es mich, dass Eliza erschienen war.

»Schön, dich zu sehen. Wie geht es dir?«, fragte ich sie, obwohl ein Blick in ihr Gesicht genügte. Dunkle Ringe schimmerten unter Elizas Augen. Ich wusste, dass sie an einer Tankstelle einige Meilen entfernt eine Schicht nach der anderen schob.

»Ach, alles beim Alten«, antwortete sie. »Zur Weihnachtszeit ist es immer besonders stressig.«

»Bekommst du wenigstens an den Feiertagen frei?«

Sie schüttelte den Kopf. »Nein, leider nicht. Aber Charlie ist ja da.«

Charlie war Georges Vater und hatte in etwa so viel Persönlichkeit wie eine zerdrückte Packung Chips. Und sogar die würde mir noch mehr Begeisterung entlocken. Ich packte die Klischee-Keule, die zwar zutreffend, aber nicht hilfreich war, wieder weg und mahnte mich zur Ruhe. Viele Eltern, die ihre Kinder in unsere Obhut gaben, arbeiteten hart für das wenige Geld, das sie Ende des Monats verdienten. Dass Georges Vater gewaltig aus diesem Bild fiel, verdrängte ich für den Augenblick. *Du bist erwachsen, verflucht. Verhalt dich auch so. Und hör auf zu fluchen. Du fängst schon an, wie Mum.*

»Das tut mir leid, du siehst müde aus.«

»Es geht schon. Vielleicht kann ich im Januar ein paar Tage freinehmen«, sagte sie und blickte sich nach ihrem Sohn um. »Georgie, kommst du?«

Kurz darauf kam George angelaufen und klammerte sich an ihrer Taille fest. Er war schon immer ein eher ängstliches Kind gewesen, eines, das schwer auf sich aufmerksam machen konnte und dadurch oftmals in der Masse unterging. Vielleicht hatte sich George deshalb in den letzten Wochen zu meinem persönlichen Schützling entwickelt.

»Wenn ihr was braucht, meldet euch einfach«, bot ich an.

Das Angebot schien sie zu rühren. Ihre Augen wurden glasig und mein Herz wurde schwer. Als sie George abwesend auf die Schulter klopfte, zuckte dieser unmerklich zusammen. »Lieb von dir, aber es geht schon. Wir kommen klar.«

Das bezweifelte ich und nickte dennoch stumm. »Schönen Abend euch noch.«

»Dir auch, Winnie.«

Damit verschwanden die beiden. Doch was blieb, war das Gefühl, nicht genug getan zu haben. Auch wenn ich wusste, dass ich auf gewisse Dinge keinen Einfluss hatte.

Winnie Fuller

… and… oh, let the evening beGIN!

Die darauffolgende Woche war in einer distanzierten Co-Existenz vergangen. Jona war an den zwei Nachmittagen, die wir miteinander verbracht hatten, ungewohnt zurückhaltend gewesen. Keine frechen Sprüche, kein schiefes Lachen. Nur gemurmelte Anweisungen und verstohlene Blicke, von denen er wohl hoffte, dass ich sie nicht bemerkte.

Seufzend reckte ich meine verspannten Glieder und kuschelte mich anschließend tiefer in meine Laken. Diese unterschwellige Spannung, die mich die letzten Tage begleitet hatte, war anstrengend gewesen. Ich wollte nur noch schlafen und die vermaledeiten Gedanken an Jona und sein Handeln zum Verstummen bringen.

Doch ein Klopfen an meiner Tür hielt mich davon ab. Kurz darauf schob sich Gina in mein Zimmer, hinter ihr Madison. Beide hatten sich in schwarze Fummel geschmissen und mir schwante Schlimmes.

»Heute wird nicht geschlafen«, verkündete Madison mit einem breiten Lächeln und leitete somit meinen persönlichen Albtraum ein.

»Bitte?« Ich hoffte, dass sie sich einen bösen Scherz mit mir erlaubte. Ihre nächsten Worte bewiesen jedoch das Gegenteil.

»Du hast richtig gehört. Gina und ich finden, dass du die Woche über genug geschmollt hast. So viel Selbstmitleid kann auf Dauer niemand ertragen, ohne selbst ins Leid zu fallen. Heute Abend gehen wir feiern«, stellte sie mit einem euphorischen Funkeln in den Augen klar und ließ sich auf meine Matratze plumpsen.

»Sie hat Recht.« Gina war derweil an meinen Kleiderschrank getreten und inspizierte mit skeptischer Miene dessen Inhalt.

»Das geht nicht.« In Sekundenbruchteilen ging ich meine Möglichkeiten für eine Ausrede durch. Ich könnte mich an einer Buchseite geschnitten und mir eine Blutvergiftung eingefangen haben. Aber dann müsste ich mich vermutlich ins Krankenhaus quälen. Oder ich könnte …

»Ja, wir haben mit Widerstand gerechnet. Aber du kommst auf jeden Fall mit«, antwortete Gina mit beinahe gelangweilter Stimme und schürzte die Lippen. »Die Tatsache, dass du mehr Klamotten zum Rumgammeln in deinem Schrank hast als zum Ausgehen, sagt übrigens einiges über dich aus.«

Ihre Augen verengten sich, bis sie den Inhalt meines Kleiderschrankes mit solch einer mordlustigen Vehemenz anstierte, dass nichts Gutes dabei rumkommen konnte. Wie auf Kommando zog sie ein schwarzes Satintop heraus – der Himmel wusste, wo das herkam – und dann eine Strumpfhose.

»Du weißt schon, dass das ein Oberteil und kein Kleid ist?«

»Ach?« Gina blinzelte das Kleidungsstück an, als hätte sie einen unerwarteten Schatz ausgegraben, machte allerdings keine Anstalten, es wegzulegen. Schlimmer – nun grinste sie, als hätte sie etwas ausgefressen.

»Willst du mich auf den Strich schicken?«, fragte ich vorwurfsvoll.

Madisons Lippen kräuselten sich. »Du wärst die prüdeste Nutte ganz Burnabys.« Als sie meinen zutiefst angesäuerten Blick aufschnappte, beeilte sie sich zu sagen: »Eine bezaubernde, prüde Nutte, die ganz viel Geld einspielen würde.«

Das machte es natürlich um Welten besser. Ich verdrehte die Augen. Gina ließ indes von dem Top und der Strumpfhose ab und zog stattdessen eine schwarze Jeans aus meinem Schrank. Eine Bluse und meine Lederjacke, die ich gefühlt das letzte Mal am College getragen hatte, folgten. Währenddessen zog Madison an meiner Bettdecke. Wie zwei Fünfjährige stritten wir uns darum, und ich gab nur auf, um meine eigene Selbstachtung nicht zu verlieren. Die kringelte sich schon irgendwo zu meinen Füßen.

»Na schön«, seufzte ich und kletterte ungelenk aus dem Bett. »Ich komme mit. Aber nur, wenn wir vor elf wieder zu Hause sind.«

»Zwei!«, rief Gina im selben Moment, in dem Madison plädierte: »Drei Uhr!«

Die beiden tauschten kichernd einen Blick. Mich beschlich das Gefühl, dass da bereits ein Glas Wein im Spiel gewesen war.

»Ein Uhr und keine Minute länger!«, verhandelte ich. Zu meinem Unglück war ich meist viel zu leicht breitzuschlagen.

»Okaaay!«, sagte Gina, während Madison unisono »Halb zwei!« vorschlug.

»So kommen wir nicht weiter«, raunte sie Gina mit einem Augenrollen zu und bedachte mich daraufhin mit einem eindringlichen Blick. »Halb zwei, mit der Chance früher heimzugehen, sollte die Stimmung wirklich mies sein.«

»Du bist furchtbar, habe ich dir das schon mal gesagt?«, entgegnete ich, gab mich aber mit einem Nicken geschlagen. Sonst würden wir noch morgen Früh hier sitzen und diskutieren. Anschließend schälte ich mich aus meiner Yoga-aka-Schlafhose und zwängte meinen Körper in die Kleidung, die Gina mir zurechtgelegt hatte. Meine Wellen, die von dem Liegen zerzaust und auf einer Seite platt gedrückt waren, kämmte ich mit den Fingern und band sie zu einem hohen Zopf. Dann trug ich einen Lippenpflegestift und etwas Wimperntusche auf.

Madisons abwartend skeptischer Blick war auf mein Gesicht gerichtet und ich konnte die Frage an ihren Augen ablesen – *So willst du gehen? Ist das alles?* Ja, war es.

»Dann los. Onkel Jim wartet auf uns, um uns in die Stadt zu fahren«, bemerkte Gina. Zusammen machten wir uns nach unten auf, wo Onkel Jim und Mum in der Küche schwatzten.

Nicht einmal zwanzig Minuten später fand ich meinen, bei diesen Temperaturen leicht unterkühlten, Hintern in Burnabys kargem Nachtleben wieder. Im Gegensatz zu Vancouver hatte Burnaby wenig Pubs und Klubs zu bieten, aber die, die es gab, waren gut besucht. Gina und Madison hatten mich in eine Karaoke-Bar geschleift und während ich meine innere Kritikerin mit Gin Tonic bestach, sang sich der weniger peinlich berührte Teil meiner Familie die Seele aus dem Leib. *Because I've had the time of my life, no, I never felt this way before …*

Ich schlürfte mein Glas leer und bestellte einen weiteren Drink. Unter der Zeit meines Lebens verstand ich definitiv etwas anderes. Aber das würde sich hoffentlich noch ändern, bestenfalls mit dem Getränk, das mir die junge Kellnerin gerade reichte. Und ja, ich musste sagen, es klappte. Gin Tonic und Verzweiflung – tolle Kombination. Das dachte zumindest mein leicht angeduselter Kopf. Meine innere Beyoncé wischte sich die Spinnweben von den Schultern, brachte meine innere Großmutter zum Schweigen und eine halbe Stunde später fand ich mich zwischen Madison und Gina und grölte eine bemerkenswerte Version von *Wannabe* von den Spice Girls in das Mikro. Oh ja, Victoria Beckham hätte mich gefeiert!

Die Augen zahlreicher, nicht weniger betrunkener Gäste waren auf uns gerichtet. Das war mein Auftritt. Mein Abend. Madison hatte sich bei mir untergehakt und verpasste immer wieder ihren Einsatz. Und so lallte ich mehr schlecht als recht: »*I' ll tell you what I want, what I really, really … real* äh *want, so tell me what you want, what you really, really want …*«

Irgendwie hörte sich der Satz aus meinem Mund mehr wie ein Gurgeln als ein Rap an. Aber die Menge feierte uns, und wir feierten mit. Nach unserem glorreichen Auftritt stolperten wir an die Bar.

Die Barkeeperin gab uns jeweils ein Getränk aus, nur hatte sie vergessen Alkohol hineinzutun. Pikiert sah ich auf das Wasserglas in meiner Hand.

»Das war mega. Wir sollten unsere Jobs bei der *BAKT* an den Nagel hängen und um die Welt touren«, schlug Madison vor und Gina nickte zustimmend. Als ihr bewusst wurde, dass sie dabei wie ein Wackeldackel auf Drogen wirkte, stoppte sie abrupt.

»Ich würde echt gerne mal nach Hawaii«, sinnierte sie, und ich versuchte, die Zusammenhänge in ihrem Kopf nachzuvollziehen. Klappte nicht, denn meine eigenen Gedanken tanzten Hula.

»Wir sollten als Nächstes *Over The Rainbow* singen!«, dachte ich laut und Gina stimmte in altbewährter Wackeldackel-Drogen-Manier zu.

»Aber davor brauche ich was Stärkeres.« Madison schob ihr Glas von sich, winkte nach der Barkeeperin und bestellte drei Kurze.

Meine innere Kritikerin aka Großmutter meldete sich irgendwo leise zu Wort, aber Beyoncé brüllte voller Inbrunst *Over The Rainbow* durch meinen debilen Kopf und so griff ich nach dem Gläschen.

Mit erhitzen Wangen und verschwitzten Strähnen im Nacken fielen wir eine Stunde später aus der Karaoke-Bar heraus. Ich wusste nicht, wann ich das letzte Mal so betrunken gewesen war. Aber mein High hielt weiter an. Mir ging es gut. Ich hatte einen grandiosen Abend. Und das war in diesem nachtdunklen Moment alles, was für mich zählte.

Wir wollten noch nicht nach Hause, doch der junge Mann, der die Karaoke-Auftritte managte, hatte uns zuletzt untersagt, ein weiteres Lied zu singen. Angeblich wäre die Bühne bereits für andere Gäste reserviert gewesen. Pah!

Wir gingen die Straße hinunter und landeten in einem irisch angehauchten Pub. Statt Tischen standen in dem gedrungenen Raum Fässer und erhöhte Hocker, und der Thekenbereich aus dunklem Holz wandte sich einmal über die rechte Seite. Kitschige, grüne Lichterketten waren darüber angebracht und zogen die Aufmerksamkeit meines angetrunkenen Geistes genauso auf sich wie das schwarz-weiße Schachbrettmuster auf dem Boden. Nur, dass sich alles ein wenig drehte.

Ich versuchte, auf einen der erhöhten Hocker zu klettern. Was wohl lustig aussah, denn Gina verschluckte sich so sehr an ihrem Lachen, dass sie danach aus dem letzten Loch keuchte. Madison kam derweil mit drei Whiskey-Cola zurück. Auch sie schwankte leicht zur Seite und ich atmete auf, als sie uns erreichte und sich nicht alles über die Brust kippte. Das hätte Gina wohl den Rest gegeben.

»Guckt mal, was ich ausgegeben bekommen habe«, verkündete sie voller Stolz und setzte mit einem Schulterzucken hinzu: »Kann nur sein, dass uns gleich ein Henry besuchen kommt.«

»Oh nein«, lachte Gina. Da tauchte in ihrem Rücken bereits ein junger Kerl mit Vollbart auf, der mich an eine Motorradbande denken ließ. Die Augen leicht eingefallen, aber von einem schönen Blau. Dennoch – Mum würde Schnappatmung bekommen, wenn sie uns so sehen könnte.

»Hi«, grollte es hinter Gina, die erschrocken zusammenzuckte und herumwirbelte. Auch sie schwankte dabei leicht.

»Hi«, antwortete sie mit Pieps-Stimme.

»Ich bin Henry«, stellte sich Motorrad-Boy vor und gesellte sich zu uns an das Fass. Dabei platzierte er sich zwischen Gina und mir. »Du bist also die Cousine, die es abzufüllen gilt«, wandte sich Motorrad-Boy an mich. Ein leichtes Grinsen lag auf seinen Lippen. Jedenfalls glaubte ich das, unter seinem Rauschebart war das gar nicht so leicht zu erkennen.

»Das hat sie dir eben erzählt?« Verdutzt blinzelte ich ihn an. Allerdings hatte ich schon zu viele Drinks gehabt, um sauer auf Madison zu sein.

»So in etwa.« Er hob beschwichtigend die Hände.

Ich schnaubte echauffiert, schnappte mir aber ein Glas. Das Whiskey-Cola-Gemisch klebte mir die Zunge an den Gaumen. Motorrad-Boy wandte sich inzwischen Gina zu. Die schien ihre Vorurteile überwunden zu haben und empfänglicher für seine Avancen zu sein, und stieß ihr Glas mit seinem an.

Der Abend ging feuchtfröhlich weiter. Motorrad-Boy hatte seine Jungs an unseren Tisch gewinkt und während Madison einem seiner Freunde an den Lippen hing, lachte ich mich mit Gina über Henrys Witze kaputt. Jedenfalls hatte ich schon lange nicht mehr so einen Spaß gehabt.

Schließlich verabschiedete ich mich kurz zur Toilette. Ich

musste meine Blase erleichtern und wollte danach frische Luft schnappen. Im hinteren Teil des Pubs erkannte ich zwei Türen, die wohl zu den Toiletten führten. Daher machte ich mich dorthin auf.

Mein Gefühl für Zeit hatte ich irgendwo in der Karaoke-Bar verloren. Aber ich glaubte, dass der Pub noch nicht so gut gefüllt gewesen war, als wir ihn betreten hatten. Und auch mein Kopf war leichter gewesen. Denn ich bemerkte eine sich anbahnende Kopfschmerzattacke. Ich betrat eine der beiden Türen und fand mich in einem schmalen Flur wieder, von dem zwei Toiletten und ein Privatraum abgingen. Die Lampe an der Decke flackerte und die Musik hallte hier nur noch dumpf nach. In dieser kargen Umgebung wurde ich mir meines nahenden Leides nur allzu bewusst. Schnell hielt ich auf die Damentoilette zu.

Nachdem ich mich erleichtert hatte, blieb ich vor dem Waschbecken stehen. Meine Sicht wankte und der Kopfschmerz hatte sich zu einem Stechen hinter meinen Augen ausgebreitet. Zudem kam ein Rumoren in meinem Magen dazu.

Nicht gut.

Ich ließ mir kaltes Wasser über die Handgelenke laufen, dann machte ich mich wieder auf. Doch das flackernde Licht im Flur verwirrte mich und das Rumoren in meinem Inneren kämpfte sich meine Kehle hoch. Ich riss eine der Türen auf und stürmte hinein, doch ich fand mich in einer kleinen Abstellkammer wieder. Mit meinem beherzten Aufreißen hatte ich irgendeine Kettenreaktion in Gang gestoßen. Denn ein Krachen setzte ein und im nächsten Augenblick war ich unter zahlreichen Wischern und Putzzeug begraben. Nur der Eimer, der mir in den Schoß gefallen war, stellte sich als Geschenk des Himmels heraus. Denn im nächsten Moment würgte ich das Gin-Cola-Whiskey-Gemisch meines Magens in ihn hinein.

Furchtbar.

Ich fühlte mich furchtbar. Mein Magen schmerzte, meine Kehle brannte und mein Kopf war wie in Watte gepackt. Außerdem hatte ich einen ätzenden Geschmack im Mund.

Ein paar Krokodilstränen flossen über meine Wangen und ich fühlte mich wie der erbärmlichste Mensch Kanadas. Zu meiner Schmach wurde die Tür ein weiteres Mal aufgezogen. Ich blinzelte gegen das flackernde Licht. Hoffentlich hatte Gina mich gefunden. Aber die dunkle, besorgte Stimme passte nicht zu meiner Schwester. Außer sie war in den vergangenen zehn Minuten in den Stimmbruch geraten. Ob das möglich war?

»Was ist denn hier los?«, tönte es, nur um wenige Sekunden später fragend zu werden. Leiser. Eindringlicher. »Winnie?«

Ich kniff die Augen zusammen. Der Schemen vor mir materialisierte sich zu einem breit gebauten Mann. Das zerzauste Haar mit einer Kappe gebändigt, sodass nur noch einzelne Strähnen daraus hervorlugten.

»Jona?«

Jonathan Montague

… und die Definition von feuchtfröhlich

»Winnie?«, fragte ich erneut.

Als Antwort bekam ich nur ein zustimmendes Stöhnen. Keine Ahnung, was die kleine Verrückte in unserer Abstellkammer suchte, aber dem anhaltenden Würgen nach zu urteilen, hatte sie eindeutig zu viel Alkohol in sich hineingekippt. Weiß Gott, wer ihr den ausgeschenkt hatte.

Ich jedenfalls nicht.

»Ich weiß, abwegige Frage, aber was zur Hölle machst du hier?«, sprach ich meine Gedanken laut aus. Ich stellte den Eimer, in den sie sich erbrochen hatte, zur Seite und schob die Wischer beiseite, die sich über ihr verkeilt hatten.

»Wonach sieht es denn aus?«, gab sie halb leidend, halb schnippisch zurück, und zupfte sich eine Moppfluse aus den Haaren. Dann versuchte sie aufzustehen. Mehr schlecht als recht. »Die Frage ist eher, was du hier machst!«

»Ich arbeite hier.« Mit einem Grinsen sah ich Winnie dabei zu, wie sie fast zwei Mal über ihre eigenen Füße stolperte, sich die Schulter an unserer Garderobe anrempelte und mit ihrer Tasche an einem Stuhl hängen blieb. Doch sie ließ nicht ab. Kampfgeist hatte sie in ihrem jämmerlichen Zustand, das musste ich ihr lassen. Denn bei dem Versuch, sich zu befreien, strangulierte sie sich fast selbst.

»Hör auf, so kommst du nicht weit«, sagte ich und entwirrte den Riemen ihrer Tasche. Doch Winnie fiel mehr, als dass sie aus unserer Abstellkammer schritt. Bevor sie ein weiteres Mal zusammenklappte, schlang ich ihr einen Arm um die Taille.

»Ich kann das«, murrte sie, die Augen halb geschlossen.

»Das sehe ich. Warte einen Moment.« Ich lehnte sie an eine Wand in unserem schmalen Flur, griff ich nach dem Stuhl, der in unserer Abstellkammer stand, und schob ihn unter Winnie, bevor sie wieder zu Boden ging. Was zur Hölle hatte dieses Mädchen in sich hineingeschüttet? Brennspiritus? »Bleib kurz sitzen.«

»Warum?« Nur mit Mühe hielt sie den Kopf oben. Wenigstens war sie noch fit genug, um Gegenfragen zu stellen.

»Weil ich erst deine Hinterlassenschaft entsorgen muss, bevor ich dich nach Hause bringe«, erklärte ich und hielt demonstrativ den Putzeimer hoch.

»Oh« war alles, was sie über ihre Lippen brachte. Mehr gab es dazu auch nicht zu sagen.

Ich säuberte den Eimer in der Männertoilette und brachte ihn zurück in die Abstellkammer. Die sah zwar aus, als sei ein Elefant hindurchgetanzt, aber darum würde ich mich morgen kümmern. Als ich zurück zu Winnie kam, war sie fast eingeschlafen.

»Bist du alleine hier?«

Sie schüttelte den Kopf und öffnete ein Auge. »Maddy und Gina«, brachte sie schwerfällig hervor.

Ich ging in die Hocke, um mit ihr auf Augenhöhe zu sein. »Ich werde die beiden einsammeln und sage Bescheid, dass ich früher Schluss mache. Du wartest so lange hier, verstanden?«

»Hast du einen Kaugummi?«

»Ist das alles, was dir dazu einfällt?«, entgegnete ich, und wusste nicht, ob ich lachen oder an ihr zweifeln sollte. Dieses Mädchen brachte mich um meinen letzten Nerv.

»Danke.« Ihre Stimme war leise, aber eindringlich. Ihre Augen schimmerten und sie zog undamenhaft die Nase hoch.

Seufzend strich ich ihr über die Wange. Ihre Haut war klamm und kalkweiß. »Schon okay, warte hier. Bin gleich wieder da.«

Ich erhob mich und machte mich zu Adam auf, dessen Büro direkt nebenan lag. Samstagabends arbeitete ich grundsätzlich immer bis zum bitteren Ende, daher würde er wenig begeistert sein, doch mit diesem Ausgang hatte ich definitiv nicht gerechnet.

»Adam, hast du einen Moment?«, fragte ich und betrat sein Büro. Der Geruch von abgestandenem Zigarettenrauch stand in der Luft.

»Klar, komm rein.« Adam sah unter dem breiten Gestell seiner Brille zu mir auf. Selbst wenn er mit seinen sechzig Jahren stets behauptete, zu alt für diesen Laden zu sein, traf man ihn fast jeden Tag im *Old Irish Pub* an. Er war Gründer und Geschäftsführer hier, auf den ersten Blick wirkte er stets mürrisch, doch war es immer cool zwischen uns gewesen.

»Ich muss früher los«, erklärte ich ihm geradeaus. »Kleiner Notfall.«

Sein Blick glitt zu der Wanduhr in meinem Rücken und verdunkelte sich. »Es ist erst zwei.«

»Ich weiß.«

Er brachte sein Missfallen mit einem Grunzen zum Ausdruck. »Deine Großmutter?«

»Nein, eine Freundin, die sich abgeschossen hat und nun unsere Toilette blockiert.« Auf eine mir unerklärliche Weise war ich angepisst. So richtig. Es ärgerte mich, Winnie so vorgefunden zu haben. Dabei hatte ich nicht das geringste Recht, ihr einen Vorwurf zu machen.

Auch Adam schien bei dem Gedanken, eine Halbleiche wie Winnie in seinem Toilettenbereich herumtrollen zu haben, nicht sehr begeistert. »Na gut, bring die Kleine nach Hause.«

Ich presste die Lippen zu einem schmalen Lächeln aufeinander und nickte. »Danke. Und sag mal, hast du einen Kaugummi für mich?«

Wäre ich nicht so angepisst, hätte mich Adams verdutzter Blick amüsiert. Kopfschüttelnd kramte er in seiner Hosentasche herum und warf mir dann eine Packung eingedrückter Kaugummis zu.

»Hier, und jetzt hau schon ab, bevor ich es mir anders überlege«, gab er zurück und widmete sich wieder den Papieren.

»Dir auch einen schönen Abend«, antwortete ich, dann hielt ich auf den Thekenbereich zu. Ich musste Jordie noch die frohe Botschaft überbringen, dass er den Laden heute alleine schloss. Nachdem ich das hinter mich gebracht hatte, machte ich mich auf die Suche nach Madison und Gina.

Ginas dunkelrote Haare erkannte ich schon von Weitem. Aber von Madison war nichts zu sehen.

Wieder zurück bei Winnie, hatte sie es geschafft, sich aufzurichten. Der Stuhl lag zusammengeklappt zu ihren Füßen.

»Was machst du denn?«, fuhr ich sie an.

»Ich will nach Hause.«

»Ich sagte doch, du sollst auf mich warten.«

»Und … ich mache nicht immer das, was du willst«, brummte sie und stieß dabei ein Rülpsen aus.

Bezaubernd.

»Okay, komm.« Ich hakte mich bei ihr unter. Zusammen quetschten wir uns durch das Getümmel, das vor den Toilettenräumen herrschte. So gut ich konnte, schirmte ich sie von den anderen Gästen ab, aber der Pub war so proppenvoll, dass das ein schwieriges Unterfangen war.

Als wir im vorderen Teil angekommen waren, winkte ich Gina zu. Auch sie hing mehr an einem der Fässer, als dass sie daran stand.

»Was machst du denn hier?«, fragte sie, kaum dass sie mich erkannte. »Und was machst du mit Winnie?«

»Ich bringe deine Schwester nach Hause. Euch am besten auch, du siehst genauso fertig aus«, stellte ich fest.

»Wie nett«, schnaubte sie. Daraufhin stieß sie ebenfalls auf und lächelte entschuldigend. »Okay, wahrscheinlich hast du recht.«

»Wo ist Madison?«

»Oh, die ist schon vor einer Weile mit einem dieser Motorrad-Typen mitgegangen.« Sie winkte in eine unbestimmte Richtung. Als sie meinen zweifelnden Blick bemerkte, setzte sie hinzu: »Madison ist wie Unkraut. Um die brauchst du dir keine Sorgen zu machen. Unkraut vergeht nicht.«

»Wenn du das sagst. Kommt, ich bringe euch heim.« Damit setzte ich meinen Weg nach draußen fort. Auf der Straße schlug uns eine beißende Kälte entgegen, und Winnie bibberte sofort.

Ich festigte meinen Griff, doch gegen die Kälte konnte ich nichts ausrichten.

Mein Auto hatte ich eine Straße weiter abgestellt. Nachdem ich aufgeschlossen hatte, parkte ich sie auf dem Beifahrersitz. Gina ließ sich hinten auf die Rückbank sinken und gab ein erschöpftes Ächzen von sich.

»Ist das kalt«, murmelte sie, dann strich sie ihrer Schwester eine verirrte Strähne aus der Stirn. »Winnie, geht's dir gut?«

Von rechts kam bloß ein lang gezogenes *Hmmmm*. Das konnte alles bedeuten – *Ja*. Oder *Nein*. Oder *Wo kann ich meinen Mageninhalt ablassen?* Der Gedanke stieß mir ungut auf.

»Wenn es dir wieder hochkommt, sag Bescheid«, sagte ich, an Winnie gewandt.

»Hmm-hmm.«

Die Fahrt zu den Fullers verlief in unruhigem Schweigen. Ich hörte auf Winnies monotone Atemzüge und das leise Stöhnen, das ab und an über ihre Lippen glitt. Ich war sauer, irgendwie enttäuscht und verwirrt. Außerdem konnte ich nicht anders, und griff über die Mittelkonsole nach Winnies Hand. Kühl schmiegte sie sich an meine. Für einen Moment stockte uns beiden der Atem. Doch niemand sagte ein Wort. Nicht einmal Gina, die von der Rückbank den besten Ausblick genoss. Es war, als würden unsere Unstimmigkeiten der letzten Tage ruhen und ich kostete diesen kurzen, zaghaften Frieden aus.

Als wir das Gelände der Fullers erreichten, war ich fast froh, wie dieser Abend verlaufen war, bis … Ja, bis Winnie meine Hand losließ und sich vor den Mund presste. Ich reagierte schneller, als ich rückwirkend vermutet hätte. In Windeseile war ich auf die Bremse gestiegen und hatte über Winnie hinweg die Beifahrertür geöffnet. Mit einer geschmeidigen Bewegung, die ich ihr in diesem Zustand nicht mehr zugetraut hatte, sprang sie aus dem Auto und übergab sich in ein Gebüsch. Gina, die anscheinend hinten eingedöst war, schreckte auf und begann zu fluchen. Als sie realisierte, was der Anlass unseres plötzlichen Stopps war, hielt sie sich ebenfalls die Hände vor den Mund.

»Oh nein, ich kann das nicht. Sonst wird mir auch gleich schlecht«, drang es zwischen ihren Fingern hervor.

»Schon gut, ich kümmere mich darum.« Ich schaltete den Motor ab, ehe ich Winnie in der Dunkelheit suchte. Nur das anhaltende Würgen verriet mir, in welche Richtung ich gehen musste. Ihr Rücken war gekrümmt und ihre Wellen hingen ihr wüst im Gesicht.

»Hau ab«, hörte ich sie murren.

»Sonst was?« Ich trat hinter sie und sammelte ihren Pferdeschwanz ein, um ihn in ihrem Nacken zu bündeln.

Winnie entkam ein Schluchzen. Doch sie würgte tapfer weiter, bis ihr Körper keinen Tropfen mehr hergab.

»Komm, wir gehen rein. Sonst frieren wir uns alles ab«, redete ich auf sie ein und schob sie beinahe widerstandslos Richtung Wohnhaus.

Die Tür zum Haus war nur angelehnt, und als wir das Haus betraten, erkannte ich Gina auf der Couch. Einen Arm hatte sie über ihrem Gesicht verschränkt, ein Bein baumelte einsam von der Sitzfläche. Ich schloss die Tür und knipste eine Tischleuchte an.

»Wo ist dein Zimmer?«, wandte ich mich im Flüsterton an Winnie.

Anstatt zu antworten, nickte sie zu einer Treppe, die in das obere Stockwerk führte. Keine Ahnung, ob sie im Stande war, die zu erklimmen. Ich wollte es eigentlich nicht darauf ankommen lassen. Doch bevor ich sie nach oben brachte, zog ich ihr die Lederjacke aus und hing sie über einen der nahe gelegenen Küchenstühle. Dann entledigte ich sie ihrer Stiefel.

»Sollen wir?«

Sie nickte mit geschlossenen Augen und ich hakte mich erneut bei ihr unter. Zusammen stiegen wir die Treppe empor. Von dem spärlich beleuchteten Flur gingen vier Zimmer ab. Ohne die Augen zu öffnen, steuerte Winnie die zweite Tür links an.

Ich hatte keine Zeit mich umzuschauen. Dafür war ich auch nicht hier. Stattdessen lud ich sie auf dem Bett im hinteren Teil des Zimmers ab. Winnie verlor das Gleichgewicht und plumpste in sich zusammen wie ein nasser Sack. Dabei schlug sie mir gegen die Nase und die Kappe vom Kopf.

»Autsch«, beschwerte ich mich und breitete die Decke über ihr aus. Unter dem Schreibtisch fand ich einen Mülleimer, den ich ihr zur Sicherheit bereitstellte.

»Willst du was trinken?«

»Neeeeein.«

»Ich meinte keinen Alkohol. Ein Glas Wasser?«

»Hmmmm.«

»Und das heißt?«

Ich bekam keine Antwort mehr. Die Wasserflasche, die neben ihrem Bett stand, war noch gut gefüllt und würde im Zweifelsfall ausreichen. Für einen langen Moment stand ich da und sah sie an. Gruselig, ja verdammt. Aber auch wenn sie völlig fertig war, mit Kotzbröckchen in den Haaren und blassen Lippen – Winnie war einfach schön.

Schön und stark.

Das wurde mir wieder bewusst.

Winnie Fuller

... und der Kampf gegen einen adipösen Brummschädel

Beyoncé und ich waren auf Kriegsfuß. Aber so was von. Die vergangene Nacht schoss in schemenhaften Szenen durch meinen Kopf. Bunte Lichter und schräge Töne. Die Karaoke-Bar! Oh Gott, die Karaoke-Bar ... ich hatte nicht wirklich, oder? Doch, hatte ich. Ich hatte vor versammelter Schar in ein Mikro gelallt und mich dabei wie Queen Bey persönlich gefühlt. Schwerer Fall von Selbstüberschätzung.

Danach waren wir in einem Irish Pub gelandet und hatten dort weitergetrunken. Bei dem Gedanken kam es mir fast ein weiteres Mal hoch. Aber mein Magen war so leer, dass er mir nichts Weiteres entgegenschleudern konnte.

Ich strich mir meine verklebten Strähnen nach hinten, schmeckte den fahlen Geschmack von Cola und Whiskey auf meiner Zunge. Grüne Lichterketten und ein sich drehendes Schachbrettmuster, und dann mein Fall in eine Abstellkammer hinein. Ich tastete über die Beule an meinem Hinterkopf und verzog das Gesicht. Irgendetwas war mir auf den Kopf gefallen.

Der Eimer!

Ich fühlte mich wie eine vergessene Dörrpflaume, griff nach der Wasserflasche neben meinem Bett und trank in langen Schlucken. Mein Bauch gab ein unzufriedenes Gluckern von sich, als ich sie wieder absetzte.

Aber damit nicht genug. Ich war von niemand Geringerem als Jona aufgeklaubt worden. Das Bild seiner dunkelbraunen Augen blitzte vor mir auf, eine Gefühlsregung nach der anderen darin.

Er war angefressen gewesen. Ob von mir, der Arbeit, die ich ihm beschert hatte, oder der Gesamtsituation, wusste ich nicht genau. Ebenso war er besorgt und fürsorglich gewesen. Er hatte mich und Gina nach Hause gebracht. Ich spürte seine Hand in meiner und eine Welle aus Scham, aber auch Wärme durchflutete mich.

Irgendeine fremde Spezies musste gestern in mich gefahren sein. Anders konnte ich mir diesen völligen Kontrollverlust nicht erklären.

Mit wackeligen Gliedern erhob ich mich aus meinem Bett.

Nachdem ich mich geduscht und angezogen hatte, trat ich meinen Gang der Schande an. Unten hörte ich Mum und Gina in der Küche reden. Ich gesellte mich zu den beiden und Mum schob mir wortlos, dafür aber mit einem Schmunzeln, eine Tasse Tee zu. Ich murmelte einen Dank und ertrank meine Scham in meiner Teetasse.

Gina sah im Gegensatz zu mir noch schlimmer aus. Ihr Haar war ein rotbraunes Nest und die Wimperntusche war ihr bis unters Kinn gerutscht. Ein leidiger Ausdruck lag auf ihrem Gesicht.

»Du siehst aus, als hättest du nicht sonderlich gut geschlafen«, sagte ich.

»Dieses Sofa ist so hart wie ein Brett, ich spüre jeden Knochen in meinem Körper.«

»Wieso hast du nicht in deinem Bett geschlafen?«

»Das habe ich sie auch schon gefragt«, klinkte Mum sich ein.

»Ein weiteres Wieso in einer langen Reihe an Wiesos. Wieso sind wir in einer Karaoke-Bar gelandet? Wieso konnte ich nicht die Finger vom Schnaps lassen? Wieso habe ich mir das Sofa als erstbeste Schlafgelegenheit ausgesucht?«, sinnierte sie. »Ich glaube, du könntest bestimmt noch einige Wiesos hinzufügen, Winnie.«

»Wie wahr«, brummte ich und hob meine Tasse.

»Das schreit nach einem guten Frühstück.« Mum drehte sich dem Kühlschrank zu und begann Eier, Speck, Tomaten und Toastscheiben auf der Kücheninsel aufzutürmen.

Innerhalb weniger Minuten breitete sich ein köstlicher Geruch in der Küche aus. Nachdem wir ausgiebig gefrühstückt hatten, ging es zumindest meinem Magen besser. Doch mein schlechtes Gewissen gegenüber Jona war in der Zeit gewachsen. Wie ein Geschwür hatte es sich in meinem Inneren ausgebreitet.

Ich fühlte mich rastlos, als ich mein Zimmer erneut betrat, und in meiner Hilflosigkeit fing ich an aufzuräumen. Ich machte das Bett, trennte meine Wäsche und sortierte die Stücke, die Gina gestern Abend wahllos aus meinem Schrank gezerrt hatte, wieder ein. Die Kappe, die ich unter meiner Kommode fand, war mir allerdings neu.

Die musste Jona gehören. Wahrscheinlich hatte er sie gestern Nacht vergessen. Ich sank auf den Rand der Matratze und drehte sie in meinen Händen. Inmitten meines Zimmers wirkte die Kappe wie ein Fremdkörper. Ein Mahnmal eines feuchtfröhlichen und dann erstaunlich miesen Abends.

Kurz entschlossen schnappte ich mir meinen Laptop und fuhr ihn hoch. Er war so eingerichtet, dass er sich automatisch mit meinem Computer im Büro synchronisierte. Erst letzte Woche hatte ich Jonas wichtigste Daten erfasst. Nun rief ich mir seinen Kontakt auf und überlegte, wie ich mich am besten bedanken konnte. Denn ein Dank war das Mindeste, das ich ihm schuldete.

All das war mir so unangenehm, dass ich am liebsten eine E-Mail geschrieben hätte. *Hallo, gestern Abend ist ein bisschen eskaliert. Danke fürs Heimbringen.*

Aber eine Nachricht schien mir zu wenig, ein Anruf war da schon angemessener. Geschlagene fünf Minuten schwebte mein Finger über dem Anrufbutton meines Handys. Als ich mich endlich dazu durchgerungen hatte, ging lediglich die Mailbox ran.

Kurzerhand wickelte ich mich in einen dicken Schal, schnappte erneut nach der Kappe und meiner Tasche, und lief nach unten. Mein Kreislauf war weniger begeistert von meinem schnellen Entschluss, aber auf den wollte ich gerade keine Rücksicht nehmen. Auf dem Weg in die Küche zog ich mir meinen Mantel an.

»Mum, kann ich mir dein Auto leihen?«, fragte ich, bereits auf halbem Weg nach draußen.

»Klar, der Schlüssel hängt neben der Tür.« Ihre Augen funkelten neugierig, sie verkniff sich jedoch die Frage, wo ich an diesem späten Sonntagvormittag hinwollte.

»Danke, bis später!«, rief ich, schlüpfte in meine Stiefel und verschwand nach draußen. Eine feine Frostschicht glitzerte über dem Boden und den einzelnen Grasbüscheln, die sich hier und da erhoben.

Den alten Dodge teilten Gina und ich uns mit Mum. Klappernd sprang er an. Ich wartete einige Minuten, damit er warm werden konnte. Andernfalls befürchtete ich, auf halber Strecke liegen zu bleiben. Der Wagen, der uns bereits seit Urzeiten gehörte, war nicht gerade für seine Zuverlässigkeit bekannt. Aber wir hingen alle Drei an ihm. Vor allem, da Dad ihn damals erstanden hatte.

Die Fahrt durch Burnabys Zentrum dauerte nicht lange. Zwanzig Minuten später, brachte ich den Dodge vor einem Mehrparteienhaus zum Stehen. Die Fassade wirkte angegraut und von der atemberaubenden Landschaft, die British Columbia ausmachte, war hier nicht viel zu entdecken.

Jonas Wagen war nirgendwo zu sehen. Aber das musste nichts heißen, redete ich mir ein. Die Straße runter reihte sich Garage an Garage, vielleicht hatte er sein Auto untergestellt. Ich stieg aus und hielt auf das Wohnhaus zu. Neben der Eingangstür waren mindestens dreißig Klingelschilder angebracht. Ich überflog die Namen und blieb ganz unten an *Montague* hängen.

Inzwischen kam mir mein Vorstoß ziemlich unüberlegt vor. Aber um einen Rückzieher zu machen, war es zu spät. Ich atmete tief durch und betätigte die Klingel. Wenige Sekunden später erklang ein Summer und ich stemmte mich gegen die Haustür. Mit klopfendem Herzen durchquerte ich den Flur und überflog die Türschilder.

Ich taumelte einen Schritt vor Überraschung zurück, als eine Tür mit einem Ruck aufgerissen wurde. Eine gedrungene, ältere Dame visierte mich aus dem Türspalt an. Ihre hellen Augen waren verkniffen, der Mund zu einem schmalen Strich verzogen.

»Verena?«

»Oh hallo, nein, mein Name ist Winnie«, sagte ich und überprüfte noch einmal das Namensschild über der Klingel. Ich war richtig. »Ist Jona da?«

»Was machst du hier?«

»Jona hat diese hier bei mir vergessen, ich wollte sie ihm zurückgeben«, erklärte ich und hielt die Kappe demonstrativ in die Höhe. Mich beschlich das Gefühl, dass es gerade schlecht war.

»Du warst schon ewig nicht mehr hier. Bei welchem Mann hast du dich rumgetrieben?«, wollte die Dame wissen.

»Ähm.«

»Na schön, komm rein.« Sie schnalzte mit der Zunge, drehte sich um und ging zurück in die Wohnung. Der Türspalt klaffte mir wie das Tor zu einer anderen Welt entgegen. »Kommst du oder bist du dort festgewachsen?«

Freundliche, alte Dame. Die machte sogar der Großmutter in meinem Hinterkopf Konkurrenz. Zögernd setzte ich mich in Bewegung und folgte ihr. »Ich wollte eigentlich nur kurz zu Jona. Ich lasse die Kappe einfach hier und werde …«

»Setz dich.«

»Oh – okay.« Die Dame hatte leicht diktatorische Züge.

»Ich mache uns einen Tee. Trinkst du immer noch Schwarztee?« Verächtlich verzog sie den Mund.

»Pfefferminz wäre toll«, antwortete ich, weil ich nicht herausfinden wollte, was geschah, wenn ich ablehnte.

»Also, erzähl mal. Wie geht es dir?«

»Entschuldigen Sie, aber ich glaube, Sie verwechseln mich«, sagte ich mit sanfter Stimme.

»Unsinn. Ich erkenne doch meine eigene Tochter!«

Okay, jetzt wurde es seltsam. Verdammt seltsam sogar. Langsam ließ ich mich auf den mir angebotenen Stuhl sinken und legte die Hände in den Schoß. Dabei fragte ich mich unwillkürlich, wie ich in diesen Schlamassel geraten war.

»Wohnt Jona hier überhaupt?«, tastete ich mich heran, da ich keine Ahnung hatte, was mich als Nächstes erwartete.

»Jonathan? Natürlich, er ist nur schnell zur Apotheke.« Huh! Rettung war unterwegs. Das war zumindest eine gute Nachricht!

»Wann kommt er denn wieder?«

»Ich weiß es nicht.« Sie hantierte in der Küche herum und begann, Wasser in einen Wasserkocher zu füllen. Kurz darauf stellte sie zwei dampfende Tassen auf dem Tisch zwischen uns ab. »Er ist schon vor einer Weile los. Der Arme hatte Kopfschmerzen. Hat wohl eine harte Nacht gehabt.« Während sie von Jona sprach, verschwand der verkniffene, harte Zug um ihre Lippen, und mein Herz sank.

»Danke für den Tee«, murmelte ich, trank einen Schluck und sah mich in der leicht unordentlichen Wohnküche um. Es sah aus, als hätte Gina einmal durch die Räume gewütet. Aber langsam verstand ich, warum Jona immer abgehetzt war. Eine scheinbar verwirrte Oma, ein Nebenjob, das Training, dazu noch die Hilfe bei uns. Und zu guter Letzt war ich gestern Abend auf ihn gestoßen.

Die Kopfschmerzattacke ging eindeutig auf mich.

Winnie Fuller

… und das Flittchen von Burnaby

Das Geräusch eines Schlüssels, der in ein Schloss gerammt wurde, entspannte meine Schultern nur marginal. Denn die Schritte, die ich wenig später vernahm, ließen mein Stresslevel wieder in die Höhe schnellen. Derjenige, der die Wohnung betreten hatte, war auf dem Weg in die Küche und ich hoffte, dass es sich dabei um Jona, und nicht um einen noch verwirrteren Opa handelte. Aber wer wusste das schon?

»Sieh nur, Jonathan, wir haben Besuch!«, schaltete sich die ältere Dame ein. Doch es hörte sich mehr nach einer Warnung, statt nach einem freudigen Hinweis an. Zumindest hatte sie Jona direkt angesprochen.

Der erschien daraufhin im Türrahmen. »Besuch? Wer … oh.«

Ja. *Oh.*

Ein riesengroßes Monster-*Oh*!

»Hi.« Ich winkte ihm von meinem zugewiesenen Platz aus zu, ein entschuldigendes Lächeln auf den Lippen.

Neben ehrlicher Überraschung trat Unbehagen in Jonas Gesicht. Mein Auftauchen hatte ihn kalt erwischt. »Ich glaube, ich habe ein Déjà-vu, aber ich frage gerne ein zweites Mal – was zur Hölle machst du hier, Winnie?«

»Jonathan, hör auf, vor deiner Mutter zu fluchen!«

»Meiner? … Oh Mann.« Jona begann, sich die Nasenwurzel zu massieren. Er wirkte ehrlich gestresst.

Das schlechte Gewissen, das ich mit meinem Besuch eigentlich zum Schweigen bringen wollte, rumorte in meinem Magen, und ich sank noch tiefer in meinen Stuhl. Bevor ich mich dafür entschuldigen konnte, straffte Jona die Schultern.

»Komm Gran, ich muss allein mit unserem *Besuch*«, sein strenger Blick traf mich, »sprechen. Geh du so lange ins Wohnzimmer. Gleich beginnt doch deine Serie.«

»Ist es schon so spät?« Für den Augenblick schien sie wie ausgewechselt, verwirrt und irgendwie hilflos.

»Ja, ist es. Komm mit mir.« Jona führte seine Großmutter an den Schultern aus dem Raum. Kurz darauf hörte ich, dass der Fernseher eingeschaltet wurde. *The Big Bang Theory* schallte in ohrenbetäubender Lautstärke.

Wartend kaute ich auf meiner Unterlippe herum und verfluchte die Idee, hierher gefahren zu sein. Wie war ich nur auf solch einen selten dummen Einfall gekommen? Während ich mit dem Gedanken spielte, aus dem Fenster zu klettern, kam Jona in die Küche zurück. Die Tür lehnte er nur an.

»Willst du einen Kaffee oder einen Tee?«, fragte er, und machte sich an der Kaffeemaschine zu Gange.

»Nein, danke. Deine Oma hat mich bereits versorgt.« Ich hielt die Tasse empor, die mir eben aufgedrängt worden war. Jona warf mir einen kurzen Blick über die Schulter zu. Einen, der alles und nichts bedeuten konnte.

»Jona«, begann ich und räusperte mich. »Wenn ich gewusst hätte«, ich brach ab und stand auf, um neben ihn zu treten. Meine Hände waren um seine Kappe geklammert. Schluckend reichte ich sie ihm. »Die wollte ich dir nur wiedergeben. Das und … mich bedanken oder entschuldigen. Vermutlich wäre beides angemessen.«

Jona legte sie ab. Wortlos nahm er sich eine Tasse aus einem der Oberschränke. Nur das Gluckern des einlaufenden Kaffees und die gedämpften Stimmen des Fernsehers waren zu hören. Ich sah ihn weiter an, so lange, bis er meinen Blick erwiderte.

»Sie ist an Alzheimer erkrankt«, gestand er mir schließlich. Seine Stimme klang erschöpft. Aber nicht die Art Erschöpfung, die nach einem langen Tag eintrat. Sondern eine, die sich nach

Monaten, wenn nicht sogar Jahren, einstellte. Die sich eingrub bis in das Innerste.

»Das dachte ich mir.«

Er füllte Kaffee in seine Tasse und lehnte sich mit der Hüfte gegen den Küchenbereich. »Ich wollte nicht, dass sie dich erschreckt.«

»Das hat sie nicht«, beeilte ich mich zu sagen und meinte es auch so. Keine Frage, Jonas Granny war schräg. Aber ich hatte keine Angst vor ihr gehabt. »Wirklich nicht.«

»Gut ...« Er seufzte. »Es ist nicht so einfach, Winnie. Sie verwechselt oftmals junge Frauen mit meiner Mutter oder meiner Schwester Jess. Keine Ahnung, warum. Es gibt gute und weniger gute Tage. Aber in den letzten Monaten ist es besonders schlimm geworden.«

Ich legte eine Hand auf seinen Unterarm. »Das tut mir leid.«

Er presste die Lippen aufeinander und zwang sich zu einem Lächeln. Sein Blick tastete über meine Hand und verdunkelte sich. »Du kannst nichts dafür.«

Ich ließ ihn wieder los und sah aus dem Fenster. Von der Küche aus blickte man in einen kargen Innenhof. »Aber dich scheint sie zu erkennen?«

Jona nickte. »Ja, zum Glück. Ich hoffe, dass das so bleibt«, entgegnete er.

Ich wusste nicht, was ich darauf erwidern sollte. Diese Krankheit verlief nur in eine Richtung. »Kann ich etwas für dich tun?«

»Nein, ich komme klar.«

Das bezweifelte ich. Aber ich hakte nicht weiter nach. »War das auch der Grund, warum du mich letzte Woche versetzt hast?«

Ich spürte seinen Blick, spürte, wie er den meinen suchte, also tat ich ihm diesen Gefallen und drehte mich zu ihm herum. Mein Herzschlag beschleunigte sich und beinahe hätte ich meine Frage bereut. Denn meine Worte schwebten wie ein Damoklesschwert über dem zarten Band, das ich einmal zwischen uns vermutet hatte.

»Es war eine Verkettung von vielen ungünstigen Umständen.

Gran war einer davon«, sagte er. »Ich wollte das nicht, ich wollte dich nicht versetzen. Könnte ich es rückgängig machen, dann würde ich es tun.«

Kaum zu glauben, dass dieser grauenhafte Tag erst eine Woche her war. Einerseits fühlten sich die Erinnerungen trüb und viel, viel älter an. Aber den Schmerz und die Demütigung, die mir beim Anblick des Kusses zwischen ihm und Madison durch die Blutbahn geschossen waren, schmeckte ich allzu deutlich auf meiner Zunge.

Jonas Blick verfinstere sich und er fluchte leise, ehe er sich eindringlich zu mir herunterbeugte. »Das mit Madison war mit Abstand das Dämlichste, was ich mir in den letzten Jahren geleistet habe. Ich wollte das nicht. Ich stehe nicht einmal auf sie. Sie hat mich überrumpelt, Winnie. Das musst du mir glauben.« Die Intensität seiner Worte überforderte mich. Doch er ließ mich nicht zurückweichen. »Du kannst sauer auf mich sein, mich sogar hassen. Das könnte ich verstehen, aber du musst mir zumindest glauben, dass Madison mir nichts, rein gar nichts, bedeutet.«

Ich nickte benommen. »Ich glaube dir, aber ich weiß nicht, ob es das besser macht. Du hast mich verletzt.«

»Ja, das verstehe ich.« Jonas Lippen bildeten eine starre Linie. Wieder legte sich dieses nervenaufreibende Schweigen über uns. Als ich meinen Rückzug ankündigen wollte, ergriff Jona das Wort. »Wie geht es dir? Du hast es gestern Abend ganz schön krachen lassen.«

Ich war froh um den Themenwechsel, auch wenn er keine große Verbesserung darstellte, und ließ mich zu einem schiefen Grinsen hinreißen. »Das ist eine nette Umschreibung«, antwortete ich. »Aber mir geht es wieder besser. Mein Magen ist noch flau. Ich hoffe, das legt sich in den nächsten Stunden. Deine Oma hat mich gut versorgt.«

Ich nickte zu der Tasse.

»Ja, manchmal kommt sie ein bisschen energisch rüber, aber sie meint es immer gut.«

»Das habe ich bemerkt. Kann ich wirklich nichts für dich tun?

Ich habe das Gefühl, dass ich dir nach gestern etwas schuldig bin.«

Die Müdigkeit wich aus seinem Blick. Nun grinste auch er. »Ich würde sagen, wir sind quitt.«

»In Ordnung. Ich sollte langsam weiter«, kündigte ich meinen Rückzug an. Ich war schon viel zu lang hier. Auch wenn ich heute Mittag zum ersten Mal wieder das Band zwischen uns gespürt hatte. Ich mochte Jona. Wir waren auf einer Wellenlänge. Und es tat mir leid, dass er so viel Drama in seinem Leben beherbergte. Die Tatsache, dass er mich verletzt hatte, änderte an all dem nichts.

Jona begleitete mich zur Tür. »Wir sehen uns am Dienstag?«

»Ja, tun wir«, stimmte er zu.

»Gut, bis dann.« Ich griff nach der Tür und öffnete sie.

»Winnie?«, hielt er mich noch einmal zurück. Zögernd drehte ich mich um. »Schön, dass du hier warst.«

Jonathan Montague

... und wie es ist, eiskalt erwischt zu werden

Schön, dass du hier warst?

Ich presste die Augen zusammen und fasste mir an die Stirn, als der Kopfschmerz augenblicklich zurückkam. Ich griff nach der Schmerzmittelpackung und drückte mir eine Tablette aus dem Blister. Mit den letzten Resten meines Kaffees spülte ich sie herunter, dann sank ich neben Gran auf die Couch. Gerade erklärte Sheldon, was ihn an Amy anzog. Vor allem, dass sie die gleiche Blutgruppe besaßen und sie ihm im Zweifelsfall ein Organ spenden konnte. Granma und ich schmunzelten beide, doch ich verzog schmerzhaft das Gesicht. Verdammte Kopfschmerzen.

Was zog mich an Winnie so sehr an? Die Frage kreuzte meine Gedanken, schneller, als ich sie verdrängen konnte. Warum geisterten ihre klugen, forschenden Augen immer noch in meinem Kopf herum? Warum hatte sich ein wehmütiges Ziehen in meiner Brust breitgemacht, nachdem sie die Tür hinter sich geschlossen hatte?

Lange Zeit hatte es nur Granma, Jess und mich gegeben. Da war kein Platz für eine andere Person gewesen. Die beiden waren die wichtigsten Menschen in meinem Leben, obwohl sie sich in den letzten Jahren vor allem als Bürde herausgestellt hatten. Aber ich hielt an beiden fest. Sie waren meine Familie, was sollte ich anderes tun?

Doch Winnie war anders. Sie war keine Bürde, keine Last. Sie munterte mich mit ihrer sarkastisch-liebevollen Art auf, wann immer sie es beabsichtigte. Oder auch nicht beabsichtigte. Und allein der Gedanke, mir es mit ihr versaut zu haben, jagte mir eine Heidenangst ein.

»Ist das deine Freundin gewesen?«, drang es von rechts.

Fast glaubte ich, mich verhört zu haben. »Was sagst du?«, wandte ich mich an Gran und blinzelte sie unter meinem Kopfschmerz an. Manchmal hatte sie erstaunlich wache Momente, in denen sie messerscharf kombinierte und mich damit an alte Zeiten erinnerte. Und manchmal konnte sie einen Löffel nicht von einer Gabel unterscheiden.

Gran drehte die Lautstärke des Fernsehers herunter. »Das Mädchen, das gerade da war. Ein hübsches Lächeln hatte sie. Ist sie deine Freundin?«

»N-nein«, zögerte ich. Ähm, hallo? Bis eben hatte sie Winnie noch für meine Mum gehalten! Dennoch setzte ich erklärend hinzu: »Nein, ist sie nicht. Dafür habe ich es mir zu sehr mit ihr verscherzt.«

»Ach, dein Granpa hat sich auch so einiges geleistet. Wir hatten anstrengende erste Jahre. Immerzu war er eingeschnappt, mal, weil ich Kartoffeln und keine Nudeln gekocht habe. Mal, weil ich mich zu lange mit Bill Sanders unterhalten habe. Aber diese Zeit hat uns zu dem gemacht, was wir sind. Sechzig Jahre Ehe sind nicht immer ein Spaziergang, Jonathan. Wo ist dein Granpa eigentlich? Sitzt er wieder im Keller an seinen Holzfiguren?«

Sie schnalzte mit der Zunge und der Moment, von dem ich geglaubt hatte, Granma, die alte Version von ihr, wäre zurück, war verflogen. Ich schnappte nach der Fernbedienung und drehte die Lautstärke wieder höher. Ich würde ihr jetzt nicht erklären, dass Granpa seit sieben Jahren tot war.

Während wir eine Weile dasaßen, fiel mein Blick auf den Couchtisch. Dort lag ein Paket der Versandapotheke, bei der wir Granmas Medikamente immer bestellten. Darunter der Briefumschlag mit dem Geld dafür.

»War der Paketbote schon da?« Gran reagierte nicht und so wiederholte ich meine Frage. Diesmal etwas lauter. »Granma, hörst du? War der Paketbote schon da?«

Sie blinzelte mich an, als ob sie sich erst erinnern müsste. Ich unterdrückte ein genervtes Seufzen und griff nach dem Geldumschlag. Er war noch voll. Ich stockte. Als ich eben zur Apotheke gefahren war, hatte ich lediglich vierzig Dollar eingesteckt, mein Geldbeutel lag noch in meinem Zimmer.

Das sollte er zumindest. Meine Kopfschmerzen ignorierend stand ich auf und stapfte in mein Schlafzimmer. Doch mein Nachttisch, auf dem ich ihn abgelegt hatte, war verwaist.

»Gran, hast du meinen Geldbeutel gesehen?«, fragte ich, während ich mich wieder auf ins Wohnzimmer machte.

»Was sagst du?«

»Meinen Geldbeutel. Ob du ihn gesehen hast.« Ich klang gereizt. Auch wenn es mir leidtat, ich konnte es nicht verhindern.

»Nein.«

Seufzend langte ich nach dem Briefumschlag und dem Päckchen mit den Medikamenten, und hielt beides demonstrativ hoch. »Aber der Paketbote war doch da. Du hättest ihm das Geld aus dem Umschlag geben sollen.« Dafür hatte ich extra mit fetten, schwarzen Buchstaben GELD MEDIKAMENTE draufgeschrieben.

»Stimmt, ein lieber Junge.«

»Du hast ihm sein Geld nicht gegeben.« Ich wedelte damit in ihre Richtung. Manchmal war es echt nicht einfach. Manchmal? Was sagte ich da? In den letzten Monaten gefühlt andauernd.

»Doch habe ich. Ich habe mir die zweihundert Dollar aus deinem Geldbeutel genommen«, erklärte sie, winkte ab und konzentrierte sich wieder auf *The Big Bang Theory*. »Er liegt hinten in der Küche.«

»Zweihundert …« What the fu … »Oma, deine Blutzuckermesser kosten nicht zweihundert, sondern nur dreißig Dollar«, keuchte ich und eilte in die Küche. Ein Blick in meinen Geldbeutel verriet mir, die zweihundert Dollar, die ich in der letzten Woche eingenommen hatte, waren fort.

Grandios.

Ich fiel auf einem Küchenstuhl in mich zusammen. Die Hand,

in der ich meinen Geldbeutel hielt, wurde zur Faust. Mit einem frustrierten Laut schleuderte ich ihn durch die Küche. Hinter meiner Stirn breitete sich der Kopfschmerz zu einer verdammten Migräneattacke aus. Da half mir auch nicht das Massieren meiner Schläfen.

Granma wuchs mir über den Kopf, und das Schlimme daran war, dass ich nichts ändern konnte. Ich tat bereits mein Möglichstes, kämpfte gegen Windmühlen. Doch das Gefühl, das mir mein Leben und die Verbindlichkeiten, die damit verbunden waren, aus den Fingern glitten, war allgegenwärtig.

»Jonathan, alles in Ordnung mit dir?«, hörte ich Granmas brüchige Stimme nach mir rufen. Sie merkte, dass etwas nicht stimmte, konnte aber nicht einschätzen, was sie angerichtet hatte. Und gerade hatte ich nicht die Kraft, es ihr zu erklären. Deswegen blieb ich sitzen.

Müde und verzweifelt.

Der Anruf beim Auslieferer hatte mich kein Bisschen weitergebracht. Vor allem da der Bote behauptete, lediglich dreißig Euro erhalten zu haben und dies auch auf dem Lieferschein vermerkt hatte.

Das war natürlich gequirlte Scheiße. Aber mir blieb nichts übrig, als meine Wut herunterzuschlucken und meinen Geldbeutel nicht mehr zugänglich liegen zu lassen.

Dicke, pappige Schneeflocken fielen auf meine Windschutzscheibe. Der Wischer kämpfte im höchsten Modus dagegen an. Heute war das Wetter wirklich übel. Sogar meine letzte Vorlesung in Bewegungswissenschaft war ausgefallen, weil der Dozent es nicht bis zur Uni geschafft hatte. Die Räumfahrzeuge kamen kaum gegen die weißen Massen an, die über Burnaby hinabfielen.

Ich parkte mein Auto nicht auf den freien Plätzen des Fuller-Geländes, sondern direkt vor der Halle und zog mir die Kapuze meiner Jacke tief ins Gesicht. Als ich ausstieg, versank ich bis zur Mitte meiner Unterschenkel im Schnee und bis ich meine Sportsachen aus dem Kofferraum befreit und das Innere der Halle betreten hatte, war ich völlig durchnässt. Meine Sportschuhe gaben ein angepisstes Quietschen von sich, während ich über den Linoleumboden auf Winnie zu stapfte.

Die hatte es nicht besser erwischt, stellte ich mit einem schiefen Grinsen fest. Ihre dunkelgrünen Leggins waren bis zu den Knien durchweicht, und der übergroße, graue Kapuzenpulli, der an ihr herabhing, wies überall dunkle Flecken auf. Ihre rotbraunen Wellen pappten in dunkel schimmernden, aalglatten Strähnen an ihrer Stirn.

»Du bist ja hier!«, stellte sie fest und blickte mich an, als sei ich eine Fata Morgana.

»Ja, ich weiß. War ein Abenteuer herzukommen«, entgegnete ich und schälte mich aus meiner Jacke.

»Das glaube ich dir.« Sie kräuselte die Nase, sank auf dem Klappstuhl zusammen und nahm dem CD-Player auf den Schoß. Sie war aufgekratzt und angespannt und schien gar nicht wahrzunehmen, wie durchnässt sie war. »Ich bin gespannt, ob überhaupt jemand kommt. Etwa die Hälfte hat sich schon abgemeldet«, murmelte sie vor sich hin.

»Hier.«

Sie blickte mit offenem Mund zu mir auf, die Augen auf meinen Kapuzenpullover gerichtet, die Augenbrauen fragend nach oben gebogen. »Was …«

»Dein Pulli ist ganz nass. Du wirst noch krank«, meinte ich schlicht und wusste nicht genau, warum ich plötzlich den Samariter spielte. Oder doch – ich wusste es. Winnie war mir wichtig, beängstigend wichtig, das war mir am Wochenende wieder einmal bewusst geworden.

Für den Bruchteil eines Moments blitzte Unsicherheit in ihren Augen auf. Als würde sie abwägen, ob sie ablehnen oder meinen Pullover annehmen sollte. Schließlich griff sie danach, und ich fragte mich, ob das ein Schritt in die richtige Richtung war. Ohne zu wissen, welchen Weg wir einschlagen sollten, war das sowieso egal.

Winnie sprang auf und stellte den CD-Player ab. »Danke«,

murmelte sie unter ihrem Oberteil, das sie sich über den Kopf schob. Mit geröteten Wangen und verwuschelten Haaren zog sie sich meinen Pullover über. Etwas in mir regte sich bei dem Bild. Winnie in meinen Sachen. Mein Kopfkino lief wie von alleine ab. Winnie, die nicht mehr als ein Höschen und mein Shirt trug. Auf meinem Bett, zwischen meinen Laken.

Bevor mir ein anzügliches, unangebrachtes Seufzen entkommen konnte, wurde die Tür hinter uns aufgeschoben und jemand zwängte sich durch den schmalen Spalt. Jetzt waren wir nicht mehr allein. Prompt pfiff ein eisiger Wind durch die Sporthalle.

Ich drehte mich herum, um zu schauen, wer gekommen war. In eine dicke Jacke gepackt, den Schal bis zur Nase hochgezogen, stapfte George auf uns zu. Erst hatte ich ihn nicht erkannt. In seinem rotblonden Haar schimmerte Schnee, und seine Wangen und die Nase waren so rot wie eine Tomate.

»George, wie siehst du denn aus?« Sofort schoss Winnie auf ihn zu.

»Ganz schön kalt draußen«, bibberte er und tippelte auf der Stelle herum. Welcher Idiot von Elternteil ließ sein Kind bei den Temperaturen alleine raus?

»Hat dich jemand gebracht? Bitte sag nicht, dass du den ganzen Weg gelaufen bist«, sprach Winnie das aus, was ich gedacht hatte. Sorge schwang in ihrer Stimme. Ich stellte mich direkt hinter sie.

Georges Zähne klapperten immer noch. »Es ist nicht so weit«, verteidigte er sich. »Ich wollte den Kurs nicht verpassen und Dad … ist beschäftigt.«

Daraufhin versteiften sich Winnies Schultern und sie kniff die Lippen so fest aufeinander, dass sie weiß wurden. Sie war kurz vorm Explodieren.

»Komm, ich mach das«, wandte ich mich an sie und legte eine Hand in ihren Nacken. Doch erst nachdem ich leichten Druck darauf ausgeübt hatte, bewegte sie sich. Ich ging vor George in die Hocke und hantierte an seiner Jacke. »Wir befreien dich von diesem Ungetüm, Kumpel, und dann schauen wir weiter. Es ist wirklich ungemütlich da draußen.«

Ich spürte Winnies stechenden Blick in meinem Rücken. Doch im gleichen Moment erschienen zwei weitere Kinder im Türrahmen und beschlagnahmten ihre Aufmerksamkeit.

»Warum bist du nicht zu Hause geblieben? Ist nicht gerade das beste Wetter für einen Spaziergang«, meinte ich zu George.

Er schob eine Unterlippe vor, während er mit dem Schal um seinen Hals kämpfte und sich dabei beinahe selbst erwürgte. Ich wusste, warum Winnie George als ihren persönlichen Schützling ansah. Manchmal war er genauso unbeholfen wie sie. Trotzdem gab er nie auf und machte stets weiter. Irgendwie bemerkenswert.

»Mum kommt nicht von der Arbeit heim. Dad meinte, sie ist eingeschneit«, erklärte er und schaffte es, sich von dem Schal freizumachen. Auch sein Bibbern hatte abgenommen. »Und Dad muss seine Serie gucken. *Border Patrol USA*. Da schnappen sie die bösen Menschen.«

Ich nickte nachdenklich. »Und du wolltest nicht mit ihm daheimbleiben?«

»Nein.« Er verzog den Mund. Da waren noch mehr Worte, aber er hielt sie mit aller Macht zurück. Das war ihm anzusehen.

»Warum nicht?«, hakte ich trotzdem nach und erhielt erwartungsgemäß keine Antwort. Stattdessen stellte ich fest, dass seine Jogginghose ebenso durchgeweicht war. Ratlos wusste ich nicht, wie ich dem Kleinen helfen sollte. Dann machte es *klick*. »Warte mal, Kumpel, bin gleich wieder da.«

Ich verließ die Halle noch einmal, um zu meinem Auto zu laufen. Oder zu dem, was von meinem Auto noch übrig war. Denn das war mittlerweile so eingeschneit, dass ich die Türen nicht ohne Probleme aufbekommen würde. Ich kämpfte mich zum Kofferraum vor und schnappte mir einen Pullover und eine kurze Hose. Damit machte ich mich zurück zur Halle auf.

»Es ist gleich vier, es wird keiner mehr kommen«, fing Winnie mich mit besorgtem, leicht überfordertem Blick ab. »Was gut ist, bei diesem Wetter sollte keiner draußen sein. Aber was machen wir mit den Kleinen?«

»Willst du heute überhaupt trainieren?«

»Mit drei durchgefrorenen Kinder? Nein, das macht keinen Sinn. Ich hätte den Kurs im Vorfeld absagen sollen.« Winnie knirschte mit den Zähnen und verschränkte die Hände im Nacken.

»Du konntest nicht wissen, dass es sich dermaßen zuzieht.«

Sie lächelte skeptisch. »Ich hätte es wissen müssen. Aber ich kann es nicht mehr ändern. Was hast du da?«

»Ich habe George was zum Anziehen besorgt. Wenn er in den Klamotten bleibt, hat er morgen eine fette Erkältung.«

Winnies moosgrüner Blick wurde weich. »Lieb von dir, dass du deine Klamotten verteilst.«

Bevor ich mich zu ihm aufmachen konnte, griff Winnie nach meinem Unterarm und strich leicht darüber. Ihre Finger kitzelten meine Nervenenden. Von ihrer und meiner Reaktion überrascht, stammelte sie: »Ich bin froh, dass du hier bist.«

Ich wollte ihr antworten, aber da ließ sie mich stehen und machte sich zu den Mädels auf. *Ich bin auch froh, dass ich hier bin.* Bevor ich etwas Dummes, wie sie einsammeln und um den Verstand küssen konnte, stapfte ich zu George.

»Komm her, Buddy. Ich habe was Trockenes für dich!«, rief ich ihm zu und zog mich mit ihm in eine Ecke zurück. Irgendwie mussten wir, als die beiden einzigen männlichen Vertreter, zusammenhalten.

»Die sind viel zu groß«, stellte George mit einem Stirnrunzeln fest und beäugte die Hose, als wollte ich ihm ein radioaktiv verseuchtes Hemd überziehen. Ja, er erinnerte mich definitiv an Winnie. Gleiche Theatralik, gleicher Blick.

»Bei mir ist das eine kurze Hose, bei dir eine lange. Passt doch«, entschied ich und half ihm, sich aus seiner durchweichten Weste zu pellen. Als ich nach dem Langarmshirt darunter griff, sträubte er sich. »Willst du das Shirt nicht ausziehen?«

»Nein, das geht noch. So nass ist es nicht.«

»Wenn du meinst.« Ohne Umschweife zog ich ihm meinen Kapuzenpullover über den Kopf. Unter den Schichten hörte ich irgendwo seinen Protest, doch ich ging darüber hinweg: »Wir krempeln einfach die Arme und den Bund rum.«

Der Pullover ging ihm bis zu den Knien. Georges Kopf ruckte durch das Kopfloch hervor und für mein Befinden sog er etwas zu dramatisch nach Atem. Eindeutig Winnie. Vielleicht waren die beiden um drei Ecken verwandt?

»Siehst du, geht doch!«, stellte ich zufrieden fest, nachdem George auch die Hose angezogen hatte.

»Hmmm.« George rümpfte die Nase, betrachtete sich von allen Seiten, dann nickte er und ließ sich sogar zu einem schiefen Grinsen hinreißen. »Ja, das geht.«

Zusammen machten wir uns zu den anderen auf. Winnie tippte wild auf ihrem Handy herum und sah noch konfuser aus.

»Sie haben eine amtliche Wetterwarnung rausgegeben. Die Behörden empfehlen, die Häuser heute nicht mehr zu verlassen. Sämtliche Schulen bleiben morgen geschlossen.«

»Echt jetzt?« Oh Mann. Unwetterwarnungen waren in diesem Teil Kanadas nichts Besonderes. Wir hatten harte, klirrend kalte Winter und oft mit Schneemassen zu kämpfen. Trotzdem war es nicht gerade cool, für Stunden oder sogar Tage, von der Außenwelt abgeschnitten zu sein.

Winnie sah zu mir auf. In ihrem Gesicht spiegelte sich die gleiche Hilflosigkeit, die ich spürte. »Was machen wir jetzt?«

»Dann bleiben wir eben hier«, sprach ich das einzig Logische aus.

»Was? Wir alle?«

»Klar, oder willst du dich wie George durch das Schneechaos kämpfen oder das den Eltern zumuten?«

Ihr nervöser Blick sprach Bände. Vermutlich stellte sie in Gedanken gerade eine Liste von Für und Wider auf. Doch dann drang ein heiseres Seufzen über ihre halb geöffneten Lippen. »Dann bleiben wir eben hier«, wiederholte sie meine Worte.

Winnie Fuller

… und die Erkenntnis – »some people are worth melting for«

»Und was machen wir jetzt?« Susan blickte zu Jona auf, der vor Gelassenheit strotzte. Gerne hätte ich selbst etwas davon vorzuweisen. In meinem Arbeitsfeld geschahen immer wieder unvorhergesehene Dinge, aber das hielt mich nicht davon ab, in meinem Kopf eine ellenlange To-Do-Liste aufzustellen. Ich musste die Eltern anrufen. Ich musste Mum und den anderen Bescheid geben. Was würden wir essen? Wo würden wir schlafen? Hielt die Heizung bei der Kälte durch?

Ja, das Wetter hatte mich eiskalt erwischt.

»Wir machen eine Übernachtungsparty«, beantwortete Jona völlig ungerührt Susans Frage und rieb sich die Hände, als könnte er es kaum erwarten.

Eine Übernachtungsparty, wiederholte ich seine Worte im Kopf. Aber ja, er hatte recht. Schließlich blieb uns nichts anderes übrig. »Ja, wir machen eine Übernachtungsfete«, bestätigte ich daher mit einem Nicken. Die Kinder, die sich um uns herumgescharrt und unser Gespräch verfolgt hatten, jauchzten und sprangen herum. Das schlechte Wetter war vergessen. Zumindest für die Kleinen. Ich selbst wälzte in Gedanken eine Aufgabe nach der anderen.

»Du siehst aus, als explodiere dein Kopf gleich.« Jona stupste mir gegen die Stirn, sodass ich aufschreckte.

»Es gibt noch so viel zu organisieren«, rechtfertigte ich mich und stolperte einen Schritt zurück.

»Ja und? Das bekommen wir schon hin. Ich habe schon einige

Partys geschmissen und weiß, wovon ich spreche.« Ein großspuriges Grinsen verzog seinen Mund.

»Ohje, bitte kein Schnaps und Feuerwerk«, spottete ich und stimmte in sein Grinsen ein.

»Keine Angst, das spare ich mir für die Ü-18-Partys auf. Heute gibt's nur Bier und ein paar bengalische Feuer.«

Ich streckte ihm die Zunge raus und er fing an zu lachen – rau und kehlig. Mein verräterisches Herz hüpfte und ich war davon überzeugt, Jona konnte es hören. Denn er stockte und seine Züge veränderten sich.

»Kommen wir zum Wesentlichen zurück«, ging er darüber hinweg und der besondere Moment zwischen uns war vorbei. »Ruf du alle Eltern an. Ich kümmere mich zwischenzeitlich um den Rest.«

Das Nicken, das ich zustande brachte, erinnerte an Ginas Wackeldackel-Drogen-Nicken. Ich riss mich zusammen und kramte in meiner Pullitasche nach meinem Handy. Erst da fiel mir ein, dass ich Jonas Pulli trug und ich machte mich mit glühenden Wangen zu meinen Sachen auf. Während ich ein Elternteil nach dem anderen anrief, erfüllte Jona sein Versprechen.

»Ja, macht euch keine Gedanken. Susan ist hier gut untergebracht, wir passen auf sie auf. Wenn sich der Schnee morgen gelegt hat, könnt ihr sie abholen … nein, das macht keine Umstände«, versicherte ich Susans Dad und sah Jona zu, wie er zusammen mit George Matten aufschichtete. »Kein Problem … Bis Morgen!«

Ich legte auf und öffnete den nächsten Kontakt. Eliza, Georges Mutter, hatte ich ihm Vorfeld nicht erreicht. Dafür schwebte mein Finger nun über der Nummer seines Vaters. Nach mehrmaligem Läuten ging er ran.

»Ja?«, erklang es zur Begrüßung.

»Ja, hallo. Burnaby Association for Kids and Teens, hier ist Genevieve Fuller.«

»Wer?«

»Die Dame, die auf Ihren Sohn aufpasst«, präzisierte ich und konnte den bissigen Unterton nicht unterdrücken.

»Ahh, und was wollen Sie?«

»Wie Sie bestimmt mitbekommen haben, sind die Wetterverhältnisse heute nicht berauschend. Eben wurde eine amtliche Warnung herausgegeben. Daher haben wir entschieden, die Kinder über Nacht zu betreuen. Natürlich nur, wenn es für Sie in Ordnung geht.«

Im Hintergrund hörte ich ihn kramen und der Fernseher war so laut, dass ich beinahe jedes Wort verstand. Ich fragte mich, ob er mir überhaupt zugehört hatte. Auf seine Antwort wartete ich jedenfalls vergeblich. »Also?«, bohrte ich nach.

»Was interessiert mich das?«

Der nicht-pädagogisch-wertvolle Teil in mir hätte am liebsten in den Hörer gebrüllt – etwas à la *Was frage ich eine Dumpfbacke wie dich überhaupt*?! Ich spürte schon die roten Flecken mein Dekolleté hinaufkriechen. »Ist Ihnen überhaupt aufgefallen, dass George nicht zu Hause ist?«

Wieder eine längere Pause, dann ein Rumpeln, bis er mir ins Ohr kaute: »J-ja, ja klar.«

War es nicht.

Ahh, dieser Typ machte mich wahnsinnig! Wir sollten George gleich hierbehalten!

»Gut, wie ich heraushöre, ist es in Ordnung für Sie, dass George heute Nacht bei uns bleibt«, erwiderte ich kühl. Als kein Einspruch kam, beendete ich das Gespräch mit einem kurz gehaltenen Gruß.

Ich atmete tief durch und richtete mich auf. Aber meine Wut klang augenblicklich ab. Die Kinder und Jona hatten ganze Arbeit geleistet. Auch Jim war dazu gekommen. Jona musste ihn angerufen haben. Zusammen hatten sie den Mattenberg mit Bettlaken, Decken und Kissen bedeckt.

Auf einmal kamen Gina und Madison hereingestapft, die Arme voll mit Essen, Getränken und Kerzen. Hinter ihnen tippelten noch zwei weitere Kinder.

»Jona hat von eurer Übernachtungsparty erzählt«, wandte sich Madison an mich und grinste von einem Ohr zum anderen. Es wunderte mich nicht, dass ihr die Idee gefiel. Das war genau nach ihrem Geschmack. »Ich hoffe, ihr habt nichts dagegen, wenn wir uns euch anschließen.«

»Ihr habt Essen dabei, also nein«, schmunzelte ich.

»Ja, Mum hat auf die Schnelle ein paar Sandwiches gemacht«, klinkte Gina sich ein.

»Sehr gut.« Ich nahm Madison die Kerzen ab, verteilte sie auf den Fenstersimsen und zündete sie an. Das warme Leuchten vermischte sich mit dem bläulich-düsteren Schimmer, der von draußen hereinfiel. Auch wenn der Schnee das verbleibende Licht reflektierte, es war fast dunkel.

Als ich mich herumdrehte, war Jona gerade dabei, unseren Laptop an den Beamer anzuschließen. Ich lächelte und die Wärme, die sich in meinem Inneren ausbreitete, sendete einen Schub Glücksgefühle durch meinen Körper. Trotz dieser misslichen Lage wäre ich gerade an keinem anderen Ort lieber.

Ich sah auf seinen breiten, durchtrainierten Rücken, an den sich ein weißes Shirt schmiegte. Sein Geruch war mir ununterbrochen in der Nase, was wohl hauptsächlich an dem Pullover lag, den er mir geliehen hatte. Das Material war von innen angeraut und zugleich weich und ich stülpte mir die Ärmel über die Hände. Als mir bewusst wurde, dass ich ihn gerade wie ein verliebter Pudel anstarrte, zwang ich mir ein Runzeln auf die Stirn. *Wir sind Arbeitskollegen, nicht mehr!*

Auch wenn es masochistisch war, rief ich noch einmal das Gefühl in mir hoch, das Jona vor zehn Tagen in mir ausgelöst hatte. Die Enttäuschung, als er mich versetzt hatte. Der Schock, als ich ihn mit Madison erwischt hatte. Die Erinnerungen halfen, mich zu besinnen. Die Augen sowie den Mund verkniffen, sah ich nun vermutlich aus wie ein beleidigter Mops.

»Kannst du uns mit dem Tisch helfen?«, hörte ich Madison und Gina nach mir rufen. Die beiden mühten sich mit der Biertischgarnitur ab, die wir normalerweise in der Abstellkammer lagerten.

»Klar.« Gemeinsam stellten wir den Tisch unter den Fenstern auf und stapelten das Essen darauf. Neben Sandwiches gab es auch herzhafte Muffins und Minifrikadellen, Orangensaft und heißen Kaffee für die Erwachsenen.

Zufrieden schaute ich mich um. Jim hatte die Heizung weiter aufgedreht, sodass eine wohlige Wärme in der Halle herrschte, und auch wenn die Wände Kargheit schrien, wir hatten das Beste aus all dem gemacht. Der monströse Mattenberg gab ein gemütliches Bett her. Es roch nach Kerzenwachs und warmem, buttrigem Toast. Die Kinder waren gut drauf, niemand hatte bisher einen Heimweh-Anfall gehabt, und alle Eltern waren einverstanden, dass es die beste Lösung war, über Nacht hierzubleiben.

»Alles in Ordnung?«, erkundigte sich Madison, der mein sehnsüchtiger Blick eben nicht verborgen geblieben war.

Ich lächelte sie an. »Ja, ich denke schon.«

»Dann komm, Cousinchen. Wenn du hier festfrierst, sind gleich die besten Plätze besetzt«, zwinkerte sie mir zu.

Ich gab ein Geräusch, halb Lachen, halb Schnauben, von mir. »Geh nur, ich lasse euch den Vortritt.«

»Wie du meinst.« Zusammen mit den Kindern machte sie es sich auf unserer Mattenlandschaft bequem. Gina und ich verteilten derweil das Essen und die Getränke, und schon kurze Zeit später flackerte ein Film über die Leinwand, die Jim mithilfe eines Bettlakens gespannt hatte. Diesmal war es mein Lieblings-Disney-Film – *Mulan.*

»Kann ich noch was für euch tun?«, wandte sich Jim im Flüsterton an mich.

»Nein, alles ist perfekt. Danke für deine Hilfe.« Ich schüttelte den Kopf und klopfte auf seine Schulter.

»Hab ich doch gern gemacht.« Jim zog mich in eine kurze, bärenartige Umarmung. Ich schloss die Augen, roch seinen vertrauten Geruch, Kernseife und Holzspäne, und dachte an Dad. Was würde er zu dem heutigen Abend sagen? Vermutlich wäre er stolz, wenn er uns so sehen könnte.

»Wenn etwas ist, dann meldet euch. Wir übernachten heute im Stiftungshaus.« Jim ließ mich los und winkte noch einmal in die Runde. »Schlaft gut!«

Die Kinder drehten sich herum, grinsend und mit vollen Backen, und verabschiedeten sich von Jim. Anschließend konzentrierten sich alle wieder auf den Film. Während Muschu einer steinernen Statue den Kopf abschlug, räumte ich den Tisch auf und sammelte Essensreste und Müll ein.

»Kaffee?« Jonas dunkle Stimme, nur wenige Zentimeter entfernt, entlockte mir einen Schauer. Er hielt mir eine dampfende Tasse hin.

»Nein, danke. Ich kann Kaffee nicht ausstehen«, lehnte ich ab.

»Da tun sich ja ganz neue Abgründe auf. Dass du Tee lieber magst wusste ich, aber Kaffee nicht ausstehen, das ist eine harte Behauptung.« Jonas Mundwinkel zuckten.

»Kannst du mich jetzt nicht mehr leiden?«, ging ich darauf ein, schob ein paar Servietten zusammen und wandte mich ihm zu. Jona war kein Stück zurückgewichen. Im Gegenteil, ich glaubte, wir waren uns sogar noch näher gekommen. Ein Kribbeln, als hätte ich Tausende Ameisen verschluckt, breitete sich in meinem Magen aus. Es stieg mir sogar zu Kopf.

Er wog ab. »Najaaa, dass du ein bisschen seltsam bist, war mir von Anfang an bewusst.«

»Hey!« Ich hieb meinen Ellenbogen in seine Seite. Jona keuchte überrascht und der Kaffee schwappte über seine Finger. Er fluchte leise und funkelte mich dann an.

»Nicht nur seltsam, auch gemeingefährlich«, zog er mich auf und ich schüttelte gespielt beleidigt den Kopf. Was war das? War das noch ein belangloses Geplänkel unter Kollegen oder flirteten wir?

»Und das bemerkst du erst jetzt? Deine Auffassungsgabe ist genauso miserabel wie …« Ich kniff die Augen zusammen. Das Kerzenlicht malte Schatten auf sein Gesicht und zeigte, wie schön er war. Die gerade Nase, der gebräunte Teint, der leichte Bartschatten und die ausdrucksvollsten Augen, die mir je begegnet waren.

»Deine Kondition?«, unterbrach er mich und leckte sich den Kaffee von den Fingern. Dabei grinste er sich einen ab.

Ich rollte nur die Augen, aber auch ich konnte nicht aufhören zu grinsen. Das unpassende Kribbeln in meinem Magen nahm zu und ehe ich hier im Halbdunkeln etwas Dummes anstellte, ließ ich ihn stehen und ging auf den Mattenberg zu. Jonas Blick folgte mir bei jedem Schritt. Das wusste ich, auch ohne mich umzudrehen. Als ich dem Drang nachgab und einen Blick nach hinten warf, bohrten sich seine Augen direkt in meine.

Und das Fass an Ameisen lief über.

Winnie Fuller

… und das Dilemma, wenn man längst für den anderen dahingeschmolzen ist

Während Gina und Madison vorne bei den Kindern saßen, hatte ich es mir im hinteren Teil der Matten mit einer Decke bequem gemacht. Ich schüttelte das Kissen in meinem Nacken noch einmal auf, einfach, um etwas zu tun, denn ich war aufgekratzt und ging in Gedanken, immer wieder die letzten Minuten durch. Nur, um zu dem Schluss zu kommen, dass mich das in keiner Weise weiterbrachte.

Jona hatte mir immer wieder bewiesen, wie unzuverlässig er war. Das eine Mal, dass er mich nach Hause gebracht hatte, änderte nichts an dieser Tatsache. Dennoch konnte ich nicht aufhören, an ihn zu denken, geschweige denn über ihn hinwegkommen. Und anstatt mich in Ruhe meine Wunden lecken zu lassen, nutzte er heute eine Chance nach der anderen, um mir nahe zu sein. Und ich? Ich hatte nichts Besseres zu tun, als darauf einzugehen.

Innerlich schlug ich mir gegen die Stirn. Ich brauchte mich nicht zu wundern, wenn mir ein zweites Mal das Herz gebrochen wurde. Ich musste dieses Thema ein für alle Mal aus der Welt schaffen, und ich bekam unverhofft schnell die Gelegenheit dazu. Neben mir sank die Matte ein Stück ein. Ich sah auf und mein Blick verwob sich mit Jonas.

Er lächelte gequält. »Kann ich mal kurz dein Handy haben? Meins hat keinen Empfang und ich muss Gran anrufen.«

»Klar doch.« Schnell griff ich in die übergroße Pullovertasche, in die ich es eben gesteckt hatte, und reichte es ihm.

»Danke. Bin gleich wieder da.« Jona richtete sich auf und verschwand gen Ausgang.

Auch wenn ich mit aller Macht versuchte, nicht an ihn zu denken, meine Gedanken flossen automatisch zu ihm zurück. Draußen war es eisig. Bevor ich mit meinem Blick ein Loch in die Tür brennen konnte, krabbelte ich von der Matte, um nach ihm zu sehen.

Die Pulloverärmel über die Hände gestülpt folgte ich ihm nach draußen. Es hatte aufgehört zu schneien. Aber das machte es nicht unbedingt gemütlicher. Jona schien sich der Kälte gar nicht bewusst. Angespannt lehnte er gegen die Hallenwand, vielleicht einen Meter von mir entfernt, und presste sich das Telefon ans Ohr.

»Nein, Gran, alles gut. Mach dir keine Sorgen … nein, dich kommt niemand holen … du bist sicher daheim«, wiederholte er immer wieder. Zwar hatte seine Stimme einen warmen Unterton, doch seine Miene war verschlossen. »Geh bitte schlafen … morgen früh bin ich wieder da … ja, klar pass ich auf mich auf … natürlich komme ich wieder nach Hause.«

Ich trat an ihn heran und legte eine Hand auf seinen Oberarm. Keine Ahnung, warum. Vielleicht konnte ich ihm so etwas von seiner Last nehmen. Schließlich war er nur wegen uns in dieser Lage. Mit einem leisen Stöhnen beendete er das Gespräch. Für den Augenblick sagte niemand ein Wort. Wie zwei Statuen standen wir da und blickten in die Schneemassen.

»Danke für's Leihen«, brach er als erster das Schweigen und reichte mir das Handy zurück. Mit kühlen Fingern nahm ich es und steckte es zurück in die Tasche. Meine andere Hand lag nach wie vor auf seinem Arm. »Das war nicht einfach.«

»Ich habe es gehört.«

»Hm«, brummte er gedankenverloren und legte seine Hand über meine. Es waren nur ein paar Zentimeter Haut, die sich berührten, eine Handbreit. Zu nah für etwas Unverfängliches und zu fern für mein pochendes Herz.

»Du musst nicht hierbleiben«, erwiderte ich im Flüsterton.

Sein Gesicht wandte sich erst unseren Händen, dann mir zu. »Und was ist, wenn ich das will?«, gab er ohne Umschweife zu. Seine Direktheit ließ mich stutzen. Jona wusste ganz genau, was er tat, und welche Grenzen er dabei überschritt.

»Die Kinder bekommen wir auch ohne dich gewuppt.« Ich presste die Lippen aufeinander und blickte nach vorne. Versuchte das, was von meinem Verstand übrig war, einzusammeln, und die Verwirrung, die damit einherging, hinunterzuschlucken. Die Kälte war mit einem Mal zweitrangig.

»Du weißt, dass es nicht wegen den Kindern allein ist.«

»Ich …« Wusste gar nichts. Nur, dass unsere verschlungenen Hände perfekt ineinander passten.

Er musste bemerkt haben, dass sein letzter Vorstoß etwas zu forsch gewesen war, jedenfalls hakte er wenig später nach: »Geht es dir gut? Du bist so still.«

Was sollte das? Was sollte ich darauf erwidern? Ich antwortete, ohne den Blick von der weißen Landschaft vor uns zu nehmen. »Ich brauche nicht viel, um glücklich zu sein. Genug Schlaf, zehn Mahlzeiten am Tag, ein paar Jogginghosen und ich bin happy«, sagte ich ausweichend.

»Das meinte ich nicht.«

Ach was. Nun richtete ich mich auf und blickte ihn direkt an. »Was willst du hören, Jona?«

»Es geht nicht um das, was ich hören will. Mir geht es um dich.« Seine Stimme klang rau und irgendwie gezwungen. Als hätte er sich überwinden müssen, die beiden Sätze über seine Lippen zu bringen. Wieso nur glaubte ich ihm das nicht?

»Willst du darüber reden?«

Über den dicken, rosafarbenen Elefanten auch bekannt als das Gefühlschaos, das zwischen uns herrschte?! Ja!

Doch in dem Moment, in dem ich antworten wollte, zog er mich ein Stück zu sich, sodass ich nun vor ihm stand und gezwungen war, zu ihm aufzublicken. Seine Hand stahl sich über den Pullover mein Rückgrat hinauf. Mein Atem stockte, so überrascht war ich. Jona schien das nicht zu stören, mehr noch, seine Berührungen wurden fester, bestimmter. In trägen Kreisen zeichnete er meine Wirbel nach und schickte Stromstöße durch meinen Körper. Ich schluckte angestrengt, blieb jedoch still.

Regungslos.

Seine Fingerspitzen elektrisierten mich und bevor ich die Situation überanalysieren konnte, legte ich den Kopf an seine Brust. Ich redete mir ein, dass es ein letzter Abschied von dem war, das wir hatten und das nicht sein sollte.

Mein Herz klopfte wie verrückt, doch die Empfindungen, die Jona in mir hervorrief, hatten zugleich eine seltsam beruhigende Wirkung auf meine überspannten Nerven. Seine Finger wanderten höher, schlichen sich unter meine Haare bis in meinen Nacken. Ich wartete ab. Noch immer war kein Wort über meine Lippen gekommen. Als er meinen Nacken mit leichtem Druck massierte, entwich mir unweigerlich ein leises Seufzen. Seine Berührungen waren verspielt und hatten etwas Unschuldiges an sich. Wieso nur, fühlte es sich nach dem absoluten Gegenteil an?

»Es ist kalt. Soll ich aufhören?« Seine Worte kitzelten an meinem Ohr und jedes Härchen an meinem Körper stellte sich auf. Sollte er? Ja? Nein?! In meinem Kopf war nur eine wattige Leere zu finden. Keine Antwort, die ich ihm geben konnte. Oder wollte. Wieso stellte er mir überhaupt an einer Tour Fragen, wenn er sich sowieso nicht an das hielt, was ich wollte.

Oder wollen sollte.

Und dennoch sagte ich nichts. Meine Lippen waren wie versiegelt, unfähig meine Gedanken wiederzugeben. Und Jona erfasste das als Aufforderung.

Ehe ich wusste, was mir geschah, schlang er einen Arm um mich. Seine Wärme und sein Geruch hüllten mich ein, und am liebsten hätte ich die Augen geschlossen und mich darin verloren. Es war so leicht und doch so schwer.

Auch wenn ich es weder vorhergesehen noch gewollt hatte – er war das Eis, auf dem ich tanzen wollte, obwohl ich wusste, dass es unter mir nachgeben und mich in seine Tiefen ziehen würde. Wir zogen uns an und stießen uns ab, und dieses Hin und Her hielt ich auf Dauer nicht aus. Ich brauchte klare Linien. Ich brauchte etwas, an dem ich mich festhalten konnte. Und Jona war nicht der Richtige dafür. Denn er hatte mir einmal zu oft bewiesen, dass auf ihn kein Verlass war. Dass er mich zwar auffing, mich aber im gleichen Moment wieder fallen ließ.

Ich zwang den Kopf in seine Richtung. »Warum tust du das?«, wisperte ich gegen seine Wange. Seine Stoppeln kratzten über meine Lippen.

»Was meinst du?« Seine Lider waren nur halb geöffnet, doch der Blick, den er mir darunter zuwarf, flog zu meinem Mund.

»Dieses Hin und Her.«

Anstatt zu antworten, strich er mir eine Strähne aus dem Gesicht. Er sah genauso wehmütig aus, wie ich mich fühlte. Ob ich jemals mehr bekommen würde als dieses stille Verlangen, das leise Bedauern?

»Bitte hör auf damit«, wisperte ich und rückte ein Stück von ihm ab. Leise und eindringlich. Aber Jona hatte mich verstanden.

»Womit?«, hatte er die Dreistigkeit zu fragen. Sein raues Flüstern kitzelte meinen Nacken und ich war einen Millimeter davon entfernt, ihm nachzugeben. Mich wieder fallen zu lassen, mit allem, was ich hatte. Seine Fingerspitzen strichen über meine Haut und mir entfloh ein stummes Seufzen.

»Du berührst mich, wie zufällig. Du siehst mich ununterbrochen an. Und dann immer dieses Lächeln, als ob du genau wüsstest, was ich denke …«

»Vielleicht weiß ich das. Was ist daran schlimm?« Sein Griff wurde fester, eindringlicher. Er wollte mich nicht gehen lassen, aber dafür war es längst zu spät. Denn das, was ich zwischen uns geglaubt hatte, das Band, die Verbindung, es war nie da gewesen. Es konnte nicht anders sein. Denn er hatte mein Herz zwar in den Händen gehalten, es aber nie für sich beansprucht.

Das waren die bittersüßen Fakten.

»Was soll daran verwerflich sein, deine Gedanken zu kennen, Winnie?«, hakte er ein weiteres Mal nach.

»Du kratzt mich auf.« Ich machte mich endgültig von ihm los.

»Seltsam«, sinnierte er und griff nach einer meiner Wellen, um sie zwischen den Fingern zu reiben. »Du hingegen machst mich ganz ruhig.«

»Das funktioniert trotzdem nicht.«

»Ich weiß.«

Seine Worte jagten wie ein Messer zwischen meine Rippen. Er hatte sie ganz bewusst gewählt. Und das Verlangen, das ich eben noch verspürt hatte, wandelte sich in meinem Magen in einen heißen Klumpen aus Wut und Enttäuschung. »Ich hätte dich nicht für einen dieser Typen gehalten.«

»Einen dieser Typen? Das musst du schon ein Stück genauer ausdrücken, sonst weiß ich nicht, ob ich mich geschmeichelt oder beleidigt fühlen soll.«

»Letzteres.« Ich schluckte schwer und setze dann hinzu: »Jemand, der draufsteht, anderen schöne Augen und Hoffnungen zu machen, und einfach alles fallen lässt. Und der wieder ankommt, sobald man sich gefangen hat, und glaubt, darüber hinweg zu sein.« Zum Ende hin hatte meine Stimme bitter geklungen. Ich hatte nie vorgehabt, so offen zu ihm zu sein, doch Jona brachte mich immer wieder dazu, meine Gedanken nicht allein für mich zu behalten. Sondern sie ihm ins Gesicht zu schreien. Zu zischen. Zu fauchen. Je nach Situation.

»Glaubst du, das alles ist ein Spiel für mich?« Sein Blick brannte sich förmlich durch mich hindurch.

Am liebsten hätte ich ihn angebrüllt, etwas à la *Keine Ahnung, denn ich weiß nicht im Geringsten, was in deinem Kopf vorgeht!* Stattdessen wisperte ich: »Sag du es mir.«

»Es ist kein Spiel. Ich könnte mich selbst dafür schlagen, dass ich dich warten gelassen und schlussendlich versetzt habe, dass das mit Madison passiert ist«, seufzte er und strich die Linie meines Kiefers bis hin zu meiner Wange nach. Seiner Berührung folgte eine Bahn aus Prickeln. Es wäre so leicht, die Augen zu schließen und sich in diesem Gefühl zu verlieren. Aber was brachte mir das? Morgen war die Situation keine andere wie letzte Woche, und auch wenn Jona ein liebevoller Kerl war, der es nicht böse gemeint hatte – er hatte mir wehgetan.

Er war so anders als ich und er würde sich nicht ändern, egal, wie sehr ich es mir wünschte. Wir drehten uns im Kreis, und anstatt mich ein für alle Mal in dem Rotieren zu verlieren, stieg ich aus.

»Ich will nicht weiter darüber reden. Bitte lass deine Finger von mir«, bat ich ihn und machte mich los. Mit zittrigen Händen zog ich die Tür auf und flüchtete ins Warme. Jona folgte mir zwar, aber auf die Matte kam er nicht mehr nach. Stattdessen lehnte er sich seitlich an einer Wand an.

Irgendwann nickte ich über den Filmen ein. Mein Schlaf war unruhig und voller wirrer Träume. Wenn ich zwischendurch aufwachte, musste ich mich jedes Mal neu orientieren, auf den kurzen Schreck, der mich beim Anblick der dunklen Halle und von Jonas Profil durchfuhr. Er hatte sich ebenfalls auf eine der Matten niedergelassen. Doch diesmal hatte er meine Bitte befolgt. Er fasste mich nicht mehr an. Nicht im Schlaf.

Nicht am nächsten Tag.

Jonathan Montague

*… ein längst verlorener Krieg und der Wille,
ihn zu Ende zu bringen*

Nur noch vereinzelte Schneeflocken schmolzen auf meiner Windschutzscheibe. Ich hatte es übertrieben und Winnie mit meiner Unentschlossenheit endgültig verschreckt. Super, Jona. Wirklich.

Der gestrige Morgen war seltsam gewesen. Nachdem sich das Wetter reguliert und Jim alle Kinder nach Hause gebracht hatte, war ich ebenfalls verschwunden. Kurz bevor ich meinen Wagen hatte starten können, war Winnie mir nach draußen gefolgt. Ihre Wangen hatten von der Kälte augenblicklich eine rote Färbung angenommen.

Ich war noch einmal ausgestiegen. Die Nässe des Schnees hatte sich durch meine Hose gefressen, als ich ihr einige Schritte entgegengegangen war und auf sie gewartet hatte.

»Jona, ich wollte dir …« Erst da hatte ich das dunkelgraue Bündel in ihrer Hand registriert und mein Magen hatte sich verknotet. »Hier ist dein Pullover.«

»Du hättest ihn behalten können.« Ich hatte das Teil angestarrt, als wäre es vergiftet. Trotzdem hatte ich es mit steifen Bewegungen entgegengenommen.

»Ich will ihn nicht. Wir sehen uns beim nächsten Training«, hatte sie weiterhin gesagt. »Bis dann.«

Rückwirkend betrachtet wusste ich nicht, wie ich das schmale Lächeln auf meinen Mund zustande gebracht hatte. Aber was ich wusste, war, dass es völlig falsch ausgesehen hatte. Seitdem war mein Nervenkostüm angeknackst und eine Tonne an Was-wärewenn-Fragen drückte mich nieder. Und dabei allein sollte es nicht bleiben.

Ich parkte den Wagen die Straße runter, nachdem ich Gran zur Kirche gefahren hatte. Doch etwas stimmte nicht. Schon als ich die Tür zur Wohnung öffnete, wurden meine Schultern steif. Meine Hand festigte sich um den Türgriff und ich kämpfte gegen den Drang, zu tief Luft zu holen. Denn das Parfum, das in unserem Wohnungsflur schwang, kam mir auf unangenehme Weise bekannt vor.

Ich zwang mich, ruhig zu bleiben, nicht gleich zu Beginn völlig auszurasten, und betrat das Wohnzimmer. Meine Beherrschung hing an einem hauchdünnen Faden, der durch die kleinste Regung reißen konnte.

»Jess«, stellte ich tonlos fest, den Blick auf unser abgewetztes, graues Sofa gerichtet. Sie hatte die Beine übereinandergeschlagen, die Hände in ihrem Schoß verschränkt und ließ ihre Blicke wie Pfeilspitzen durch den Raum schießen. Noch hatte mich keiner davon getroffen, allerdings konnte es nicht mehr lange dauern.

»Ich habe dich nicht erwartet«, sagte ich geradeheraus, überrascht, wie monoton meine Stimme klang. »Hast du dich angemeldet?«

Hatte sie nicht.

Das wusste ich.

Aber ihre angesäuerte Miene ging mir gehörig auf die Nerven, und so konnte ich mir den Kommentar nicht verkneifen.

»Ich dachte, ich schaue mal vorbei«, entgegnete sie, stoppte die Musterung und richtete ihre Aufmerksamkeit auf mich. Ich hatte Jess das letzte Mal vor fünf Wochen gesehen, kurz vor der Auseinandersetzung mit Steven. Das Veilchen, das sich über ihre ganze rechte Wange gezogen hatte, war nur noch eine unangenehme Erinnerung. Ihr langes, braunes Haar war zu einem unordentlichen Knoten auf den Kopf gebunden und die Schlabberklamotten, die sie trug, wirkten zwei Nummern zu groß. Was nicht allein an einem schlechten Händchen lag. Sie hatte abgenommen. Das war mir sofort aufgefallen.

»Wo ist Gran?«

»Es ist Samstag.« Ich sah, wie es in ihrem Kopf ratterte, aber auf den Moment, in dem es Klick machte, wartete ich vergeblich.

»Samstag ist Gemeindetag«, setzte ich daher hinzu.

Jeden Samstagmittag fuhr ich Gran zum Pfarrhaus, wo sie sich mit anderen Frauen aus der Gegend traf. Ein Treffen, das wöchentlich durch die örtliche Kirchengemeinde organisiert wurde. Man backte Kuchen, trank Kaffee und quatschte. Inzwischen saß Gran nur noch dabei, als dass sie mit anpackte. Früher war das anders gewesen. Aber die Treffen taten ihr gut und die anderen Frauen hießen sie stets willkommen, auch wenn sie ebenfalls ihre Veränderung bemerkt hatten. Zumindest wirkte Gran danach immer relativ entspannt. Anschließend besuchte sie die Messe und wurde durch eine Bekannte nach Hause gebracht. So lief es schon, seit ich denken konnte. Dass Jess sich nicht mehr daran erinnerte, wunderte mich nicht. Wer so viel mit sich selbst zu tun hatte, fand keine Zeit, sich um die Angelegenheiten anderer zu sorgen.

»Stimmt. Gemeindetag«, murmelte sie und winkte ab, als habe sie nur kurz auf dem Schlauch gestanden. Jeder andere hätte sich jetzt schlecht gefühlt. Jeder andere wäre sich seiner Gleichgültigkeit bewusst geworden. Doch nicht Jess. Stattdessen nistete ein stiller Vorwurf in ihren braun-grünen Augen, und ich wartete nur darauf, dass sie ihn mir gleich vor die Füße schleudern würde.

»Aber mal im Ernst, Jona. Wie sieht es hier aus?«

Da.

Da war er.

Bevor ich antworten konnte, hielt mich ein Poltern in der Küche davon ab. Ich ballte die Hände zu Fäusten. Heiße Wut kochte in mir hoch. Das hatte sie nicht getan. War sie übergeschnappt? Wie konnte sie es wagen?

»Du hast Steven hierhergebracht?«, presste ich hervor. Wieder ein Poltern. Hörte sich an, als würde er gerade unseren Kühlschrank plündern. Gewundert hätte es mich nicht.

»Er hat mich gefahren.« Ihr Schulterzucken wirkte salopp,

aber dafür kannte ich Jess zu gut. Sie wusste, dass sie damit eine Grenze überschritten hatte.

Am liebsten hätte ich etwas zertrümmert. Irgendwas. Denn Jess machte mich wahnsinnig. Im wahrsten Sinne des Wortes. Ich liebte sie. Verdammt, sie war meine Schwester. Doch manchmal fragte ich mich, ob Mum sie als Kind zu oft aus dem Hochstuhl hatte fallen lassen. Jess hatte eindeutig einen Knacks. Einen ganz gewaltigen Riesenknacks. Bei dem verschrobenen Charakter unserer Mutter sollte mich das nicht wundern. Trotz allem hatte ich immer gehofft, dass sie ihr nicht nacheifern würde. Dass sie nicht die gleichen Fehler begehen würde. Wer war so masochistisch veranlagt und blieb freiwillig mit einem Typen zusammen, der sie schlug?

Ich hatte Gran nichts von Jess' ungesunder Beziehung erzählt. Zum einen, weil ich hoffte, dass sie sich bald dem nächsten Kerl zuwandte, zum anderen, weil ich Gran nicht verunsichern wollte. Wir hatten es eh schwer genug. Ich nahm einen abgehackten, tiefen Atemzug und versuchte, meine geballten Hände zu entspannen, indem ich sie öffnete und wieder schloss.

»Was willst du hier, Jess?«, seufzte ich.

»Nach euch sehen.« Sie stand auf und drehte sich einmal im Kreis. »Das war auch bitter nötig.«

Der anklagende Ton tat nicht viel zu meiner Beruhigung bei. Dafür, dass ihr eigenes Leben aus einer Aneinanderreihung von Fehlentscheidungen bestand, hatte sie ganz schön Mumm, hier aufzutauchen und mich zu kritisieren. Überraschte mich das?

Kein verdammtes Bisschen.

Das war meine Schwester, wie sie leibt' und lebte.

»Ach, auf einmal interessiert dich das?«

Sie musterte die Boxershorts, die über der Wohnzimmerlampe hingen und schlug die Hände über dem Kopf zusammen. Das Gesicht war zu einer pikierten Grimasse verzogen. Klar, war ja auch einfacher, andere zu verurteilen, anstatt bei sich selbst anzufangen. Zu guter Letzt warf sie mir einen vorwurfsvollen Blick zu.

»Es hat mich immer interessiert, Jona! In so einem Saustall kannst du nicht mit Gran wohnen.«

»Was denn? So schlimm ist's nicht«, schnaubte ich. Ja, es war etwas unaufgeräumt. Aber ich war die ganze Woche unterwegs gewesen und Gran war bei Weitem nicht mehr so agil wie vor einigen Jahren.

»Sieh dich doch nur um! In der Küche türmt sich das Geschirr von mindestens drei Tagen, überall liegt dreckige Wäsche herum und … ist das immer noch der Weihnachtsbaum?«

»Und?« Ich zuckte mit einer Schulter und musterte das etwa dreißig Zentimeter hohe Gerippe, das in einem Blumentopf auf der Fensterbank stand. Okay, ihr Vorwurf war nicht unbegründet. Nicht erst seit gestern verfolgte mich das Gefühl, nicht mehr alles unter einen Hut zu bekommen. Aber was blieb mir übrig? Was waren die Alternativen?

Jess half uns ganz bestimmt nicht bei der Hausarbeit. Nein, sie beließ es lieber bei ein paar spärlichen Besuchen und einer Wagenladung an Vorwürfen.

»Wir haben November, Jona! November!«, fauchte sie und fasste sich an die Stirn, als sei sie einem Nervenzusammenbruch nahe.

Ich ersparte mir den Hinweis, dass sie seit Weihnachten nicht mehr hier gewesen war, sonst wäre ihr der Baum früher aufgefallen. Das sagte mehr über sie aus als über mich.

»Hallo, was erwartest du denn?«, brach es aus mir heraus. Scheiß auf Beruhigung, ich war angepisst. »Ich arbeite sechs Tage pro Woche – Zeit, in der ich mich eigentlich auf mein Studium konzentrieren sollte – und kümmere mich so nebenbei um unsere demenzkranke Großmutter.«

»Aber das hier ist doch kein Zustand!«

»Ach, verpiss dich doch einfach!«

»Wie bitte?«, erwiderte sie beleidigt. Mit einem Kopfschütteln wandte sie sich ab, die Arme demonstrativ in die Hüften gestemmt. Im Vorwürfe und sich dann aus dem Staub machen, war sie schon immer gut gewesen. Ich konnte nicht weiter an mich halten, redete weiter. All der Frust brach aus mir heraus.

»Ja, du hast mich verstanden. Was erlaubst du dir eigentlich,

Jess? Du warst seit fast einem Jahr nicht mehr hier! Und jetzt tauchst du ungefragt auf und machst mir Vorhaltungen?«, fragte ich aufgebracht. »Ich habe immer alles für dich getan. Habe dich verteidigt, als dich Steven wie Dreck behandelt hat …«

»Dazu habe ich dich nie gebeten«, unterbrach sie mich unwirsch, reduzierte allerdings ihre Lautstärke. Ihr Blick flog in Richtung Küche, aber Steven war mehr damit beschäftigt unsere Vorräte zu vernichten.

»Das stimmt. Mein Fehler. Beim nächsten Mal lasse ich dich dein Leben weiter an die Wand fahren.«

»Du bist so ein Idiot!«

»Im Gegensatz zu dir bin ich nicht direkt ausgezogen, als es schwierig wurde. Was steuerst du bei, hm? Kommst du, abgesehen von heute, mal vorbei und siehst nach ihr?«, hakte ich weiter nach.

»Du weißt, dass sie mich nicht mehr erkennt.« Ihre Arme sanken herab.

»Warum wohl? Mehr als einen kurzen Anruf alle paar Monate bekommst du auch nicht gebacken!«

»Lass das …«

»Was soll ich lassen? Dir zu sagen, dass du dich einen Dreck um uns scherst?«, machte ich weiter.

»Das stimmt nicht!« Tränen schimmerten in ihren Augen. Damit versetzte sie mir einen Stich zwischen die Rippen. Ich wollte ihr nicht wehtun. Aber sie hatte es so gewollt. Sie hatte angefangen mit den Vorwürfen. Nun war ich dran, ihr die Realität vor Augen zu halten. Eine bittere, verdammt beschissene Realität.

»Hör auf, dich selbst zu belügen«, fuhr ich an, unfähig, damit aufzuhören. Dafür war ich schon zu sehr in diesen Streit verstrickt. »Was tust du für uns, Jess? Sag schon … steuerst du was zur Haushaltskasse bei?«

»Du weißt, dass ich im Moment Arbeit suche«, brummte sie, blinzelte die Tränen fort und schob die Unterlippe vor. Ein eindeutiges Zeichen, dass sie wusste, dass ich absolut im Recht war. Anstatt einen Funken Triumph zu fühlen, wurde das Loch, das die Wut in meine Gedärme gebrannt hatte, nur größer.

»Seit drei Jahren! Wer zum Teufel ist drei Jahre auf der Suche nach einem Job? Also bitte«, zischte ich verächtlich. »Ich habe dir schon hundert Mal angeboten zu helfen. Du könntest sofort bei Adam hinter der Theke anfangen. Aber du lässt dich von irgendwelchen Typen aushalten … heute ist es Steven, morgen ist es irgendein anderer, dem du auf der Tasche liegst und dann das Herz brichst!«

»Nimm das zurück!« Nun schrie sie regelrecht. Den kurzen Anflug notorischen Selbstmitleids hatte sie schnell überwunden. Steven, ihr On-Off-Macker, stapfte aus der Küche und verschränkte die Arme vor der Brust. Wenn ich mich nicht irrte, hingen Kuchenkrümel in seinem Zehn-Tage-Bart.

»Sonst was?«, hielt ich dagegen.

Jess stieß einen frustrierten Laut aus und blitzte mich mit ihrem Verwöhnte-Mädchen-Meuchelmörder-Blick an. Wir beide mussten ein seltsames Bild abgeben. Zwei Menschen, die sich äußerlich nicht ähnlicher sein konnten, aber innerlich so weit entfernt voneinander, wie es Geschwister nur sein konnten. Jess war die Erste, die nachgab. Wie immer. Es wurde anstrengend? Sie verpisste sich.

Wie Mum.

»Steven, wir gehen«, war alles, was sie sagte, als sie sich ihre Tasche schnappte. Die Nase demonstrativ nach oben gereckt.

»Warte«, hielt ich sie auf und für eine Sekunde wurde ihr Rücken steif. Sie wartete. Auf eine Entschuldigung vermutlich.

»Lass den Schlüssel hier. Ich will nicht, dass du noch einmal unangekündigt auftauchst«, sagte ich und meine Stimme war emotionsloser als jemals zuvor.

Jess schnaubte missbilligend, kramte jedoch in ihrer Tasche und ließ den Schlüssel mit einem lauten Knall auf die Wohnzimmerkommode fallen. Dann verließ sie mit mechanischen Schritten die Wohnung, und Steven folgte ihr wie ein dressierter Terrier.

Hatte ich angenommen, die letzten Tage waren hart?

Im Gegensatz zu dem Theater eben waren sie ein Witz.

Winnie Fuller

… und wie es ist, von einem Erdbeben erschüttert zu werden – kopfüber und von innen heraus

Mit gerunzelter Stirn ging ich die Kostenaufstellung durch, die ich für den Wohltätigkeitsmarkt erstellt hatte. Im Nachgang strich ich eine Position nach der anderen. Ich hoffte zwar, mit den Einnahmen wieder einiges gut machen zu können, dennoch musste ich im Vorfeld die Kosten so gering wie möglich halten.

Der Wohltätigkeitsmarkt Anfang Dezember war nicht mehr allzu lang entfernt und ich hatte bereits mehrere Werbeanzeigen vorbereitet, die ich in Zeitungen schalten wollte. In den letzten Jahren war er immer gut besucht gewesen und hatte sich in der Gegend herumgesprochen. Aber die Sorgen, ob es dieses Jahr auch so sein würde, fraßen mir Löcher in den Magen. Schließlich hatten wir in den vergangenen Monaten einen hohen Zulauf an neuen Kindern gehabt, und das sprach nicht dafür, dass die Einheimischen das Kleingeld für kandierte Äpfel und Punsch übrighatten.

Ein ohrenbetäubendes Krachen ließ mich aufschrecken. Was um Himmels willen …

Ich kniff die Augen zusammen, setzte meine Lesebrille ab und sah aus dem Fenster. Da randalierte jemand an der Längsseite unseres Schuppens! Mein Magen machte einen nervösen Satz. Ich erkannte eine dunkel gekleidete Gestalt, eine Kapuze über dem Gesicht. Doch als sich die Person umdrehte, um einen Eimer weg zu kicken – Jona. Meine Überraschung wandelte sich augenblicklich in Empörung.

Spinnt der?

Wie von der Tarantel gestochen sprang ich auf und rauschte aus meinem Büro, hinaus über die Veranda und dann in den Schneematsch, rund um unseren Schuppen.

»Hallo?! Kann man dir noch helfen?«, keifte ich Jona an, der just dabei war, eine Palette, die an der Außenwand lehnte, zu Kleinholz zu treten. Mein Puls war jenseits von Gut und Böse.

Schwer atmend blickte er auf. Seine Wangen waren gerötet und sein Haar stand zu allen Seiten ab, als wäre er sich in den letzten Stunden einmal zu oft hindurchgefahren. Der Wind zerrte daran und tat sein Übriges. Ich hatte Jona noch nie so gesehen.

So wild.

So ungestüm.

So absolut außer sich.

»Was ist los?«, hakte ich nach, nun etwas behutsamer.

Das Einzige, das zwischen uns widerhallte, waren Jonas keuchend kommender Atem und das Pochen meines Herzens. Sein Blick glitt an meiner Jeans hinab und heftete sich auf meine, zugegeben ziemlich durchgeweichten, ziemlich schrägen Socken. Anstatt mir eine Antwort auf meine Frage zu geben, runzelte er die Stirn. »Was hast du da an?«

Ich sah ebenfalls an mir herab. »Noch nie Socken mit Schafen gesehen?«

Die Stimmung kippte in eine mir gänzlich unverständliche Richtung. Was war hier los? Und wieso sprachen wir jetzt über mich, wenn es augenscheinlich viel brennendere Themen gab?

»Zumindest keine mit toten Zombieschafen. Schuldig«, entgegnete er tonlos. Sein Blick fixierte mich und ein mulmiges Gefühl quoll in meinem Magen. »Wieso hast du keine Schuhe an?«

»Weil du unseren Schuppen in Schutt und Asche legst? Entschuldige, dass ich keine Zeit hatte, in meine Schuhe zu schlüpfen.« Ich verschränkte die Arme vor der Brust. Ich hatte nicht nur meine Schuhe, sondern auch meine Jacke vergessen. Der nasskalte Wind kroch mir durch die losen Maschen meines Pullovers. »Was ist geschehen?«

»Nichts«, presste Jona hervor.

Er biss die Zähne aufeinander, funkelte mich provokant an und schleuderte die Latte, die er wenige Sekunden zuvor mit den Fingern umklammert gehalten hatte, gegen den Schuppen. Holz splitterte und krachte, und ich zuckte zusammen. Was war nur in ihn gefahren? Was hatte ihn so aus der Spur gebracht?

»Das sieht nicht nach *nichts* aus.«

»Lass mich in Ruhe, Winnie!«

Ich schluckte trocken und spielte mit dem Gedanken, ihn wie ein Äffchen anzuspringen und davon abzuhalten, weiter zu randalieren. Allerdings bezweifelte ich, dass ich auf diesem Weg an ihn herankam. Jona wirkte absolut außer sich. Ich sah mich bereits mit verdrehten Gliedern im Schlamm liegen.

Nein, damit kam ich nicht an ihn heran.

Mit flatterndem Puls blickte ich hinter mich. Bisher war niemand auf uns aufmerksam geworden. Mum und Helen waren in die Stadt gefahren, um einige Einkäufe zu erledigen. Gina hielt sich in einem der Bastelräume auf und bereitete Kulissen für die Weihnachtsfeier vor. Vermutlich mit Musik in den Ohren. Denn Jona veranstaltete solch einen Krach, dass jeder im Umkreis von zwei Meilen unweigerlich Wind davon bekommen musste.

Ein zittriger Atemzug verließ meine Lippen, dann tat ich das mit Abstand Untypischste meiner ganzen *BAKT*-Karriere. Ich trat einen Schritt vor, schnappte mir eine der Latten und drosch auf den Holzschuppen ein. Die vergangenen Jahre voller Faulheit blieben nicht unbemerkt. Die Muskeln in meinen Armen und meine Lunge brannten. Mir war warm und zugleich eiskalt und ich fragte mich, ob ich ebenfalls überschnappte. Gut möglich. Ich bemerkte Jonas Blick und seine Verblüffung, die damit einherging, doch ich stoppte nicht. Ich machte weiter. Schlug mit meiner schwindenden Kraft ein, wirbelte Schlamm auf und drängte meinen Verstand in die hinterste Ecke. Je mehr ich aufdrehte, desto zögerlicher wurde Jona.

»Winnie, was …« Mit zwei langen Schritten war er bei mir und zerrte das Brett aus meiner Hand. Polternd schlug es auf dem

Boden auf. Dann schob er mich mit dem Rücken gegen die malträtierte Schuppenwand. Ein Laut, halb Überraschung, halb Verlangen, entkam meinem Mund und Jona fing ihn mit seinen Lippen ein.

Ich klammerte mich an ihm fest, meine Beine weich wie Pudding, und erwiderte seinen Kuss. Seine Berührungen waren fest, fast schon drängend, und es war wie die Antwort auf eine längst ausgesprochene Frage. Schauer rannen mein Rückgrat hinab, als er über meine Taille strich. Und mein Herz pumpte so schnell, dass es ein Wunder war, dass mein Körper nicht kapitulierte. Doch mein Verstand brauchte mehr. Mehr als seine Lippen, die sich öffneten, mehr als sein begieriges Seufzen.

»Bist du sicher, dass …« Ich brach ab, schwer atmend. Bist du sicher, dass du das willst? Dass es das ist, was du brauchst? Dass das eine gute Idee ist?

Sein Daumen fuhr meine Unterlippe nach und mit der freien Hand hielt er mich noch immer fest. Das war auch bitter nötig. »Ich war mir noch nie so sicher«, antwortete er mit belegter Stimme, dann senkten sich seine Lippen ein weiteres Mal auf meine.

Ich ging auf in seinen Berührungen, in seinen Küssen. Konnte nicht bestimmen, wie lang wir dort standen. Mein Gehirn schaltete vollständig ab. Da waren nur noch Jonas Hände und sein Seufzen, alles andere war unwichtig. Sein Mund fuhr meinen Kiefer entlang, und mein ganzer Körper kribbelte. Der Geruch seines Shampoos drang in meine Nase und machte mich ganz irr. Ich legte meine Hände an seine Wangen und zog ihn erneut an meine Lippen.

Als der Kuss endete, lehnte er seine Stirn an meine. Für einige Augenblicke war ich außerstande, meine Augen zu öffnen. Erst als ich mir meiner eiskalten Zehen und der Nässe, die meine Beine hochkroch, wieder bewusst wurde, hob ich die Lider. Er rückte ein Stück von mir ab und erwiderte meinen Blick, genauso aufgewühlt, wie ich mich fühlte.

»Das war …« Ich fand keine Worte.

»Ja«, bestätigte er und fuhr mein Gesicht, dann meinen Körper mit seinen Augen ab. Das Band zwischen uns war wieder da. Ich spürte es mehr denn je. Als wäre es nie fort gewesen. Es summte in mir und kurz glaubte ich, Jona wollte mich noch einmal küssen. Stattdessen verschloss sich sein Gesicht, sein Blick wurde undurchdringlich.

»Du solltest dir etwas anziehen. Du siehst durchgefroren aus.«

Was ich nicht zugeben wollte, in meinem Inneren kochten noch immer die Emotionen und Erinnerungen an unsere Küsse. Dennoch nickte ich. »Muss ich mir Gedanken machen, dass unsere Garage in Brand steht, wenn ich wieder rauskomme?«, scherzte ich halbherzig.

Er lächelte schief. Aber seine Augen wirkten genauso freudlos, wie zuvor und das beunruhigte mich. Was war *das* gewesen? Eine Ablenkung in einem schwachen Moment? Sofort begannen meine Gedanken zu rattern.

»Keine Angst. Ich denke, ich habe mich wieder unter Kontrolle.« Er vergrößerte den Abstand zwischen uns und ließ mir somit die Möglichkeit zu gehen. Und das tat ich auch. Ich war viel zu aufgewühlt, um eine weitere Unterhaltung zu führen.

»Okay, dann sehen wir uns«, sagte ich und winkte lahm in seine Richtung.

»Ja, das werden wir.« Er brach den Blickkontakt, der das zarte Band zwischen uns gehalten hatte, ab und machte sich daran, das Chaos zu beseitigen. Zertrümmerte Paletten, ein paar Holzscheite und eine aus den Angeln gerissene Tür. Doch das Chaos, das er in mir ausgelöst hatte, das konnte er nicht aufräumen. Dafür war mehr nötig und in dem Moment, in dem ich die Tür zu unserem Wohnhaus schloss, war ich mir unsicher, ob er mir das geben konnte.

Geben wollte.

Ich zog meine nasskalten Socken aus und rubbelte mir die Füße mit einem Küchenlappen trocken. Dann ging ich hoch in mein Zimmer. Ich entledigte mich meiner Hose und meines Langarmshirts, und versenkte beides im Wäschekorb, zog mir eine flauschige Jogginghose, ein Paar dicke Socken und einen Kapuzenpullover über.

Als mir endlich wieder warm war, robbte ich über meine Matratze zum Fenster. Von hier oben hatte man ebenfalls Sicht auf den Schuppen, der in der vergangenen halben Stunde arg in Mitleidenschaft gezogen worden war. Doch Jona schaffte weiterhin Ordnung, stapelte das Holz an der Längsseite auf und hängte die Tür wieder ein.

So war Jona.

Er machte kaputt. Unkontrolliert und ziellos, Kollateralschäden miteingeschlossen. Und danach versuchte er zu retten, was ging. Immer und immer wieder. Doch was, wenn er die Bruchstücke nicht mehr zusammenfügen konnte? Wenn er in seiner Wut so zerstörerisch vorgegangen war, dass sich nichts mehr halten ließ? Ja, was dann?

Gedankenverloren strich ich über meine geschwollene Unterlippe. Die Berührung löste ein Prickeln in meinem Magen aus. Ein seltsames Gefühl, das mich meinen Tagträumen nachhängen ließ. Zum Beispiel, wie ich nach unten und in Jonas Arme stürmte. Wie ich mich ihm hingab, ohne dass mein auf Vernunft getrimmter Verstand mich daran hinderte. Wie wir lachten und Spaß hatten, Witze rissen und uns gegenseitig foppten. All das stürmte durch meinen Kopf, doch nur eine Momentaufnahme blieb zurück. Das Bild seines Gesichtes, als er sich abgewandt hatte, und das Gefühl, dass sein Mund Dinge behauptete, von denen sein Herz nicht überzeugt war.

Winnie Fuller

… graue Wolken und die Unsicherheit,
ob es regnen oder schneien wird

Ich hielt es nicht weiter aus. Die Wärme, die in meinem Zimmer herrschte, drohte mich zu erdrücken und nahm mir die Luft zum Atmen. Als ich unten auf der Veranda stand, diesmal mit Stiefeln und Mantel ausgestattet, hatte Jona den Schuppen wiederhergerichtet. Er sah noch etwas lädiert aus, die eine Wand erschien mir schiefer als zuvor. Aber auf den ersten Blick bemerkte man nicht, was geschehen war. Ich schluckte. *Man bemerkte nicht, was geschehen war.* Das fühlte sich seltsam falsch an. Denn für mich war in der letzten Stunde so viel geschehen, dass ich Seiten damit füllen konnte.

»Kann ich dir helfen?«, fragte ich in Ermangelung eines Aufhängers.

Jona sah zu mir auf. Seine Wangen waren von der Arbeit gerötet und er wirkte verdutzt, so, als hätte er nicht mit mir gerechnet. »Danke, aber ich bin schon fertig. Die Wand kann ich erst richten, wenn Jim da ist und mich an sein Werkzeug lässt.«

»Was machst du überhaupt hier?«, hakte ich nach und ging ein Stück auf ihn zu. Am Rande der Veranda blieb ich stehen und balancierte auf den Fußballen. »Heute musstest du doch gar nicht zu uns kommen.«

»Nein, ich …« Er biss seine Unterlippe nieder und malte mir damit Bilder in den Kopf, die ich nicht gebrauchen konnte. Konzentration, Winnie, Konzentration.

Die Hände in meinen warmen Manteltaschen vergraben,

legte ich den Kopf leicht schräg und versuchte ihn einzuschätzen. Gleichzeitig hatte ich es satt, seine Gesten und sein Verhalten zu deuten. »Willst du mir nicht einfach erzählen, was dich so aus der Fassung gebracht hat? Aus diesem Grund bist du hier, nicht wahr?«

Er nickte vage und ich wusste nicht, ob es die Antwort auf meine erste oder zweite Frage gewesen war. »Das war eine dumme Idee. Ich hätte nicht hierherkommen sollen.«

»Und dennoch bist du hier.«

»Sieht wohl danach aus.« Jona rieb sich mit beiden Händen die Stirn, kam jedoch auf mich zu. Er hatte die Schultern hochgezogen, während er ebenfalls die Hände in seinen Jackentaschen verschränkte. Für einen Außenstehenden mussten wir ein sonderbares Bild abgeben.

»Dann lass uns drüber reden«, sagte ich und ließ mich auf der Hollywoodschaukel nieder, die auf unserer Veranda stand. Die Kühle des Polsters drang durch meine Jeans. Ich streckte die Beine aus und stieß mich ein Stück damit ab. Das lang gezogene Quietschen hallte in meinen Ohren wider.

Mit einem Seufzen folgte Jona mir. Die Schaukel sackte ein Stück nach unten, als er sich neben mich setzte und seine Wärme strahlte zu mir ab. Am liebsten hätte ich mich in seine Arme geschmiegt, aber ich spürte, dass er Abstand brauchte. Nicht wegen mir, sondern wegen ihm selbst.

»Dir geht es nicht gut«, schloss ich, zog mein linkes Knie an und betrachtete ihn von der Seite. Dunkle Ringe nisteten unter seiner dauergebräunten Haut.

»Ja, ich komme mir beobachtet vor«, brummte er und linste zu mir herüber.

»Das ist wohl das geringste Übel, wenn man bedenkt, dass du bis eben in unserem Garten herumgetobt hast«, hielt ich dagegen und sah nicht ein, den Blick abzuwenden. »Also, was ist mit dir los?«

»Winnie, du musst dir keine Sorgen machen. Wegen eben … ich wollte dich nicht so überfallen.«

»Mach jetzt nicht weniger draus, als es tatsächlich ist. Über diesen Punkt sind wir schon lange hinaus«, wies ich ihn zurecht, unsicher, ob ich damit nicht eine Grenze überschritt. »Ich weiß, dass du niemand bist, der seine Probleme in die Öffentlichkeit zerrt«, ich schluckte und blinzelte zu ihm empor, »aber ich will keine Ablenkung in einem schwachen Zustand für dich sein. Wenn du Probleme hast, kannst du mit mir darüber sprechen.«

Er presste die Handflächen aufeinander und starrte auf den gefrorenen Tümpel, der unweit unseres Grundstückes lag. Von hier konnte man nur ein paar steife Grasbündel ausmachen, die sich aus dem festgefrorenen Boden erhoben. Im Hintergrund erstreckte sich ein Hügelzug in den Himmel. Die Sonne hatte es heute nicht geschafft, ihre Strahlen zwischen den Spitzen hindurchzuzwängen. Stattdessen hingen eine dichte Wolkendecke über den Wipfeln der Bäume und der Geruch von Schnee in der Luft.

»Kennst du das Gefühl, alles zu geben und dann festzustellen, dass es nicht genug ist?«, begann Jona. Es war mehr eine rhetorische Frage. »So geht es mir, seit ich denken kann. Ich gebe alles, was ich habe, meine Zeit, mein Herzblut, doch egal, was ich anfasse, es ist nicht genug.«

Ich dachte über seine Worte nach. Ich kannte das Gefühl. Mir erging es mit der *BAKT* ähnlich. Ich schwamm stetig gegen eine Masse an Rechnungen und Problemen an und dennoch herrschte die Empfindung vor, den Kindern und meiner Familie nicht gerecht zu werden.

»Vielleicht musst du dich auf weniger Dinge konzentrieren?«, sprach ich das aus, was ich selbst nicht beherzigen konnte.

Er lächelte traurig. »In der Zeit, in der ich hier sitze und Zeit mit dir verbringe, könnte ich das Training aufarbeiten, das ich in den letzten Wochen versäumt habe. Ich könnte mich mit Gran beschäftigen, da ich unter der Woche kaum dazu komme. Ich könnte eine Zusatzschicht bei Adam einlegen, um die Versicherung für mein Auto zu begleichen, die in den nächsten drei Wochen fällig ist. Und von meinem Studium will ich gar nicht erst anfangen.«

Jona klang so niedergeschlagen, dass sich mein Magen verkrampfte. Ich erkannte sein Dilemma und ich hätte alles getan, um ihm herauszuhelfen. Darum war er stets so unentschlossen. Darum war es so schwer, sich auf ihn einzulassen. Er hatte zu viele Baustellen und zu wenig Zeit.

Aus einem Impuls heraus griff ich nach seiner Hand und drückte sie. Wie an dem Abend, an dem es mir so dreckig ergangen war und er mich heimgefahren hatte. Die Bilder blitzten vor mir auf. Jona ließ es geschehen. Mehr noch, er erwiderte die Geste. »Warum fährst du nicht etwas runter mit dem Eishockey?«

»Noch mehr als sowieso schon?« Er seufzte. »Mein Studium ist an das Teil-Stipendium gebunden, das ich durch das Eishockey erhalten habe. Es ist nicht so einfach. Das eine geht nicht ohne das andere.«

»Wieso hast du nicht mit deinem Coach gesprochen? Er muss doch wissen, wie sehr dich die Arbeit bei uns einschränkt«, sagte ich und ignorierte den Stich zwischen Rippen und Lunge. Hätte Jona nicht bei uns angefangen, dann säßen wir heute nicht hier.

»Natürlich weiß er das. Was glaubst du, warum er an Jim herangetreten ist?« Jona schnaubte. »Er wollte mich damit treffen, und ehrlich gesagt hat er das geschafft.«

Ich schluckte. »Wenn du willst, rede ich mit Jim. Vielleicht besteht die Möglichkeit, deine Hilfe bei uns zu verkürzen.«

»Nein, das musst du nicht. Ich will ja helfen. Wer soll dich sonst davon abhalten, dir bei den Tanzstunden den Hals zu brechen?«, erwiderte er. »Außerdem ist es nicht das allein. Denn dann ist da immer noch meine Schwester.«

»Die, deren Freund du einen Denkzettel verpasst hast?«

»Genau die.« Der Ausdruck in seinem Gesicht verfinsterte sich zusehends. »Wusstest du, dass sie mein Zwilling ist?«

Jona schnaubte abschätzig, während ich diese Information verarbeitete. Ich konnte mir Jona nicht in einer weiblichen Version vorstellen, aber ich brannte darauf, mehr von ihr zu erfahren.

»Sie macht mich mit ihren Launen wahnsinnig«, redete er weiter und beinahe hätte ich geschmunzelt.

»Du bist auch nicht für deinen ausgeglichenen Charakter bekannt«, klinkte ich mich ein.

Er verdrehte die Augen. »Touché. Aber Jess ist anders. Manchmal glaube ich, dass sie ihr Leben mit Absicht torpediert. Sie hätte so viele Möglichkeiten, stattdessen lässt sie sich von einem Kerl aushalten, der sie wie Dreck behandelt, und dazu über den Intelligenzquotienten einer Stubenfliege verfügt. Und dann besitzt sie die Dreistigkeit, bei mir unangekündigt aufzuschlagen und mir Vorwürfe zu machen.« Seine Hände ballten sich in den meinen zu Fäusten, so sehr hatte er sich in Rage geredet.

»Wann ist das gewesen?«

»Vor einer Stunde vielleicht?«

»Puh.« Seufzend ließ ich von ihm ab und strich einen Fussel von meiner Jeans. Dass Jona Ballast mit sich trug, das hatte ich gewusst. Dass sein Leben so kompliziert war, nicht.

»Ich kann verstehen, dass du darauf keine Lust hast. Dass das alles viel zu viel ist«, begann Jona, als vor uns auf den Hof starrte. »Du hast mehr verdient als jemanden, der kaum Zeit für dich hat.«

»Das ist es nicht«, stoppte ich ihn und drehte mich zu ihm. Ich hob meine Hand an seine Wange und strich mit dem Daumen über die Stoppeln, die sich bis zu seinem Kiefer zogen. Dann beugte ich mich zu ihm herüber und küsste ihn. Kein drängender Kuss, wie den, den wir eben geteilt hatten. Dieser war sanft und voller Ermutigung. Eine kurze Auszeit für seinen gedankenschweren Kopf.

»Du hättest von Anfang an offen zu mir sein und mit mir reden sollen. Das hätte einiges leichter gemacht.« Ich deutete sein leises Brummen als Zustimmung und redete weiter: »Wenn ich dir nur helfen könnte …«

»Das kannst du nicht.«

Da hatte er recht. Bei all seinen geschilderten Problemen konnte ich ihm kein bisschen helfen. Ich konnte nur für ihn da sein.

»Du könntest etwas Ablenkung gebrauchen«, sagte ich, als ich mich löste, und fasste einen Entschluss.

Er lächelte mich träge an. »Das klingt gut, aber sogar dafür fehlt mir die Zeit.«

»Dann musst du sie dir nehmen«, hielt ich dagegen und beugte mich ein Stück zurück. »Was hast du in den nächsten Tagen vor?«

Jona runzelte die Stirn. »Ich muss gleich einkaufen, muss zu meiner Schicht in den Pub. Morgen ist ein Hockey-Spiel und am Montag Uni.«

»Und nach der Uni?«

»Du gibst nicht auf, oder?«

»Ich kann ziemlich entschlossen sein.«

»Ich weiß.« Jona erhob sich. Die Schaukel machte einen Satz nach oben und wiegte sich vor und zurück. Er verzog das Gesicht und ich wusste instinktiv, dass er mit seinen anderen Verpflichtungen haderte. »Gran hat Montagmittag einen Arzttermin. Danach kann ich mir Zeit nehmen.«

»Gut, denn ich bin immer noch gespannt auf den See, den du mir versprochen hast«, erklärte ich mich.

Er hob eine ungläubige Braue, aber ein Grinsen erschien auf seinem Mund. »Das bin ich dir wohl schuldig.«

»Das bist du *uns* schuldig.« Sein Lächeln wurde breiter. Er drückte mir einen schnellen Kuss auf die Stirn, kurz schloss ich die Augen und speicherte diesen Moment ab.

»Du hast recht«, stimmte er mir zu, dann wich er einen Schritt zurück. »Ich komme dich um halb vier abholen, passt dir das?«

»Ja, aber wehe du versetzt mich ein zweites Mal.« Ich blitzte ihn gespielt grimmig an und erhob mich ebenfalls. Die Wärme, die mir dank Jona in die Glieder gekrochen war, verflüchtigte sich nach und nach.

»Das würde ich nicht wagen.« Er hob die Hände und machte eine abwehrende Bewegung. Ein letzter, eindringlicher Blick schweifte über mich hinweg, bevor er sich zu seinem Auto aufmachte.

»Das hoffe ich doch«, antwortete ich, doch meine Stimme war so leise, dass er es nicht mehr mitbekam.

Das hoffte ich sehr.

Jonathan Montague

… frostige Küsse und der Versuch, sich nicht den Hals zu brechen

Wenn ich mit Winnie zusammen war, hörte die Zeit auf zu existieren. Ein paar Minuten mit ihr fühlten sich wie eine Stunde an und ein Blick aus ihren klugen, grünen Augen wie eine kleine Unendlichkeit. Trotzdem war es nie genug. Ich wollte bei ihr sein. Immer und überall. Und ich würde alles dafür tun, es kein weiteres Mal mit ihr zu versauen. Klang ich kitschig? Vermutlich. Aber es war mir egal. Auch wenn ich in den letzten Jahren keine Dates gehabt hatte. Diesmal würde ich alles geben, um ihr die Verabredung zu bieten, die Winnie verdient hatte.

Ich zog mein Handy aus der Hosentasche, warf einen Blick auf die Uhr und wählte Winnies Chat aus. Mit flinken Fingern tippte ich eine Nachricht.

J: Welche Schuhgröße hast du?

In dem Augenblick, in dem ich das Handy zurückstecken wollte, antwortete sie. Wie ein Vollidiot blieb ich auf dem Bürgersteig stehen und grinste mein Smartphone an.

W: Wieso willst du das wissen? Sag nicht, du hast eine Affinität für Füße. Das fände ich seltsam. :D
J: Nein, kein gestörtes Verhältnis zu Körperteilen jeglicher Art. Verrätst du mir trotzdem deine Schuhgröße?
W: Achtunddreißig.
J: Geht doch. ;) Bis später!

Ich steckte mein Handy zurück in die Hosentasche und stapfte über den Parkplatz der Eishalle. Grans Arzttermin dauerte noch etwa eine halbe Stunde an. Genug Zeit, um Winnie ein Paar Schlittschuhe zu besorgen. Ich fühlte mich ein wenig wie vor einem Spiel. Eine nervöse Vorfreude auf Später und auf ihr Gesicht, wenn sie realisierte, was ich mit ihr vorhatte.

Als ich die Halle betrat, schnappte ich das Geräusch von Kufen auf Eis und vereinzelte Rufe auf. Montagnachmittags trainierte hier immer die Jugendmannschaft von Burnaby. Ich begrüßte Nicolai, ihren Trainer, und besorgte mir dann den Schlüssel für die Kammer, in der die Sportgeräte und Schlittschuhe aufbewahrt wurden. Mit einem relativ neu aussehenden Paar Schlittschuhe bewaffnet trat ich den Weg zurück zu meinem Auto an.

Nachdem ich Gran abgeholt und nach Hause gefahren hatte, brach ich zum Anwesen der Fullers auf. Hätte mir jemand vor zwei Tagen erzählt, dass ich an diesem schönen Novembernachmittag Winnie auf ein Date ausführen würde, dann hätte ich es nie und nimmer geglaubt. Und doch lenkte ich den Ford auf die Veranda ihres Wohnhauses zu. Mit laufendem Motor wartete ich, dass sie nach draußen trat. Dazu kam, dass ich pünktlich war. Innerlich klopfte ich mir auf die Schulter. Fünfzehn Uhr achtundzwanzig. Überpünktlich sogar.

Mit den Fingern hämmerte ich auf dem Lenkrad herum. Obwohl sich die Gardine hinter dem Fenster vor einigen Minuten bewegt hatte, kam Winnie erst um fünf nach halb nach draußen. Ob Retourkutsche oder nicht, das hatte ich vermutlich verdient.

Ihre Augen funkelten frech, als sie in mein Auto stieg. »Hey. Du bist hier.«

»Das bin ich.« Kurzum lehnte ich mich zu ihr und stahl mir einen schnellen Kuss von ihren Lippen. Anstatt darauf einzugehen, blinzelte sie mich verdutzt an. Dies war einer der wenigen Augenblicke in unserer kuriosen Laufbahn, in dem ich sie sprachlos gemacht hatte. »Zu schnell?«

Sie verbiss sich ein Grinsen. »Nein, das nicht … ich habe nur nicht mit all dem gerechnet.«

»Ja, das geht auf meine Kappe. Ich gebe mir Mühe, es besser zu machen.« Wir tauschten einen letzten, langen Blick, dann konzentrierte ich mich auf das Fahren. Als hätte ich einen Pakt mit dem Wettergott persönlich geschlossen, fielen nun dicke, weiße Flocken auf die Windschutzscheibe.

»Wo befindet sich der See, den du mir beim letzten Mal zeigen wolltest?«, hakte sie nach einer Weile nach und schaltete die Heizung höher.

»In der Nähe des *Deer Lake Parks*. Es ist mehr ein Tümpel«, relativierte ich und blinzelte gegen die heiße Luft an, die aus dem Gebläse schoss, »aber es ist schön da. Jess und ich haben dort Eislaufen gelernt. Unsere Großeltern hatten eine Farm in der Nähe.«

»Klingt nach einer tollen Kindheit.«

»Ja, die hatte ich.«

»Wie bist du zum Eishockey gekommen?«, erkundigte sie sich.

»Der Sohn auf der Farm neben unserer hat damals gespielt. Ich war immer ein energiegeladenes Kind gewesen, ich glaube, Gran hat es irgendwann gereicht. Sie und Granpa waren damals nicht mehr die jüngsten«, erzählte ich und schmunzelte. »Kurzerhand hat sie mich Carters Eltern auf's Auge gedrückt und es stellte sich heraus, dass ich echt gut im Eishockey bin. Schlittschuhfahren konnte ich, seit ich vier war …«

»Angeber«, unterbrach Winnie mich und ich grinste zu ihr herüber.

»Was denn? Ich war ein Naturtalent. Wie in so vielen Dingen.«

Sie verdrehte die Augen. »Jaja, und du wirst nicht müde, es zu betonen.«

Ich feixte. »Eifersüchtig?«

»Und wie.«

Wir bogen auf den *Deer Lake Parkway* ab. Ich war ewig nicht mehr hier gewesen. Zuletzt, als wir nach dem Tod meines Großvaters die Umzugskartons von der Farm aus in Richtung Innenstadt gekarrt hatten. Als ich auf den Waldweg zwischen den beiden riesigen Tannen bog, zog es wehmütig in meiner Brust. Ich kannte noch jede Ecke, jeden Pfad. Mein Ford rumpelte über den gefrorenen Boden, bis wir die ausgetretene Fläche erreichten, auf der ich parken konnte, wurden wir ordentlich durchgeschüttelt. Doch zwischen den dichten Nadelbäumen blitzte eine weiß gepuderte Fläche auf. Ohne kitschig zu sein, es sah aus wie in einem verdammten Märchen.

»Wir sind da«, verkündete ich das Offensichtliche und schaltete den Motor ab. Stille breitete sich zwischen uns aus.

Winnie schenkte mir ein Lächeln, dann stieg sie aus. Kälte füllte den Innenraum. Ich griff nach der Mütze auf meiner Rückbank, zog sie mir über und lief zum Kofferraum. Ich wühlte mich durch mein Sammelsurium, bis ich Winnies Paar sowie meine alten Schuhe gefunden hatte. Meine Eishockey-Schuhe waren für so einen Ausflug nicht geeignet.

Winnie hatte die Hände in den Manteltaschen verschränkt, stand am Rande des Sees und blickte über die Eisfläche. Ihre Wangen waren gerötet und ihr Atem verdampfte unter ihrem Schal.

»Als Tümpel würde ich das nicht bezeichnen. Es ist schön hier. Wir könnten spazieren«, sagte sie und blickte zu mir empor. Innerhalb von Sekunden trat erst ein düsterer, dann ein leicht panischer Ausdruck auf ihr Gesicht. »Das ist nicht dein Ernst.«

»Doch«, erwiderte ich grinsend und hielt zur Demonstration die Schlittschuhe hoch.

»Eislaufen? Ich und eislaufen?«

»Jupp.«

»Ohh, du bist lebensmüde, oder?«

»Nicht im Geringsten.«

»Als ich das letzte Mal auf dem Eis gestanden habe, war ich eine Gefahr für mich selbst und alle anderen im Umkreis von drei Metern. Ich habe mir die Nase gebrochen, ein kleines Kind zu Fall gebracht und nebenbei einen Opa beinahe stranguliert, als ich versuchte, mich an seinem Schal festzuhalten.«

Ich prustete in meinen Jackenkragen. »Der See liegt abseits. Da verirrt sich niemand hin … und wegen der gebrochenen Nase, ich werde auf dich Acht geben, dass du nicht noch einmal darauf fällst.«

Sie rollte die Augen. »Wie aufopferungsvoll von dir.«

»So bin ich.«

»Was ist, wenn ich auf den Hintern falle und mir das Steißbein breche? Oder du mir aus Versehen die Finger mit deinen Kufen abfährst? Oder …«

»Ruhig jetzt«, unterbrach ich sie. »Niemand wird sich irgendwelche Brüche zuziehen oder Gliedmaßen verlieren. Vertrau mir, Winnie.«

»Sagt das der Mann, der mir einen Schokopudding ins Gesicht geworfen hat?«, fragte sie voller Argwohn. Ihre Lippen waren zusammengepresst, um ein Grinsen zu verhindern.

»Damals habe ich das Ausmaß deiner Tollpatschigkeit noch nicht einschätzen können. Diesmal bin ich vorbereitet.«

»Du bist so charmant«, säuselte sie, dann schnappte sie sich mit einem Seufzen das weiße Paar Schlittschuhe. Eines musste ich ihr lassen – Kampfgeist hatte sie. Als sie sich die Schlittschuhe angezogen hatte, betrat sie mit wackligen Schritten das Eis. »Gib's zu – ich bin dir in den letzten Wochen so sehr auf die Nerven gegangen, dass du dich jetzt rächen willst«, jammerte sie.

»Woher weißt du das?«, ging ich darauf ein und folgte ihr.

Wild mit den Armen rudernd schlitterte sie über die Eisfläche. Bei dem Tempo, das sie an den Tag legte, waren ihre Augen weit aufgerissen. Sie schien sogar so darauf konzentriert, nicht hinzufallen, dass sie nicht auf meine Frage antwortete.

»Brauchst du Hilfe?«, rief ich ihr hinterher und schloss zu ihr auf. Von der abrupten Nähe überrascht, geriet sie aus dem Gleichgewicht und wäre sicher abgeschmiert, hätte ich sie im letzten Moment nicht am Unterarm gegriffen. »Du musst dich mir nicht gleich vor die Füße werfen.«

»Nicht. Witzig«, presste sie zwischen zusammengebissenen Zähnen hervor und keuchte. Nachdem sie kurz verschnauft hatte, versuchte sie sich erneut.

»Du musst deine Fußspitzen öffnen, sodass sich die Fersen berühren und beim Laufen das Gewicht von einem Bein auf das andere verlagern. Es ist einfacher, wenn du etwas in die Hocke gehst und deine Knie gebeugt lässt«, erklärte ich ihr und strich erst ihr Rückgrat, dann ihren Oberschenkel entlang. Natürlich nur, um ihr das zu veranschaulichen.

»So?«

Ich schmunzelte. Sie sah aus, als hätte sie sich die Wirbelsäule gebrochen. »Ähm, nicht annähernd. Versuche ein Gefühl fürs Eis zu bekommen! Deine Füße sollen sich nebeneinander statt voreinander bewegen, verstanden?«

»Ja, ich denke schon.« Doch ihre angespannte Miene und die nächsten Bewegungen verrieten das Gegenteil. Ehe ich mich versah, war sie ausgerutscht und auf den Hintern gefallen. »Autsch.«

Schnell stieß ich mich vom Eis ab und half ihr auf. »Wie kann man sich im Stehen auf den Hintern packen?«, fragte ich amüsiert.

»Tja, anscheinend bin ich kein Naturtalent«, schnappte sie.

»Das stimmt wohl«, murmelte ich, dann setzte ich schnell hinzu: »Versuch es mit kleinen Schritten. Du musst mit beiden Füßen abwechselnd nach vorne gleiten. So schwer ist es nicht.«

»Das sagst du«, ächzte sie.

»Denk an unsere Tanzstunden. Dein Gleichgewicht behältst du am besten, wenn du nach vorne und nicht zu deinen Füßen schaust. Dein Körper folgt ganz automatisch deinem Kopf.«

»Na schön, noch einmal. Kleine Schritte, Gewicht verlagern, immer geradeaus gucken«, wiederholte sie brav, während sie sich alle Mühe gab, meine Anweisungen in die Tat umzusetzen. Und tatsächlich – entweder war ich ein verdammt guter Lehrer oder Winnie schaffte es zur Abwechslung mal, meine Tipps zu befolgen. Mit wehenden Haaren sauste sie an mir vorbei.

»Ohh, ich fahre! Schau!«, stieß sie in schrillem Ton aus und flitzte über die Eisfläche. Für meinen Geschmack etwas zu schnell.

Ohje.

Nicht gut.

»Ähh – Winnie?!« Ich preschte ihr hinterher, aber ich hatte zu spät geschaltet.

»Ich kann nicht bremsen! Jona, wie zur Hölle bremse ich?!«, kreischte sie.

»Zieh die Vorderseite deines Schlittschuhs hinter dir her und verlagere das Gewicht auf den vorderen Fuß!«

Spätestens, als sie die Arme nach oben riss und einen erstickten Schrei von sich gab, wusste ich, dass ich sie nicht mehr retten konnte. Mit einem weiteren Plumps fiel sie auf den Hintern.

»Für dieses Date könnte ich Schmerzensgeld verlangen«, schnaufte sie, rollte sich auf die Seite und rieb sich das Steißbein. Ein Stich durchzuckte meinen Brustkorb. Oh Mann, was für eine scheiß Idee für ein erstes Date. Wie hatte ich glauben können, einen Sportmuffel wie Winnie fürs Eislaufen zu begeistern?

»Tut mir echt leid«, sagte ich, als ich ihr aufhalf. Ihre Hände fühlten sich kalt in den meinen an. »Willst du runter vom Eis?«

Sie schürzte die Lippen und legte ihren Killer-Blick auf. »Hat Sherlock-Holmes aufgegeben, als er gegen Professor Moriarty ermittelt hat? Zog sich Miss Marple zurück, als in ihrem Dörfchen St. Mary Mead ein Mord nach dem anderen geschah? Ließ Mr. Utterson seine Nachforschungen fallen, als er versuchte, das Geheimnis um Dr. Jekyll und Mr. Hyde zu lüften?«

»Ähm … Ich glaube … nicht?« Ganz sicher war ich mir nicht. Winnie bemerkte meinen skeptischen, leicht belustigten Blick und grinste schief.

»Ich versuche es noch einmal.«

»Das Bremsen sollten wir vielleicht üben«, meinte ich trocken und sah zu, wie sie ein paar vorsichtige Schritte ausübte. So schlecht war sie nicht, nur ein bisschen unbeholfen.

»Sollte man das bei so einem blutigen Anfänger wie mir nicht am Anfang integrieren?«, ächzte sie und ich grinste. Wo sie recht hatte …

»Ich dachte, zumindest im Fallen bist du anderen voraus.« Sie rollte mit den Augen, sagte aber nichts dazu. »Versuche auf der Seite aufzukommen und dich mit den Händen auf dem Eis abzustützen.«

»Warum hört sich das alles bei dir so einfach an?«

»Vielleicht ist es das?«, antwortete ich mit einer Gegenfrage. Daraufhin streckte sie mir nur die Zunge raus. »Du bist vermutlich die einzige in ganz BC, die nicht Schlittschuhlaufen kann.« Manche konnten schneller auf dem Eis stehen, als aufs Töpfchen gehen.

Mit einem empörten Funkeln wandte sie sich um. Die Bewegung wirkte ziemlich flüssig, stellte ich mit einem gewissen Stolz in der Brust fest. Womöglich musste ich Winnie nur genug reizen, damit sie sich nicht zu sehr verrückt machte und dabei über ihre eigenen Füße fiel.

Ich sauste an ihr vorbei und genoss die Schnelligkeit und die Endorphine, die mich auf dem Eis fluteten. Es war ein herrlicher Tag, die Sonne ging über den umstehenden Baumwipfeln unter und Winnie war bei mir. Es war perfekt. Mit einem fetten Grinsen im Gesicht drehte ich meine Runden um sie.

»Musst du so hetzen?«, rief sie mir nach und versuchte aufzuholen. Zwecklos, Süße.

»Musst du so schleichen?!«

»Ich hasse Menschen mit Kondition! Und wie ich sie hasse!«, hörte ich sie hinter mir schimpfen.

»Ohh, bitte nicht persönlich werden!«

Ihr Blick bohrte sich durch mich hindurch, doch das Glitzern darin bestätigte mir, dass sie den Nachmittag genoss. Sie war wunderschön mit ihren langen, dunkelroten Wellen und der schneeweißen Haut. Also tat ich das einzig Richtige in diesem Augenblick. Ich hielt auf sie zu, umfasste ihr Gesicht mit meinen Händen und küsste sie um den Verstand. Meinen hatte ich längst an sie verloren.

Sie keuchte überrascht gegen meine Lippen, erwiderte allerdings die Bewegungen einige Sekunden später, öffnete ihren warmen Mund für mich und schloss ihre Arme um meinen Nacken. Ich strich über ihre Wangen, bis die eben noch kühle Haut glühte. Ich brauchte mehr, mehr Nähe. Mehr ihres weichen, einladenden Körpers. Da war zu viel Stoff zwischen uns.

Bevor ich sie mitten auf einem gefrorenen See auspacken konnte, rappelte mein Handy und alles in mir sträubte sich. Nein, nein, nein.

Warum jetzt?

Gran war es nicht – die hatte ihren eigenen Klingelton. Allerdings waren die Möglichkeiten unbegrenzt, wer etwas von mir wollen könnte. Jim, Jess, Coach Nelson, Adam …

Winnie löste sich von mir. Ihre Beine zitterten und sie hielt sich mit einem Arm an mir fest. »Willst du rangehen?«

Von Wollen war keine Rede. Trotzdem sagte ich: »Nein.«

Nein, ich wollte nicht, dass mir jemand diesen perfekten Moment, diesen perfekten Nachmittag kaputtmachte. Hier in diesem weißen, eiskalten Nichts wollte ich einmal jung und unbedacht sein. Doch das war alles andere als leicht. Das Klingeln in meiner Jackentasche hielt an.

»Dann versuch dich locker zu machen«, sagte Winnie sanft. Ihre Hand strich meinen Unterarm entlang.

»Sagst das *du* zu *mir*?«

»Ja, das sage *ich* zu *dir*. Du bist so sehr damit beschäftigt, die Dinge in deinem Leben unter einen Hut zu bekommen, dass du die schönen Momente nicht genießen kannst«, stellte sie fest. »Und ist es nicht wahnsinnig traurig, sein Leben damit zu verschwenden? Woran denkst du zurück, wenn du alt und schrumpelig bist?«

»Du meinst, wenn ich nicht vor Stress einen Herzinfarkt erleide?«, erwiderte ich und wich ihrem Blick aus.

»Egal, wie es ist. Das Leben ist zu kurz, um jedem gerecht zu werden.« Nun war sie diejenige, die nach meinen Wangen griff und meinen Blick zu sich dirigierte. Ein Schatten hatte sich auf ihr Gesicht gelegt.

»Spielst du auf deinen Vater an?«

»Unter anderem? Ja«, entgegnete sie. »Vielleicht wäre er heute noch bei uns, hätte er sich nicht für die *BAKT* unter Druck gesetzt.«

»Wer weiß das schon.« Ich seufzte. Die Leichtigkeit, die ich eben noch verspürt hatte, war der gewohnten, unausweichlichen Schwere gewichen. Das Rappeln hatte zwar aufgehört, aber es hallte weiter durch meinen Kopf.

»Niemand weiß das, deswegen sollte man es nicht darauf

ankommen lassen«, sagte sie eindringlich. Anschließend drückte sie mir federleichte Küsse auf die Lippen, auf meine Mundwinkel. Auf meine Wangen, die Linie meines Kiefers. Ihre Finger spielten mit den Haarspitzen in meinem Nacken, die sich aus meiner Mütze hervorstahlen, fuhren meinen Hals entlang. So lange, bis ich mich wieder entspannte und in meinen Gedanken nur noch Platz für sie war.

Winnie war mein Hafen. Meine Zuflucht. Und ich würde sie hüten. Niemand durfte mir das, was ich mit ihr hatte, je wieder nehmen. Nicht heute, nicht morgen. Denn in einem hatte sie recht – wer wusste, wie viel Zeit uns blieb?

Winnie Fuller

… The-Walking-Dead oder auch The-Walking-Winnie!

Manchmal wünschte ich mir meinen kindlichen Leichtsinn zurück. Tage, an denen die größten Probleme zu viele Hausaufgaben oder ein zu schnell schmelzendes Eis bedeuteten. Natürlich brachte das Erwachsensein viele Vorteile mit sich. Sich zu viele Sorgen zu machen, gehörte eindeutig nicht dazu.

Der Nachmittag gestern mit Jona war wunderschön gewesen. Auch wenn mein Körper von blauen Flecken übersät war, hatte ich lange nicht mehr solchen Spaß gehabt. Erst, nachdem die Sonne untergegangen war und ich meine vor Kälte steifen Finger nicht mehr gespürt hatte, waren wir aufgebrochen. Wir hatten noch einen heißen Kaffee und einen Tee an der Tankstelle in der Nähe unseres Grundstückes getrunken. Anschließend hatte Jona mich mit einem wehmütigen Blick nach Hause gebracht.

Der Alltag hatte uns viel zu schnell wieder eingeholt, dennoch folgten meine Gedanken ihm beinahe andauernd.

Ich bemühte mich um einen neutralen Gesichtsausdruck und betrachtete ihn bei unserem Tanzkurs aus dem Augenwinkel. Während Jona aussah, als hätte er keinen Finger gerührt, geschweige denn eine Kindergruppe unter Kontrolle gebracht, keuchte ich aus dem letzten Loch.

Die Arme über dem Kopf verschränkt lehnte ich an der Wand und redete mir ein, dass ich nicht das jämmerliche Bild abgab, wie meine Lunge mir begreiflich machen wollte. Ab wann stellte sich so etwas wie Kondition ein?

Da steppte man wochenlang durch eine Sporthalle, als wäre

man Sporty Spice höchstpersönlich, immer halb dem Erstickungstod nahe, und kam sich trotzdem wie ein Einsteiger beim Abspeck-Camp vor. Sollte jemals die Zombie-Apokalypse eintreten, ich würde einer der Ur-Zombies werden. Dahingestreckt dank notorischer Unsportlichkeit. In Gedanken sah ich mich bereits – kalkblass, mit herunterhängender Zunge, wirrem Blick und angeklatschten Strähnen im Gesicht. Wobei die Umschreibung auch gut zu meinem momentanen Zustand passte.

Doch Jona nahm es mit Humor. Zeitweise hegte ich sogar den Verdacht, dass er meine missliche Lage genoss. Immer wieder spürte ich seine amüsierten, aber auch interessierten Blicke.

Nach und nach machten sich die Kleinen nach Hause auf oder auf den Weg zu Cafeteria. Heute sollte es Hackbraten geben.

Ich sortierte die CDs gerade in ihre Hüllen, da trat Jona hinter mich und zog an meinem Pferdeschwanz. Mit einem Lächeln drehte ich mich zu ihm um, doch es gefror auf meinen Lippen.

»Kannst du mal kommen?«, fragte er. Seine braunen Augen waren so düster, dass sie beinahe schwarz wirkten, und es mir eiskalt den Rücken hinabfloss.

»Klar, was ist?«

»Ich muss dir was zeigen.«

»Ist etwas passiert?«

»Sag du mir das«, antwortete er nicht sonderlich präzise. Mein Herz pochte schneller.

Wir durchquerten die Halle, die sich nach und nach gelichtet hatte. Viele Eltern waren bereits mit ihren Kleinen fort. Neben der Abstellkammer, wo wir unter anderem auch unsere Jacken lagerten, blieben wir stehen. George stand daneben und wickelte sich gerade in seinen Anorak. In stoischem Schweigen wich er Jonas Blick aus.

Was war hier los? Ich fühlte mich kribbelig und hätte die Worte am liebsten aus beiden herausgeschüttelt. Doch so leicht war es nicht. Um Ruhe bemüht, ging ich in die Hocke, um Georges Aufmerksamkeit zu erlangen. »Hey, alles in Ordnung bei dir?«

»Mir geht es gut«, meinte er schmal und spähte über meine

Schulter zu Jona. Seine Lippen waren zu einem schmalen Strich verzogen und seine Hände hatte er in seinen Hosentaschen verschränkt. Auch George wirkte auf mir unerklärliche Weise wütend.

»Okay … Wieso sagt Jona, ich soll nach dir schauen, wenn es dir gut geht?«, hakte ich weiter nach. Ich hatte die Frage laut und deutlich ausgesprochen, sodass beide merkten, dass sie nicht allein an George gerichtet war. Aber Jona blieb still. Und auch George ging nicht weiter darauf ein, sondern zuckte lediglich mit einer Schulter. Hinter uns hörte ich Jonas Schnauben. Sehr hilfreich!

Nervosität lag in der Luft, wir alle waren angespannt. Ich, weil ich nicht wusste, was vorging. Jona vor Frust und George – ja warum eigentlich?

»Hast du wieder Bauchweh?«, bohrte ich weiter nach.

Stummes Kopfschütteln.

»War jemand fies zu dir?«

»Nein.«

Gott, wenn das so weiterging, würden wir morgen Früh noch hier stehen! Auch Jona schien der Auffassung zu sein.

»Wie wär's, wenn du deine Jacke wieder ausziehst und Winnie zeigst, was ich gesehen habe?«, klinkte Jona sich ein. Doch seine Worte hatten einen bissigen Unterton, unter dem sich George nur mehr versteifte. Seine kugelrunden Augen wanderten sehnsüchtig in Richtung Ausgang.

»Könntest du bitte verschwinden? Du stehst uns im Licht«, zischte ich an Jona gewandt.

»Ist klar.« Damit ließ er mich und George allein zurück. Einerseits wäre ich Jona am liebsten hinterher. Manchmal konnte er so unsagbar launisch und unsensibel sein. Vor allem wenn er unter großem Druck stand. Andererseits konnte ich mir das für später aufheben. Jetzt gab es wichtigere Dinge zu klären.

»Was hat Jona gemeint, Georgie?« Meine Stimme war gedämpft und ich strich ihm über den rotblonden Schopf. Aber George schaltete auf stur, verschränkte seine Arme und schüttelte abermals den Kopf.

»Keine Ahnung.«

Ich seufzte. Ehe ich weiter nachhaken konnte, bemerkte ich Jenny, die auf uns zukam. Ihr schütterer, blonder Pferdeschwanz wippte mit jedem Schritt.

»George, mein Papa ist hier. Er kann dich heimfahren. Wie letztes Mal auch«, bot sie an und gesellte sich zu uns. Als keiner von uns reagierte, schweiften ihre Augen neugierig zwischen uns her. »Ist irgendwas?«

»Nein«, antwortete George.

»Nein, alles okay«, sagte ich ebenfalls, obwohl ich nicht davon überzeugt war, und richtete mich auf. Zusammen marschierten wir in Richtung Ausgang.

Jona hatte immer noch die Hände in den Taschen seiner Jogginghose vergraben und starrte Löcher in den Boden zu seinen Füßen. Daneben stand Simon. Neben Jona wirkte er etwas verloren, doch seine Augen blitzten auf, als ich seinen Blick erwiderte.

»Winnie, hi«, begrüßte er mich mit seinem stets angedeuteten Lächeln im Mundwinkel. Dieses Lächeln, das er aber immer in Jennifers Nähe auflegte. »Gutes Training gehabt?«

»Ja, es war …« Ich suchte nach der passenden Umschreibung. »Anstrengend, es war anstrengend.« Das war das einzige Wort, das die letzten zwei Stunden ansatzweise zusammenfassen konnte.

Jona konnte sich ein trockenes Schnauben nicht verkneifen und ich strafte ihn dafür mit einem bösen Blick. Den bekam er allerdings nicht mit, weil er noch immer damit beschäftigt war, den Oberblödmann raushängen zu lassen. Wo war seine liebe, umsichtige Seite abgeblieben?

»Die Tänze klappen inzwischen echt gut, und die Kinder geben sich richtig viel Mühe«, redete ich daher weiter und widmete mich wieder Simon, der mir nach wie vor seine Aufmerksamkeit schenkte. Im Gegensatz zu mir ignorierte er Jona einfach.

»Du kommst doch zu unserer Weihnachtsshow, oder?«

»Ich werde es versuchen«, antwortete er und erst jetzt fielen mir die Schatten unter seinen Augen auf, die seit dem letzten Zusammentreffen noch dunkler geworden waren. »Auf der Arbeit ist so viel zu tun. Ich schiebe eine Zusatzschicht nach der anderen. Jahresabschluss, du weißt schon.«

»Hm-hm, entscheide einfach spontan. Jenny würde sich sicher freuen, wenn du bei der Tanzshow dabei bist. Es dauert nicht länger als zwanzig oder fünfundzwanzig Minuten.«

»Ja, ich gebe mein Bestes. Danke für deine Hilfe, Winnie.«

»Gerne.« Ich lächelte milde. Jonas Miene wurde, wenn möglich, noch bitterer. Ich nahm mir ein Beispiel an Simon und ignorierte ihn.

Simon wandte sich zum Gehen und griff nach Jennys Hand. »Wir sehen uns«, verabschiedete er sich und blickte sich noch einmal in der Halle um. »Kommst du, George?«

George gab ein Brummen von sich, trottete den beiden aber hinterher. Er war immer noch in sich gezogen und auf eine mir unerklärliche Weise bedrückt. Seitdem Jona auf mich zugekommen war, benahm sich George wie ausgewechselt.

Aber es war nicht die Sorge allein. Als alle verschwunden waren, wandte ich mich an Jona. »Sag mal, was ist los mit dir?«, fuhr ich ihn an. »Erst bedrängst du George und dann … was war das überhaupt? Hast du ein Problem mit Simon?«

»Ich bedränge George?« Anstatt den Kasten Wasser wegzustellen, den er gerade in der Hand hielt, ließ er ihn fallen und trat dagegen. Es schepperte. Die Plastikflaschen klapperten, der Kasten schlitterte über das Linoleum, und ich zuckte zusammen. Mit hinter dem Kopf verschränkten Händen ging er einige Schritte und rang nach Atem. Was war in den wenigen Minuten zwischen dem Ende unseres Kurses und dem jetzigen Zeitpunkt geschehen?

Am liebsten hätte ich Jona an den Schultern gegriffen und geschüttelt, stattdessen sog ich ebenfalls nach Atem. Gerade war er mir ganz und gar nicht geheuer und wenn wir nun beide die Nerven verloren, brachte uns das kein Bisschen weiter. Als ich mich halbwegs gefasst hatte, ging ich Jona hinterher. Ich wollte nach ihm greifen. Wollte ihn beruhigen. Aber er schüttelte mich ab.

Stattdessen visierte er mich mit solch einem finsteren Blick an, dass mir schlecht davon wurde. So hatte ich ihn noch nie erlebt. »Kennst du Georges Vater?«

Der plötzliche Themenwechsel verwirrte mich und es dauerte ein paar Sekunden, bis mein Verstand die Worte verarbeitet hatte. »Was? Nein … naja, zumindest vom Sehen und Telefonieren«, stammelte ich. »Warum?«

»Was ist er für ein Typ?«

»Er ist zurzeit arbeitslos, kümmert sich nicht viel um George. Warum willst du das wissen?«, blieb ich dran.

»Und Georges Mutter?« Seine Stimme war eindringlich, genauso wie sein Blick. Auch wenn ich souverän wirken wollte, Jonas Verhalten verunsicherte mich bis auf die Knochen.

»Was sollen die Fragen?«, blaffte ich zurück und hörte mich dabei wie auf Helium an. Anstatt mir zu antworten, ließ Jona von mir ab und ging einen Schritt zurück. War er eben noch drängend, beinahe beschwörend, rübergekommen, so verschloss er sich nun völlig. Mit verschränkten Armen lehnte er sich gegen die Wand, als ginge ihn das alles nichts an. Als hätte er mir gerade keine Szene gemacht.

»Sein Oberkörper war voll mit blauen Flecken«, sagte er dann unverwandt.

Ich lachte. Ein hysterischer Laut, der durch die Halle hallte. Quietsche-Ente 2.0. »Ja und? Er ist ein Siebenjähriger, der in punkto Tollpatschigkeit sogar mir Konkurrenz macht! Und das will schon was heißen!«

»Winnie, das waren keine blauen Flecke, die man sich beim Spielen zuzieht. Hättest du weniger mit Jennifers Dad geflirtet, wäre dir das aufgefallen«, raunzte er mich an und schürte den bösartigen Cocktail in meinen Adern aus Sorge, Wut und Unverständnis. Mein Herz hämmerte wie wild und meine Hände wurden feucht.

»Ist dir klar, was du da behauptest? Ich weiß, dass Georges Dad sicher nicht Vater des Jahres wird, dass er sich einen Dreck um George schert und lieber vor dem Fernseher sitzt, als arbeiten zu gehen. Aber ihn zu bezichtigen, dass er seinen Sohn schlägt, das ist eine andere Hausnummer«, schoss ich zurück. Ich fühlte mich, als hätte man mir sämtliche Energie entzogen. Wieso war alles, was mit Jona zu tun hatte, immer so anstrengend? »Und deine Behauptung, dass ich mit Simon … flirte, das ist doch Irrsinn!«

Wieder dieses abschätzige Schnauben. Der anti-pädagogische Teil in mir wollte ihn am liebsten schlagen. Mitten ins Gesicht, sodass er sich seine missbilligenden Laute sonst wohin schieben konnte.

Gelinde ausgedrückt.

Doch für Jona war das Thema noch nicht erledigt. »Weißt du, wo George wohnt?«, fragte er.

Ich runzelte die Stirn und versuchte, Jonas Worte einzuschätzen. »Ja, ich meine …«

»Gut, wo?«, unterbrach er mich unwirsch, die Zähne fest aufeinandergebissen, die Arme immer noch verschränkt. Einerseits war die Fürsorge, die er für George entwickelt hatte, herzerwärmend. Andererseits ging er es komplett falsch an.

»Du kannst da nicht einfach hinfahren!«

»Wer sagt das? Du?«

»Ja, ich verdammt – ich!«, hielt ich dagegen. »Was willst du machen? Dort aufschlagen und Georges Dad bezichtigen, dass er seinen Sohn schlägt?« Die Worte fühlten sich bitter auf meiner Zunge an. »Willst du ihm eine verpassen, wie du dem Freund deiner Schwester eine verpasst hast?!«

»Damals fandest du es in Ordnung.«

»Gewalt ist nie in Ordnung! Ich habe es höchstens geduldet!«, fauchte ich ihn an. Es war unfair, dass er die Realität so verdrehte. Ich machte mir auch Sorgen um George! Aber ich mähte dabei nicht alles nieder, was mir im Weg stand.

»Du hast nicht das gesehen, was ich gesehen habe.« Jonas Augen spuckten dunkelbraune Funken. »Sein ganzer Arm war blau. Reicht dir das?«, zischte er, trat von der Wand weg und schmiss die Arme in die Höhe. »Nein, tut es nicht. Du zerdenkst die Angelegenheit lieber, als zu handeln. Bis es zu spät ist!«

»Entschuldige, dass ich nicht direkt alles zu Kleinholz verarbeite!«

»Das führt zu nichts«, erwiderte er, zog sich seinen Pullover über den Kopf und verschwand aus der Tür.

Er ließ mich einfach stehen. So, als hätte er keine Anschuldigung von der Größe eines Wolkenkratzers in diesen viel zu kleinen Raum geworfen. Mein Magen drehte sich und ich sackte zu Boden. Lediglich das Geräusch meiner eigenen Atemzüge war in der Halle zu hören. Meine Gedanken kreisten.

Hatte Jona recht mit seiner Vermutung? Oder war ich gerade auf dem besten Weg, mich in etwas zu verrennen?

Winnie Fuller

… ein Lichterketten-Chaos und andere Kämpfe

Wie ein Zombie starrte ich auf den Anhänger, den Jim hinter seinen Truck angeschlossen hatte. Auf der Ladefläche lagen zusammengerollte Planen in Rot, Gold und Grün sowie eine Vielzahl von Stangen. Eine feine Frostschicht hatte sich über alles gelegt.

Jim parkte den Truck unweit des Gemeinschaftshauses und stieg zusammen mit zwei weiteren Männern aus. Es handelte sich um Michael und Christian, beide waren gute Freunde von Jim und auch früher von meinem Vater gewesen, sie halfen aus, wenn Not am Mann war. Und Hilfe hatten wir in den nächsten Tagen bitter nötig. Der Hof sah aus, als hätte sich der Grinch höchstpersönlich darüber ausgelassen. Überall lagen Schutt und Nester aus Lichterketten, an denen sich jemand vergeblich versucht hatte.

Halb aufgebaute Buden ragten wie Mahnmale aus dem Schotter hervor. Der Winterwunderland-Charme, den wir in den letzten Jahren versprüht hatten, war noch weit entfernt. Es erinnerte mehr an eine Stephen-King-artige Version: Friedhof der Weihnachtsmarktbuden. In dem Moment, in dem der Gedanke durch meinen Verstand schoss, fiel eine der Buden mit einem Rumms in sich zusammen. Okay – wir waren noch weit, weit entfernt vom Winterwunderland-Charme!

Ich seufzte, stapfte über den Hof und half den anderen, die Latten und Stangen aufzurichten. Kalter Schweiß rann meinen Rücken hinab und ich schlotterte. Michael war unter der Plane begraben worden und fluchte so sehr, dass sogar Mum davon schockiert gewesen wäre.

Als das Gerüst wieder halbwegs stand, schnappte ich mir eine der gefühlt Trillionen Lichterketten und setzte mich damit auf die Hollywoodschaukel, um sie auseinander zu flechten. Die Männer rissen sich nicht um diese Arbeit und irgendeiner musste damit beginnen.

Here I am.

Wenn wir in diesem Tempo weitermachten, würden wir ohnehin in Bedrängnis kommen. Zeit war momentan unser knappstes Gut. Die Augen zusammengekniffen, machte ich mich an mein Werk. Schon nach kurzer Zeit rissen meine Nägel ein und meine Finger wurden steif. Vor Kälte und Frustration.

Dieses Jahr war meine Stimmung sogar für meine Verhältnisse bedenklich. Ich schwankte irgendwo zwischen dem Appell an mich selbst, nicht aufzugeben, und dem Verlangen, alles hinzuschmeißen. Die letzten Nächte hatte ich nicht richtig schlafen können und mich immer wieder gefragt – hatte Jona bei George recht gehabt? War ich zu engstirnig, um etwas zu sehen, dass direkt vor meiner Nase stattgefunden hatte?

George war immer ein eigensinniges Kind gewesen, eines, das nie ganz warm mit seinen Altersgenossen geworden war. Er hatte Probleme in der Schule. In Englisch und Französisch. Das hatte mir seine Mutter erzählt. Kamen die blauen Flecke von seinen Mitschülern? Wurde er vielleicht gemobbt?

Gefrustet ließ ich die Lichterkette fallen und rieb mir die Wangen. Seit Tagen fand ich keine richtige Ruhe, geschweige denn, dass ich mich auf den Wohltätigkeitsmarkt konzentrieren konnte. Dabei war der so wichtig!

Heute Morgen war eine weitere Rechnung in mein Büro geflattert, die mir die Schweißperlen auf die Stirn getrieben und meinen Puls hochschnellen hatte. Die Befürchtung, den Kindern, meiner Familie und der Stiftung nicht gerecht zu werden, schwankte über mir wie ein Amboss. Die kleinste Variable, das kleinste Übel konnte alles aus dem Gleichgewicht bringen und mich unter sich begraben. War ich die Einzige, die sich so fühlte? Die Angst hatte, dass wir es dieses Jahr nicht schafften? Dass wir in die Schulden rutschten?

Ich wusste es nicht.

Nachdenklich sog ich nach Luft, drängte die fiesen Gedanken zurück und startete einen neuerlichen Versuch mit der Lichterkette.

Jeder war mit den Vorbereitungen beschäftigt. Gina hatte sich mit der Deko schier übertroffen. Mittlerweile träumte sie schon von Papiersternen und Lametta-Girlanden. Das hatte sie mir heute Morgen beim Frühstück verraten. Madison humpelte, mit der einen Hand eine Krücke, mit der anderen einen Lappen umschlungen, umher. Und das obwohl sie von uns allen striktes Arbeitsverbot bekommen hatte! Mum und Helen hatten zur Weihnachtsbäckerei ausgerufen, weswegen seit Tagen der Geruch von Vanille und Zimt in der Luft hing. Alle waren in Aufruhr, in einem stetigen Treiben von Dingen, die noch bis zum Wochenende zu erledigen waren.

Und ich?

Ich fühlte mich allein, irgendwie verloren, und schwamm dennoch mit dem Strom. Was blieb mir anderes übrig? Dazu bekam ich diese vermaledeite Lichterkette nicht entwirrt!

Unbefriedigt trat ich gegen den Eimer, in den ich sie fallen gelassen hatte. Im gleichen Moment fuhr Jonas Auto auf unseren Hof und mein Herz machte einen Satz. Auch wenn wir unschön auseinandergegangen waren, war ich froh ihn zu sehen. Er fehlte mir. Seit unserem Streit hatte er sich nicht mehr blicken lassen.

Warum auch?

Die Tänze der Kinder saßen. Aber das Gefühl, dass nur das Training Jona und mich zusammengehalten hatte, dass das zwischen uns nicht stark genug gewesen war, klang in mir nach und stimmte mich melancholisch. War ich nur eine Ablenkung gewesen?

Ich wusste es nicht und ich hatte eigentlich keine Zeit, mir den Kopf zu zerbrechen. Und doch tat ich es.

Mit langen Schritten kam Jona auf mich zu. Er hatte die Kappe, die seine dunklen Haare bändigte, tief ins Gesicht gezogen. Nur einzelne Strähnen stahlen sich darunter hervor. Seine Wangen waren unrasiert und der Pullover wirkte beinahe zu groß für seine Gestalt. Kurz fragte ich mich, ob er mich ebenfalls vermisst hatte.

Ich schluckte die Frage hinunter und stand auf. »Hey, hätte nicht gedacht, dass du noch kommst«, sagte ich zurückhaltend und blickte zu ihm empor. Normalerweise war ich nicht auf den Mund gefallen. Aber was war im Moment noch normal?

Sein dunkler Blick glitt über mich hinweg und richtete sich auf den Eimer mit den Lichterketten. »Jim hat angerufen, dass ihr Hilfe braucht.«

»Ja, das stimmt. Die können wir gebrauchen«, antwortete ich lahm und zog seine Aufmerksamkeit wieder auf mich. Wir blickten uns an, lang und tief, und niemand sagte daraufhin ein Wort.

»Dann sollte ich lieber mitanpacken«, brach er als Erster unser Schweigen und spähte über die Schulter in Richtung Jim. Enttäuschung machte sich in mir breit. Dickflüssig und schwarz wie Öl quoll sie in mein Bewusstsein.

»Hast du später noch einen Moment?« Ich klang flehentlicher als beabsichtigt.

»Sicher.« Seine harten Züge schmolzen und für den Bruchteil einer Sekunde wirkte er unsicher. Doch er überspielte es schnell, presste mir zu meiner Überraschung einen Kuss auf die Stirn und ließ mich stehen.

Im Nachhinein wusste ich nicht, was ich erwartet hatte. Aber ich war froh, dass es so verlaufen war. Mit klopfendem Herzen sank ich zurück auf die Hollywoodschaukel und zog den Eimer zu mir herüber. Als die Sonne untergegangen war und die Lichter oberhalb der Veranda aufleuchteten, war ich endlich fertig mit dem Auseinanderpfriemeln.

Ein seltsam speckiger Film haftete auf meinen Fingern und ich fragte mich, ob man Muskelkater in den Fingern bekommen konnte. Zwanzig von den Lichterketten hatte ich in entknotet und allein der Gedanke daran, jemals wieder solch einer Arbeit nachzugehen, weckte das Bedürfnis in mir, alles in Brand zu stecken.

Stattdessen zog ich mich in unser Haus zurück. Die Buden und Stände waren fast alle aufgebaut, und Jona hatte gemeinsam mit Jim eine vier Meter hohe Tanne in der Mitte des Marktes aufgerichtet. Die Lichterketten, die ich entwirrt hatte, und die Schilder, die Gina zusammen mit den Kindern gemalt hatte, würden morgen folgen.

Ich hüpfte schnell unter die Dusche und genoss das warme Wasser, das meine Muskeln lockerte. Mein Nacken war völlig verspannt von der gebeugten Haltung. Ich stellte das Wasser ab und wickelte mich in ein Handtuch. Da vernahm ich Schritte, die die alten Dielen auf unserer Treppe zum Knacken brachten. Schwerer als Ginas oder Mums.

In Windeseile schlüpfte ich in die Kleider, die ich mir mit ins Badezimmer genommen hatte, und betrat den Flur. Im gleichen Moment stieß ich mit Jona zusammen.

Autsch.

»Ich wusste ja, dass du ein Dickkopf bist, aber das war sogar für deine Verhältnisse hart«, brummte Jona und rieb sich den Unterkiefer, an dem ich abgeprallt war.

»Das Kompliment gebe ich gerne zurück«, erwiderte ich und fasste mir an die Stirn. Dennoch zuckten meine Mundwinkel zu einem erleichterten Grinsen nach oben. »Komm Rambo, dahinten lang. Da ist mein Zimmer.«

»Ich weiß.« Jona folgte mir.

Ich blickte ihn über die Schulter an. »Ach ja?«

»Ja, hast du deinen alkoholbedingten Absturz schon vergessen?«

»Oh, stimmt. Verdrängt trifft es wohl eher.« Ich schnitt eine Grimasse und ließ mich auf mein Bett fallen. Von da aus öffnete ich das Fenster. Mit einem Mal kam es mir viel zu stickig in meinem Zimmer vor. »Danke, dass du noch hochgekommen bist.«

»Deine Schwester hat erst ziemlich blöd geguckt, als sie mir aufgemacht hat, und dann ohne Ende gegrinst.« Das passte zu Gina. Später würde sie mich mit Fragen löchern.

Jona griff nach dem Sitzsack, der am anderen Ende des Zimmers stand, zog ihn zum Bett und sank darauf nieder. Der Sack pfiff, als die Luft entfloh, und fiel in sich zusammen. Jonas Blick war Gold wert, erst zweifelnd, dann genervt, als er wie eine auf den Rücken geworfene Schildkröte in dem Sitzstück hing.

»Komm her«, meinte ich lachend und zog ihn zur mir aufs Bett. Mit den Augen rollend setze er sich neben mich. Obwohl unsere Stimmung aufgelockert wirkte, bei den Themen, die unausgesprochen zwischen uns pulsierten, würde sie sich schnell in Luft auflösen.

»Wie geht es dir?«, fragte er, als unser Lachen abgeklungen war. Nun lag sein Blick forschend auf meinem Gesicht.

»Nicht gut«, gab ich zu, stützte die Arme auf der Matratze auf und legte den Kopf in den Nacken. »Ich mache mir Sorgen. Kommen genug Leute zum Markt? Läuft alles glatt? Können wir mit den Einnahmen unsere Rechnungen decken?«, zählte ich auf und linste zu Jona hinüber. Der betrachtete mich mit einer Mischung aus Neugier und Sorge. »Es ist, als würde mein Kopfkarussell gar nicht mehr aufhören und mittlerweile fühle ich mich so trunken davon, dass ich keinen klaren Gedanken mehr fassen kann.«

»Du hast alles für den Wohltätigkeitsmarkt gegeben.«

»Ich weiß, aber ist das genug?«, fragte ich rhetorisch und ließ den Kopf hängen. »Ich habe einige potenzielle Sponsoren eingeladen. Das ist so wichtig für uns. Für die Zukunft der *BAKT*.«

»Sponsoren?«, hakte er nach.

»Ja, Firmen und Vereine aus dem Umkreis. Das haben wir bisher noch nie gemacht. Aber vielleicht ergibt sich so eine Zusammenarbeit?«, fasste ich meine Hoffnung zusammen. »Sie könnten mit dem Engagement für die *BAKT* werben und wir würden regelmäßig Gelder erhalten.«

»Das hört sich gut an. Mach dich nicht zu sehr verrückt, ihr werdet euren Weg gehen.« Jona griff nach meiner Taille und zog mich zu sich. Seine Finger tanzten über den nackten Streifen Haut, der zwischen meinen Leggings und dem Shirt entstanden war.

»Und wenn nicht?«, hauchte ich zu ihm empor. Bei ihm klang alles so einfach! Aber das war es nicht. Eine Hilfsorganisation war kein Wirtschaftsunternehmen. Wir hatten mit so vielen Rückschlägen, Schicksalen und Geldsorgen zu kämpfen, dass ich mich manchmal fragte, warum wir uns das alles antaten. Nur für ein paar Momente. Bis mir die Gesichter der Kinder in den Sinn kamen. Ihre Dankbarkeit und oftmals auch die ihrer Eltern. Wir leisteten einen wichtigen Beitrag für diese Stadt.

»Wenn nicht?« Jonas Blick durchdrang mich. Allein dadurch hätte ich ihm alles abgekauft. »Dann geht die Welt auch nicht unter.«

»Für mich schon. Das hier ist Dads Lebenswerk, das ist meine Welt. Ich kann es nicht aufgeben.«

»Das musst du auch nicht. Wir werden deine potenziellen Sponsoren umhauen und du wirst dich vor Spenden gar nicht mehr retten können.« Er schob ein jungenhaftes Lächeln hinterher, doch ich konnte es weder erwidern noch seine Zuversicht teilen.

Anstatt mich weiter zu beschwichtigen, legte Jona den Arm um meinen Oberkörper und zog mich an seine Brust. Ich schloss die Augen und vergrub meine Nase in seinem Shirt. Er roch nach Weichspüler und harter Arbeit, und ich hätte mir keinen beruhigenderen Ort vorstellen können.

»Hör zu – niemand kann in die Zukunft sehen und dir sagen, wie es läuft. Manchmal ist das Leben verdammt hart, verdammt unfair. Aber wenn ich eines weiß, dann, dass du dich nicht unterkriegen lässt. Du findest einen Weg. Okay?«

»Okay.« Ich nickte und presste mein Gesicht noch fester gegen seine Brust.

»Ist das alles, was dich bedrückt?«

»Nein«, murrte ich in den Stoff und sog nach Luft. »Da ist auch noch die Sache mit George und unser Streit. Ich …«

»Shh, schon gut. Ich wollte dich nicht so stehen lassen«, murmelte er in mein Haar. »Das war mies von mir. Ich bin durchgedreht und abgehauen. So was habe ich bei Jess immer gehasst und jetzt bin ich selbst nicht besser. Tut mir leid.«

»Und ich hätte vielleicht anders reagieren müssen«, gab ich zu.

»Möglich, aber wenn ich ehrlich bin, habe ich keine Ahnung. Vielleicht hast du recht und es lässt sich alles erklären, aber vielleicht auch nicht.« Jonas Körper wurde steif wie ein Brett. Ich spürte, wie sich die Wut, die ihn bei dem Thema erfasste, in Anspannung wandelte, und strich mit meinen Fingern über seine Brust.

»Wir sollten George im Auge behalten«, entschied ich, ohne meine Berührungen zu stoppen. »Und wenn es nötig ist, dann schalten wir das Jugendamt ein.«

»Wir sollten seinem Vater eine Lektion erteilen«, hielt Jona mit einem finsteren Zischen dagegen.

»Und dabei alles, was wir bisher mit der *BAKT* geschaffen haben, auf's Spiel setzen?«, machte ich ihm den Ernst der Lage bewusst. Wir konnten nicht einfach losrennen und eine Lynchjustiz ausrufen. Auch wenn Jona das gerne hätte.

Jona biss auf seine Lippe und zuckte mit einer Schulter. In diesem Punkt würden wir nicht übereinkommen. Dafür aber in einem anderen. Ich krallte meine Finger in sein Shirt und zog ihn näher zu mir. Ein träges Lächeln erschien auf seinem Mund, als er meinen berührte. Zumindest auf dieser Ebene waren wir einer Meinung.

Jonathan Montague

… heiße Nächte und eiskalte Tage

Wir sperrten diese kalte, nach Zimt und Zucker riechende Welt aus. Die die nur mit Sorgen auf uns wartete. Und wir zogen uns in unsere eigene zurück. Nicht auf ewig. Nur für einige gestohlene Momente. Für mich war es in Ordnung, den Alltag kurz hinter uns zu lassen und zu vergessen.

Verdammt, ich wollte so sehr vergessen.

Winnies Beine verwoben sich wie von selbst mit meinen. Ich strich über ihre festen Schenkel. Auch wenn sie nie eine Sportskanone sein würde, ließen sich unter dem dünnen Stoff erste Muskeln erahnen. Sie stieß ein überraschtes Lachen aus, als ich sie packte und über mich zog. Einzelne Haarsträhnen regneten auf mich hinab und ich blies sie mit einem übermütigen Grinsen fort, ließ meine Hand ihre Seite empor wandern.

»Was wird das, Mr. Montague?« Ihr Lächeln war einem forschenden Blinzeln gewichen. Mit beiden Händen umfasste sie meine Wangen, strich über die scharfkantigen Stoppeln, meinen Hals und meine Brust entlang.

Ich wollte sie.

So sehr, wie ich noch nie in meinem Leben jemanden gewollt hatte. Einmal in meinem Leben wollte ich etwas nur für mich, ohne dass jemand dazwischenfunkte. Das musste ich nicht einmal aussprechen. Winnie erkannte es in meinen Augen, in dem Griff um ihre Mitte, der sich festigte, an meiner Hose, die um ihren Oberschenkel spannte.

Anstatt ihr eine Antwort zu geben, küsste ich sie. Erst tauchte ich leicht und neckend in sie ein, dann drängender. Während sich unser Kuss vertiefte, erkundeten meine Hände ihren Körper, machten sich mit jeder Stelle vertraut, die ich bisher nur von Weitem betrachten konnte. Ihr leises Seufzen heizte mich weiter an und, wer auch immer damit angefangen hatte, wir zogen uns aus. Stück für Stück ließen wir nicht nur unsere Kleider, sondern auch die Mauern um uns herum fallen.

Sie machte mich fertig, wahrscheinlich wusste sie nicht, wie sehr. Die Bindung zwischen mir und Winnie war besonders. So etwas hatte ich noch nie erlebt. Wir stritten, schnauzten uns an, wir warfen mit Sachen und Wörtern um uns und danach redeten wir offen darüber. In ihrer Nähe fiel es mir leichter als je zuvor, auszusprechen, was ich dachte. Manches war aus der Situation heraus, manches gärte schon wochenlang in mir.

Wir küssten uns … und wie wir das taten.

Ich nahm alles in mir auf. Jedes noch so kleine Geräusch, das ihre Lippen verließ, jeder noch so bedeutungsvolle Blick. Ich berauschte mich daran. Wir gaben uns einander hin, gaben uns das, was wir in diesen von Lichterketten durchbrochenen Stunden am meisten brauchten. Zerschmolzen in den Berührungen des anderen, immer und immer wieder, bis es stockdunkel und allmählich wieder hell wurde. Ich liebte es, ihr all das zurückzugeben, das sie für mich getan hatte. Ihr zu zeigen, dass ich sie wollte. Nicht nur im Bett, sondern in meinem Leben.

Am nächsten Morgen drückte ich einen Kuss auf ihre nackte Hüfte und sah zu ihr empor. Auch wenn ich ein schlechtes Gewissen wegen Gran gehabt hatte, ich war bei Winnie geblieben. Ich hatte sie nicht einfach zurücklassen können, nicht nach dieser Nacht. Nicht nach dem, was wir geteilt hatten. Einmal wollte ich ihr zeigen, dass ich alles richtigmachen konnte. Irgendetwas zwischen uns hatte sich verändert. Als wäre die Verbindung, die ich über die Wochen zwischen uns gespürt hatte, nun tiefer.

Fester.

Fuck, ich glaubte, ich hatte mich in sie verliebt. Wobei … ich glaubte es nicht nur. Ich wusste es. Jede Faser meines Körpers wollte bei ihr sein, wollte sie nicht mehr loslassen. Sie war gut, viel zu gut für mich, doch ich würde alles dafür tun, ihr gerecht zu werden. Das schwor ich mir insgeheim in diesem Augenblick.

»Was ist los?«, fragte sie mich, während ihre Finger durch mein Haar glitten. Ganz so, als hätte sie mein gedankliches Versprechen verspürt.

»Nichts, ich bin einfach nur glücklich«, murmelte ich.

Ihre Finger stoppten, aber ihre Lippen verzogen sich zu einem trägen Lächeln. »Das bin ich auch.«

Es war kurz nach sieben und wir hatten kaum Schlaf abbekommen. Trotzdem war ich hellwach, geradezu aufgekratzt. Uns blieb jedoch keine Zeit für Befangenheit. Der Markt würde um vierzehn Uhr starten und es gab noch eine Menge zu tun. Das ließ zumindest das Rumpeln in der unteren Etage vermuten.

»Glaubst du, deine Mum und Gina wissen, dass ich hier bin?«, brummte ich gegen ihre warme Haut. Ihre Hand wanderte in meinen Nacken und kraulte die Haut unter meinem Haaransatz. Ich stieß ein leises Seufzen aus und schloss die Augen.

»Im Hause Fuller bleibt nichts geheim«, erwiderte sie mit angerauter Stimme. Ein Schmunzeln lag darin. »Außerdem steht dein Auto noch draußen auf dem Hof.«

»Hmmmm.« Das war ein Argument.

»Kriegst du kalte Füße?«

Ich linste zu ihr empor, grinste und ließ sie schmoren. Während ich mich gemächlich auf den Rücken rollte, murmelte ich: »Wer weiß.«

Ein Schlag traf meinen Oberarm und Winnie blitzte mich gespielt amüsiert von der Seite an. »Du weißt, ich habe hier einen Ruf zu verlieren, oder?«

»Das fällt dir ja früh ein.«

Das amüsierte Funkeln wandelte sich in ein grimmiges Murren. Als sie begann, aus dem Bett zu klettern, hielt ich sie fest und zog sie an ihrem Knöchel zu mir zurück. »Schon gut, war ein Scherz. Du weißt, was ich für dich empfinde, oder?«

»Weiß ich das?«

»Es wäre seltsam, wenn meine Freundin nicht wüsste, was ich für sie empfinde.« Meine Finger kreisten ihre Taille entlang und strichen die Gänsehaut fort, die sich über ihren Körper ausbreitete. Ich konnte einfach nicht von ihr lassen. Ihre Haut war so weich, dass ich sie immerzu berühren wollte. Musste. Wie ein Drang. Okay, jetzt hörte ich mich sogar für meine Verhältnisse gruselig an.

»Deine Freundin, also?«, flüsterte sie gegen meine Lippen und durchbrach damit meine Gedanken. Ich verwickelte sie in einen langsamen, eindringlichen Kuss.

»Hm-hm.«

Ehe ich ihr das T-Shirt, das sie sich in den Morgenstunden übergezogen hatte, wieder über den Kopf streifen konnte, klopfte es an der Tür. Ohh, verdammt.

»Winnie? Bist du da?«, drang Ginas Stimme durch das Holz.

Winnie machte sich mit einem erstickten Keuchen von mir los und strich sich ein Wust aus dunkelroten Strähnen aus dem Gesicht. »Nicht reinkommen!«

»Ist Jona noch da drinnen? Keine Panik, ich will nicht sehen, wie meine Schwester … lassen wir das! Jim fragt schon nach euch. Er könnte jemanden gebrauchen, der anpackt. Ich gehe davon aus, dass er damit nicht uns sondern Jona meinte«, scherzte sie.

»Wir kommen gleich!«, antwortete Winnie knapp, dann sank ihr Kopf mit einem gemurmelten Fluch zurück ins Kissen. Ich strich die Strähnen, die ihr zurück in die Stirn gefallen waren, hinters Ohr.

»Das heißt wohl aufstehen.«

»Tut mir leid.« Sie blickte mit ihren großen, grünen Augen zu mir auf.

»Schon okay. Wir haben fast sechs Wochen auf diesen Tag hingearbeitet. Da können wir schlecht im Bett bleiben, oder?«

»Ich hätte gute Lust dazu.« Winnie zog eine Grimasse, rollte sich aber von der Matratze. Ich verschränkte jedoch die Arme hinter dem Kopf und sah ihr dabei zu.

»Spannst du gerade?«, fragte sie, ohne sich umzudrehen.

»Ja, der Anblick ist zu verlockend«, sagte ich und blickte ungeniert auf ihren nackten Hintern. Im gleichen Moment traf mich mein T-Shirt im Gesicht. Ich lachte dreckig, zog mich aber ebenfalls an. Wir hatten wirklich nicht viel Zeit.

Der Mittag verging schnell. Auch wenn gestern das Gröbste aufgebaut und erledigt worden war, an jeder Ecke taten sich neue Aufgaben auf – hier eine Fritteuse, die angeschlossen werden musste, da Lautsprecher, die nicht richtig funktionierten. Während ich mit Jim nochmals die Fluchtwege checkte und auf einem Klemmbrett abhakte, erkannte ich Winnie im Augenwinkel, unweit der Bühne. Mein Blick folgte ihr wie von selbst und Jim blieb das natürlich nicht verborgen.

»Winnie ist eine gute«, brummte er, fixierte mich allerdings mit solch einer finsteren Grimmigkeit, als wollte er mir drohen. Okaaay, Nachricht angekommen.

»Ja, ich weiß«, stimmte ich daher zu und nickte nachdrücklich.

»Weißt du, Jona, seitdem ihr Vater nicht mehr da ist, habe ich ein Auge auf die beiden Mädchen.«

»Ja und das ist auch gut so. Ich würde Winnie niemals wehtun. Du kannst dich auf mich verlassen«, erwiderte ich ernst, richtete meinen Blick direkt auf Jim. Zwei, drei angespannte Sekunden vergingen, dann klopfte er mir in seiner resolut-gutmütigen Art auf die Schulter, sodass ich einen Schritt nach vorne taumelte. Würde das je aufhören?

»Auf dich kann man sich verlassen, Jona. Hat man in den letzten Wochen gemerkt. Du bist ein guter Junge, das werde ich auch Nelson berichten.«

Ich lächelte verlegen und rieb mir den Nacken. In dem Moment hätte ich die Fullers fast um die Vaterrolle beneidet, die er in dieser Familie einnahm. Ich vermisste meinen Granpa. Aber das legte sich schnell. Ich räusperte mich, dann machten wir uns wieder an die Arbeit. Zu viel Gefühlsduselei, da waren wir uns beide im Stillen einig.

Gegen zwölf kamen die ersten Budenbetreiber und karrten Waren und Lebensmittel über das Gelände. Ich verabschiedete mich kurz nach Hause, um mich zu duschen, umzuziehen und nach Gran zu sehen. Als ich eine Stunde später zurückkam, roch es schon nach heißem Punch und Gebäck.

Das Essen kam nicht allein von den Fullers. Auch kleine, freie Farmen aus der Nähe boten ihre Produkte an. Stände, die Birnenwein und gesalzene Karamellbonbons, kandierte Ente und andere Spezialitäten vertrieben.

Ich hatte mit Weihnachtskram nicht viel am Hut. Vor allem nicht mehr, seitdem Gran und ich allein waren. Aber die Kulisse, die sich mir bot, hatte ohne Zweifel ihren Charme.

Ich entdeckte Winnie am Fuße der Veranda, eine Kiste in den Armen balancierend. Geschwind nahm ich sie ihr ab und stellte sie auf den Boden.

»Hey, die muss rüber zu den Chevaliers!«, echauffierte sie sich, doch ihre Augen blitzten vergnügt.

»Die können fünf Minuten warten«, antwortete ich kühn und zog sie um die nächste Hausecke in eine Umarmung. Unsere Lippen fanden sich wie von selbst und meine Hände stahlen sich unter ihren hellblauen Mantel.

Keuchend machte sie sich von mir los. Ihr Haar war zu einem festen Zopf nach hinten geflochten. Doch nach unserer Knutscherei hatten sich einige Strähnen daraus verselbstständigt. »Hi. Da hat mich wohl jemand vermisst.«

»Und wie«, gab ich ohne Umschweife zu. »Wenn wir hoch in dein Zimmer gehen, zeige ich dir, wie sehr.«

»Jona!« Ihr Schlag traf mich an der Schulter, aber sie grinste ebenfalls. Ihre Wangen waren nicht nur rot von der Kälte, sondern von meiner Nähe.

»Ja, ja, ich weiß, wir haben keine Zeit dafür. Wie geht es dir?«, ließ ich von dem Thema ab und forschte in ihren Augen.

Winnie kräuselte die Nase. Ihr Blick schweifte über den Markt und sie antwortete mit Helium-Stimme. »Es ist noch so viel zu tun! Hoffentlich geht alles gut.«

Das war nicht ganz die Antwort auf meine Frage. Ich bog ihr Kinn in meine Richtung. »Bist du nervös?«

»Nervös? Ich habe das Stresslevel eines Laktoseintoleranten, der just ein Bad in abgelaufener Buttermilch genommen hat«, erklärte sie ihren aktuellen Gemütszustand und fuchtelte mit den Händen herum. Ich fing sie ein und umfasste sie, während sie weitersprach. »Und dabei stehe ich nicht einmal auf der Bühne.«

»Du machst dir zu viele Gedanken.«

»Hoffentlich hält das Wetter«, ging sie darüber hinweg, als hätte ich nichts gesagt. »Und die Sponsoren … oh, hoffentlich kann ich sie überzeugen. Und der Tanz …«

»Shht. Alles wird gut.« Ich ließ ihre Hände los, griff nach ihren Schultern und schüttelte sie leicht. Mit jedem Hin und Her wich die Anspannung aus ihren Gliedern, bis sie wie ein Sack ohne Knochen in meinen Armen hing. »Du musst Vertrauen haben. Wir haben alle verdammt viel Arbeit in diese Veranstaltung gesteckt. Jeder gibt sein Bestes.«

»Na schön«, seufzte sie. »Du hast ja recht. Aber es hängt so viel davon ab. Viele Verkäufer verzichten gänzlich auf ihre Einnahmen zugunsten der *BAKT*«, erzählte sie aufgeregt, aber auch voller Sorge. »Ist das nicht der Wahnsinn?«

Das war es.

Hätten Jess und ich nicht unsere Großeltern gehabt, wäre eine Einrichtung wie diese unsere letzte Möglichkeit auf etwas Fürsorge und für ein warmes Essen gewesen. Ich bewunderte die Fullers für ihre Arbeit und ihr Engagement, aber vor allem für ihren Zusammenhalt. Etwas, das ich mir von meiner Schwester und meiner Mutter immer gewünscht hatte.

»Ihr macht das toll«, stimmte ich ihr zu. Mein Blick glitt zu der Kiste mit Äpfeln, an der sie sich eben abgemüht hatte. »Kann ich dir die irgendwo hinbringen?«

»Ja, die müsste zu dem zweiten Stand in der letzten Reihe. Mr. Chevalier wartet schon darauf.«

Schweren Herzens ließ ich von ihr ab. Wir tauschten einen letzten, kurzen Kuss, dann machte sich jeder wieder an die Arbeit.

Nachdem ich die Kiste abgegeben hatte, schweifte ich zwischen den Buden umher, auf der Suche nach weiteren Aufgaben. Aber alle schienen vorbereitet und auch die ersten Gäste waren schon eingetroffen. Die Kinder sausten zwischen den Buden umher, und Musik spielte im Hintergrund. Es waren zwar ein paar dunkle Wolken aufgezogen, doch bis jetzt hielt das Wetter.

Winnie hatte sich wie immer zu viele Sorgen gemacht. In meiner Brust wurde es eng und heiß, als ich sie von der Veranda aus beobachtete. Ich hatte mich auf die Hollywoodschaukel zurückgezogen, um einen Moment durchzuatmen.

Von ihrer anfänglichen Nervosität war nichts mehr zu sehen. Sie unterhielt sich mit Einheimischen und Touristen, schüttelte Hände und begrüßte Sponsoren. Einzig ihre geröteten Wangen verrieten, dass unter der Maske der Gastgeberin ihre innere Anspannung brodelte. Doch sie machte das.

Mein Mädchen machte das.

Winnie Fuller

… und ein Sturm zieht auf

Mein Herz holperte wie wild. Auch wenn ich mir gefühlt für Drei Sorgen gemacht hatte, bisher war der Tag ein voller Erfolg gewesen. Ich hatte sogar einige potenzielle, neue Spender gewonnen, und die Budenbetreiber freuten sich über volle Kassen. Das Wetter hatte gehalten und eine locker-festliche Stimmung hing in der Luft. Wenn jetzt noch der Auftritt klappte, konnte ich mein Glück kaum fassen. Diese chaotisch veranlagte Familie war normalerweise immer für einen Fehlschlag gut. Aber an diesem Gedanken wollte ich mich nicht aufhalten.

Ohne Jona hätte ich diesen Tag nicht durchgestanden. Alles in mir begann zu kribbeln, als ich an die letzte Nacht dachte. Es war unvorhergesehen passiert, nachträglich betrachtet fühlte es sich jedoch richtig an. Mein Blick glitt wie an einer unsichtbaren Schnur zu ihm. Er stand an einem Verkaufsstand, der Bonbons vertrieb, und hatte eine nachdenkliche Miene aufgesetzt, so als könnte er sich nicht zwischen Apfelzimt- und Eierpunschgeschmack entscheiden.

»Winnie?« Ich hob den Kopf. Madison kam auf mich zu gehumpelt. »Da bist du ja! Wo bleibst du? Gleich beginnt die Show.«

»Schon so spät?« Ich zuckte zusammen und sah mit einem panischen Blinzeln in Richtung Bühne. Tatsächlich. An der Seite sammelten sich bereits die Kinder, während Gina wild gestikulierte und alle beisammenhielt. »Danke, ich muss los.«

Schnell eilte ich zu ihnen und begrüßte meine Schützlinge. Gina hatte für jeden der Zwölf einen kitschig roten Pullover gestrickt und sich in den letzten Tagen über ihre wunden Finger beklagt. Aber nun regte sich ein mir unbekannter Stolz in meinem Inneren. Wir hatten die letzten Wochen so viel Zeit miteinander verbracht, hatten zusammen gelitten, gelacht und geübt bis zum Umfallen. Nun ja, mir war zum Umfallen gewesen. Dennoch hatten alle immer zusammengehalten, egal, wie schwierig und lang die Tage gewesen waren.

»Weinst du?«, wollte Jona plötzlich von mir wissen und beugte sich ein Stück zu mir herunter. Ich hatte nicht bemerkt, dass er gekommen war.

»Was? Nein.« Ich wischte mir die Augen und lächelte schief. »Sollten wir nicht langsam hinter die Bühne?«

Jona fixierte mich einen Moment lang. Ein Lächeln lag auf seinen Lippen. Feine Fältchen hatten sich rund um seine dunklen Augen gebildet und ich war froh, dass er bei mir war. Mit niemand anderem wollte ich die nächsten Minuten teilen.

»Ich hab' was für dich«, sagte er etwas verspätet und reichte mir eine weiße Papiertüte. Mein Magen machte einen Satz, als ich danach griff und hineinblickte.

»Bonbons?«

»Pfefferminzbonbons.«

Ich grinste, als hätte ich zu viel Punsch getrunken, und presste ihm einen kurzen Kuss auf die Lippen. Ich sah förmlich, wie jeder um uns die Luft anhielt. Dann kicherten die Kinder los, Gina und Madison legten verklärte Lächeln auf.

»Lass uns los«, meinte Jona, dem die Aufmerksamkeit unangenehm war, und wandte sich dann den Kindern zu. »Habt ihr gehört? Wir gehen schon hinter die Bühne.«

Eine nervöse Spannung breitete sich über alle aus. Susan und Aurora zappelten, George rang seine Hände und spähte zu dem Platz vor der Bühne, der bis jetzt erst mäßig gefüllt war, und Jenny rieb sich die Hände. Zusammen gingen sie an der Längsseite vorbei und erklommen die fünf Stufen, die sie in den hinteren Bereich führten. Ein Vorhang trennte sie von der Menge. Hier hinten war auch die Musikanlage angebracht, an der Michael gerade hantierte. Es herrschte bereits reges Treiben, schließlich war nicht nur der Tanzauftritt geplant. Madison hatte mit ihrer Nachhilfe-Gruppe einen Weihnachtssketch einstudiert und Selena, eine aufgeweckte Zehnjährige, würde zwei Lieder auf ihrer Querflöte spielen.

Mum zwinkerte uns vom Vorhang aus zu, dann trat sie dahinter. Sogleich wurde die Musik, die zuvor im Hintergrund gespielt hatte, leiser.

»Liebe Familien, liebe Kinder, liebe Nachbarn, Freunde, liebe Besucher, ich freue mich sehr, heute Abend so viele Gesichter, neue wie alte, begrüßen zu dürfen«, begann sie. »Der Wohltätigkeitsmarkt war immer eine Idee von meinem verstorbenen Mann gewesen. Er hat die *Burnaby Association for Kids and Teens* ausgerufen und alles dafür gegeben, seinen Mitmenschen ein Lächeln auf die Lippen zu zaubern. Ich bin mir sicher, dass er heute Abend auf uns hinabschaut und stolz darauf ist, was wir geleistet haben.«

Ich schluckte gegen den Kloß in meinem Hals an. Mums Worte berührten mich, vor allem da in unserem chaotischen Alltag wenig Zeit dafür blieb.

»Erst einmal möchte ich mich bedanken. Herzlichen Dank an alle großen und vor allem kleinen Helfer, ohne die wir diesen Markt nicht hätten stemmen können. Ihr habt bis tief in den Abend aufgebaut und geschmückt. Ihr habt euch Gedanken zu unserem Programm gemacht, habt gebastelt und gebacken! Und natürlich auch einen riesigen Dank an die Standbetreiber, die sich einiges für unsere Gäste haben einfallen lassen und einen Großteil ihrer heutigen Einnahmen an die *Burnaby Association for Kids and Teens* spenden. Mein Mann Edward wäre unglaublich stolz auf all das. Euch allen, liebe Kinder, und Ihnen allen, liebe Erwachsene, Gäste aus Nah und Fern, wünsche ich einen schönen Abend, lassen Sie sich überraschen, und vor allem eine frohe Weihnachtszeit!«, schloss sie. »Ich bitte jetzt unsere Selena auf die Bühne!«

Selena zog die Schultern hoch und klammerte sich an ihre Querflöte. Ich wäre an ihrer Stelle gestorben vor Nervosität. Aber als der Bühnenvorhang zurückgezogen wurde und Ginas wundervoll gestaltete Kulissen zum Vorschein kamen, stiefelte Selena nach vorne, als wäre sie eine professionelle Musikerin bei einem ausverkauften Konzert.

Ein Mikro gab einen nervtötenden Laut von sich, dann schallte *Silent Night* bereits überlaut durch die Lautsprecher. Danach folgte Madisons Weihnachtssketch, der von den größeren Kindern aufgeführt wurde. Mehrmals musste ich mir eine Lachträne aus dem Augenwinkel streichen und klatschte ausgelassen. Madison hatte mit ihrem schrägen Humor eine klasse Show auf die Beine gestellt. Ich hatte immer geglaubt, dass die *BAKT* ohne unsere Familie zugrunde gehen würde, aber das war falsch. Die *BAKT* lebte durch die Kinder und Jugendlichen, die mehr gaben, als sie nahmen. Das wurde mir in diesem Moment bewusst.

Die Bühne wurde geräumt und Jona stemmte die Hände in die Hüften. »Jetzt sind wohl wir dran«, sagte er in die Runde und kurz darauf ging einer nach dem anderen nach vorne.

»Ich war eigentlich froh, dass ich nicht mittanzen muss …« Ich wusste nicht, wie ich den Satz zu Ende führen sollte.

»Ich weiß, was du meinst. Fühlt sich komisch an, hier hinten zu bleiben«, stimmte Jona zu und schlang einen Arm um meine Taille. Mein Hinterkopf sank automatisch gegen seine Schulter, während wir am Rande der Bühne auf die Kinder blickten, die ihre Startformation einnahmen. Die charakteristischen Klänge zu *Frosty The Snowman* wurden angestimmt und hoben sich in den Himmel.

Als die ersten Tanzschritte fällig waren, ließ Jona mich los und wir bewegten uns wie von allein mit. Rechts, links, Drehung und zwei Schritte nach vorne. Arme hoch … Ja, genau so! Unsere Tanzgruppe lieferte eine Wahnsinns-Show ab!

Mein Herz schwoll vor Glück. Hätte man mir vor zwei Monaten davon erzählt, hätte ich nur müde gelacht.

»Rechts, links, rechts, Drehung … super«, murmelte auch Jona, der über meine Schulter spähte und gleichermaßen mitfieberte. Ich schmunzelte, weil ich genau die gleichen Gedanken hatte. Die nächsten zwei Tänze verliefen ebenfalls reibungslos und der

Applaus, der die Kinder im Nachgang überschwemmte, stieg mir zu Kopf.

Ich drehte mich um, stieg auf die Zehenspitzen und drückte Jona einen Kuss auf die Lippen, presste meinen Körper an seinen, sodass wir uns an jeder Stelle berührten. Meine Arme schlangen sich wie von allein um seinen Nacken. Sieben Wochen, ein ausgerenkter Rücken und eine durchzechte Nacht hatte es gedauert, und er hatte mir erst den Atem, und schließlich mein Herz geraubt. Erst still und heimlich, und dann in rasender Geschwindigkeit, sodass ich mir nicht mehr vorstellen konnte, ohne ihn zu sein!

Das Gefühl ängstigte mich. Aber ich war bereit, meine Angst zurückzustellen und mich voll und ganz auf Jona einzulassen. Das waren wir uns schuldig, das war ich *mir* schuldig. Jona schlang seine Hände um meine Mitte. Die Kinder rannten an uns vorbei, kicherten und lachten, die Ausgelassenheit war beinahe greifbar.

»Siehst du, alles gut gegangen«, murmelte er.

Ich grinste. »Ja, das ist es.«

Die Stufen knarrten, jemand fluchte und wir sahen beide auf, als Georges Dad im hinteren Bühnenbereich erschien. Ganz davon abgesehen, dass er dort nichts zu suchen hatte, allein sein Gesichtsausdruck war so bitter, dass er die gelöste Stimmung zu vergiften drohte.

»George? Wir müssen los! Deine Mum wartet schon im Auto!«, rief er über die Musik hinweg. Sein fleischiger Nacken drehte sich in alle Richtungen, während er nach seinem Sohn suchte. George zuckte bei der Stimme seines Vaters zusammen, kam dann allerdings angetrottet.

»Nicht«, presste ich hervor. Ganz intuitiv packte ich Jona am Unterarm. Fest und unnachgiebig, zumindest dachte ich das. Doch Jona war sofort so angespannt, dass ich mich wie ein kahler Ast in einem Novembersturm fühlte. Verflucht, nein.

Schlecht gelaunt griff Georges Vater inzwischen nach seinem Sohn und zog ihn in Richtung Treppen. »Wenn du noch langsamer machst, pennst du beim Gehen ein. Wir haben uns wegen dir genug den Arsch abgefroren.«

George stolperte, sagte aber kein Wort. Ich konnte Jonas Zähneknirschen, ja sogar seine Gedanken hören. Ehe ich reagieren konnte, riss er sich los.

Oh-oh.

»Hey, du da. Findest du es toll, andere hinter dir her zu zerren?«, fragte Jona provokant und marschierte den beiden hinterher. »Wie wär's, wenn du mit jemanden in deiner Größe weitermachst?«

Georges Vater sah auf und ließ, auf halbem Weg die Treppe runter, seinen Sohn tatsächlich los. George sprang die letzten Stufen hinab und verschwand in der Menge, während Jona dafür auf seinen Vater zuging und ihn ohne Umschweife schubste.

Was soll das?! Ist er jetzt völlig übergeschnappt?! Ich fühlte mich wie paralysiert. Erst das lang gezogene Ächzen, das zu mir hinüberdrang, riss mich aus meiner Starre. Mit drei langen Schritten sprintete ich den beiden hinterher.

»Spinnst du? Hör auf!«, schrie ich Jona an und zerrte an seinem Ärmel, doch der handelte wie im Rausch. Immer wieder stieß er Georges Vater gegen die Brust, der anstatt mit großer Klappe nur mit weit aufgerissenen Schweinsaugen glänzte.

»Hör auf deine Freundin, Mann! Was willst du überhaupt von mir?!«, plärrte er, als er seine Worte wiederfand. Ein paar Spucketröpfchen stoben in unsere Richtung.

»Was ich von dir will?!«, wiederholte Jona und holte aus. Doch Georges Vater stolperte über seine eigenen Füße und bevor ihn Jonas Faust treffen konnte, küsste er bereits den gefrorenen Boden.

Einzelne Besucher spähten bereits um die Bühne herum. Das Theater, das die beiden veranstalteten, war auch kaum zu überhören. Es war eine Katastrophe. Der Worst Case. Und es drohte noch schlimmer zu werden. Denn in diesem Augenblick holte Jona ein weiteres Mal aus.

»Nein, tu das nicht!« Auch wenn ich kein weiteres Aufsehen erregen wollte, war meine Stimme viel zu laut. Viel zu schrill.

Ich wusste mir nicht anders zu helfen. Mit einer Wendigkeit, von der ich selbst überrascht war, sprang ich Jona an. Wie ein Äffchen hing ich halb auf seinem Rücken, halb an seinem Arm, und zu allem Überfluss traf mich Jonas Ellbogen genau in den Magen.

Ich stöhnte vor Schmerz und mir wurde kurz schwarz vor Augen. Das Murmeln und Raunen der Gäste wandelte sich in ein surrendes *EEEEEE* in meinen Ohren. Zumindest schien ich Jonas Rausch aus Wut und Gewalt durchdrungen zu haben.

»Winnie?«, hauchte er, drehte sich zu mir um und fasste nach meinem Gesicht. Seine Augen waren dunkel wie die Nacht. »Scheiße, was machst du nur?«

»Was ich mache?«, keuchte ich fassungslos und hielt mir den Bauch. Tränen nahmen mir die Sicht. Im Augenwinkel sah ich, dass Georges Vater sich hochhievte und sich laut fluchend aus dem Staub machte.

»Komm, ich bring dich ins Haus.« Jona klang tonlos und absolut zerknirscht, und machte Anstalten, nach mir zu greifen.

»Nein, fass mich nicht an!« Mit einem Fauchen richtete ich mich auf. Erst da wurde ich mir der ganzen Blicke bewusst. Alle starten mich an. Mum. Gina. Madison. Besucher. Die Kinder. Irgendwo erkannte ich Jim. Und die Sponsoren. All die Hände, die ich heute Abend geschüttelt hatte. All die Zusagen auf Spenden. Auf Hilfe. Als ich die überraschte Enttäuschung in den Gesichtern sah, wusste ich, dass alles umsonst gewesen war.

Ich rannte los. Gina wollte mir hinterher, doch Mum hielt sie mit einem eisern ausgestreckten Arm davon ab. Stattdessen hörte ich Jona hinter mir.

»Winnie, warte.«

»Nein!« Mehr brachte ich nicht über die Lippen. Mir tat alles weh. Mein Kopf. Mein Bauch. Mein Herz. Jona hatte es geschafft, innerhalb von einer Minute die letzten sieben Wochen zu zerstören. Die ganze Arbeit, das ganze Herzblut, das wir in die Vorbereitungen gesteckt hatten, es war alles umsonst gewesen.

»Winnie, bleib stehen! Lass uns reden! Hast du nicht gesehen, wie er mit George umgegangen ist?«, rief Jona mir hinterher.

Mit fahrigen Fingern zog ich meinen Haustürschlüssel aus der Manteltasche. Doch ich zitterte so sehr, dass ich ihn nicht ins

Schloss bekam. Jona nahm ihn mir aus der Hand und wollte helfen. Doch ich konnte seine Nähe gerade nicht ertragen.

»Ich sagte, fass mich nicht an!« Mit Tränen in den Augen wirbelte ich herum und verschwand zwischen den Schatten der Häuser. Ich wollte alleine sein, musste alleine sein. Aber Jona schien das wenig zu interessieren.

Wieso konnte er nicht einmal das machen, um was man ihn bat?

Winnie Fuller

... und es knallte

Die Geräusche des Wohltätigkeitsmarktes drangen nur als leises Gemurmel zwischen den Häusermauern hindurch. Eigentlich sollte ich dort sein. Die Gäste und potenziellen Spender beschwichtigen, erklären, dass es sich bei Jonas Ausbruch um einen Ausrutscher gehandelt hatte.

Um ein Missverständnis.

Aber ich wusste genauso gut, dass es an der Situation nichts misszuverstehen gegeben hatte. Jona war außer sich gewesen und auf den Vater eines Kindes losgegangen. Eines Kindes, das eben noch auf der Bühne getanzt und sein Bestes gegeben hatte. Und dann hatte er in seiner rasenden Wut mich erwischt. Wie sollte ich das erklären? Wer würde sein Kind in die Hände einer Organisation geben, deren Helfer auf die Familie des Kindes losging?

Die Rede unserer Mutter kam mir wieder in den Sinn. Ihre Worte waren so glockenklar in meinem Kopf, dass mir ein Schauer über den Rücken fuhr. Dad wäre alles andere als stolz gewesen, wenn er heute Abend auf uns hinabgeschaut hätte. Jona hatte alles zunichtegemacht und das Schlimme daran war, er wusste vermutlich nicht mal, was er mit seinem unbedachten Ausbruch angerichtet hatte.

»Winnie? Winnie!«, drang seine Stimme durch die Dunkelheit. Ich hörte seine Schritte, den aufgewühlten Unterton. »Es tut mir leid, ich wollte dir nicht wehtun. Du hättest dich nicht an mich hängen sollen!«

Damit hatte er den falschen Knopf bei mir gedrückt. Ich trat aus dem Schatten, in dem ich mich versteckt hatte, und blitzte ihn an. »*Ich* hätte nicht … Hörst du dir überhaupt zu?«, fragte ich verständnislos und mindestens genauso aufgebracht. »Hast du mitbekommen, was du angerichtet hast? Niemand, niemand wird uns nach dieser Aktion noch unterstützen!«

Jona blieb vor mir stehen. Sein Gesicht lag fast vollständig in Dunkelheit. Nur seine Haarspitzen wurden von hinten angestrahlt und schimmerten golden. Aber ich erkannte, dass er die Stirn runzelte.

»Was ich angerichtet habe? Dieses Arschloch hat angefangen. Er hätte seine Finger von George lassen sollen. Es war längst überfällig, dass man ihm seine Grenzen aufzeigt«, knurrte er leise.

»Dir sollte man die Grenzen aufzeigen, nicht ihm!«, fuhr ich ihn an. Anstatt zu gehen und mich in Ruhe meine Wunden lecken zu lassen, machte er einen weiteren Schritt auf mich zu. Seine Miene war undurchdringlich und ich konnte nicht einordnen, ob er mich lieber heftig schütteln, umbringen lassen oder um Vergebung bitten wollte. Vermutlich wusste er es selbst nicht genau.

»Hör auf, ihn zu verteidigen.« Er wandte den Kopf ab. Auch ohne zu sehen, wusste ich, dass er mit seinem angepissten Starren Löcher in die Hausfassade brannte.

»Ihn verteidigen? Wir sind eine Stiftung, die Kinder und Jugendliche unterstützt, die sie aus ihren oftmals zerrütteten Familien holt und ihnen für eine kurze Zeit eine Zuflucht bietet! Wir sind die Guten! Oder waren es …« Ich rieb mir mit den Händen über das Gesicht. Wieder brannten Tränen hinter meinen Augenlidern. »Jetzt hat halb Burnaby dir dabei zugesehen, wie du Georges Vater zusammengestaucht hast. Du warst kurz davor, ihn zu schlagen! Nein, du warst nicht nur kurz davor. Du hast ihn geschlagen. Wäre er nicht gestolpert, hättest du ihn getroffen und …« Ich wollte dieses Szenario nicht weiterspinnen, denn es wurde immer schlimmer.

»Er hatte es verdient.«

»Ja, mit Sicherheit«, sagte ich und Jonas Kopf ruckte wieder zu mir. »Aber das rechtfertigt deinen Wutausbruch nicht. Es hätte andere Möglichkeiten gegeben, gegen Georges Vater vorzugehen. Was machen wir, wenn er zur Polizei geht und dich anzeigt? Das wird eins zu eins mit uns in Verbindung gebracht und dann können wir dichtmachen!« Meine vor Panik schrille Stimme tat mir in den eigenen Ohren weh, aber ich redete weiter, konnte nicht aufhören. Das war der Fall, den ich mir in meinen Albträumen ausgemalt hatte! Er war nicht nur eingetreten, er hatte uns komplett überrollt. Und das zu einem Zeitpunkt, zu dem ich nicht mehr damit gerechnet hatte. »Da hängt so viel dran! Das Wohl der Kinder, die Jobs, die wir bieten! Meine Familie kann daran niedergehen und alles nur, weil du dein verfluchtes Temperament nicht unter Kontrolle hast!«

Jona biss die Zähne aufeinander. Das Geräusch ging mir durch Mark und Bein. Die Hände in den Hosentaschen vergraben, spähte er in die Schwärze des nahe gelegenen Waldstückes. Er konnte mir nicht in die Augen blicken. Er konnte es nicht. »Ich wollte nur, dass er aufhört. Hast du George ins Gesicht geschaut? Ihr behauptet, für die Kinder da zu sein. Aber niemand krümmt auch nur einen Finger, wenn es darauf ankommt!«

»Hör auf …«

»Warum? Verträgst du die Wahrheit nicht? Das ihr eine scheinheilige Scheiße abzieht?«, machte er weiter. Gefährlich leise, gefährlich verletzend, bohrte sich jedes Wort direkt zwischen meine Rippen. »Ich habe vielleicht nicht stundenlang nachgedacht, als ich eingegriffen habe. Aber wenigstens habe ich etwas getan. Denk an die blauen Flecken, die George am ganzen Körper hatte! Ich kann nicht mit meinem Gewissen vereinbaren, dass noch weitere dazu kommen, wenn ich es hätte verhindern können!«

Wut, Unverständnis und das Gefühl von Schuld kochten in meinem Inneren, und mir wurde schlecht davon. Mein Kopf schwirrte und die Kälte, die von Jona abstrahlte, ging auf mich über. Ich schlang die Arme um meinen Oberkörper und unterdrückte ein Zittern.

»Bei dir ist alles immer schwarz oder weiß. Aber so ist es im realen Leben nicht. Im realen Leben muss man differenzieren, bevor man sich auf eine Seite schlägt und handelt.«

»Das sehe ich anders.«

Ich weiß. »Das hast du in den letzten Wochen deutlich gezeigt.«

»Und trotzdem bist du überrascht«, zischte er voller Abscheu. War er … war er verletzt?

»Ich hätte nicht gedacht, dass das mit uns in einem solchen Desaster endet«, ich zeigte anklagend in Richtung Wohltätigkeitsmarkt, »und ich bereue es. Ich bereue, dass du zu uns gekommen bist und alles ruiniert hast. Wir hätten das auf unsere Weise geklärt. Ohne Gewalt.«

»Auf eure Weise? Sorry, so viel Heuchelei halte ich nicht aus. Davon bluten mir die Ohren.« Jona schnaubte abfällig, doch er ließ nicht von mir ab. Ja, ich hatte ihn eindeutig getroffen.

»Was machst du dann noch hier?«

»Das frage ich mich auch«, entgegnete er und trat einen Schritt nach hinten. Der Lichtstrahl, der ihn eben nur touchiert hatte, traf nun sein Gesicht. Seine Augen wirkten beinahe schwarz, sein Kiefer zuckte vor Anspannung. Wir litten beide und seine nächsten beiden Sätze brachten uns zu Fall. »Du sagtest, du bereust es. Sag doch gleich, dass du *uns* bereust. Also?«

Ich dementierte es nicht, wusste nicht, was ich noch sagen, gar denken sollte. Ich brauchte meine Ruhe, musste nachdenken, wie ich weiteren Schaden verhindern konnte. »Geh jetzt einfach, Jona.«

»Das reicht mir als Antwort.«

Das war keine Antwort gewesen. Jona wusste das genauso gut wie ich. Doch ich wollte nicht weiter streiten, hielt es nicht mehr aus. Als mir die ersten Tränen über die Wangen liefen, drehte ich mich um und rannte in die Dunkelheit. Diesmal folgte er mir nicht.

Am liebsten hätte ich mich zurückgezogen. Ab in mein Zimmer, die Tür verriegelt und unter der Bettdecke verkrochen. Doch dafür war nicht die Zeit.

Der Streit mit Jona ließ mich nicht los, aber ich drängte ihn in die letzte Ecke meines Verstandes. Später würde ich mich damit auseinandersetzen. Jetzt musste ich retten, was noch zu retten war.

Ich wischte mir die Tränen aus dem Gesicht und erkannte Ginas dunkelroten Pferdeschwanz bereits von Weitem hinter einer der Buden und hielt darauf zu. »Wie schlimm ist es auf einer Skala von *Wir-kommen-drüber-hinweg* bis hin zu *Wir-können-dicht-machen*?«

Gina drehte sich zu mir um und sah mir direkt in die Augen. »Schlimm. Mum hat mit Georges Vater gesprochen und sich im Namen aller entschuldigt. Aber sie ist sich nicht sicher, ob Jona um eine Anzeige herumkommt.«

Ihre Antwort überraschte mich nicht. »Das wäre womöglich unser Ende.«

»Ich weiß.«

Mein Blick glitt über den Hof. Nur noch vereinzelt standen Leute zusammen, tranken Punsch und schwatzten. Viele Familien waren bereits gegangen. Das konnte natürlich an der Uhrzeit liegen. Es war bereits halb acht. Aber es konnte genauso gut mit Jonas Ausbruch zusammenhängen. Denn letztens Jahr um die Zeit war es um einiges voller gewesen.

»Geh ruhig heim. Wir sind genug Helfer«, sagte Gina, die meinen Blick richtig gedeutet hatte.

Ich war müde.

Todmüde.

Aber nicht die Art von Müdigkeit, die sich nach einem langen Arbeitstag einstellte, sondern viel mehr nach Wochen der Sorge. Ernüchterung. Eine Ernüchterung, die plötzlich nach einem Hoch eintrat, wie ich es erlebt hatte, fühlte sich gleich doppelt so furchtbar an.

»Nein, alles gut. Komm, ich helfe dir damit«, erwiderte ich, zwang mich zu einem Lächeln, und nahm meiner Schwester die Kiste aus der Hand. Gina traute dem Braten nicht, aber sie blieb still.

Ich konnte jetzt nicht tatenlos in meinem Zimmer sitzen. Ich brauchte das Gefühl, etwas zu tun zu haben, gebraucht zu werden.

Kisten schleppen und beim Abbau helfen lenkte mich von dem Unausweichlichen ab. Später, wenn die Nacht einfiel, blieb mir noch genug Zeit, das alles zu verarbeiten.

Die Stunden vergingen und um kurz nach zwei hatten wir das meiste abgebaut. Der Rest würde morgen folgen. Von Jona hatte ich nichts mehr gesehen oder gehört. Allein der Gedanke an ihn versetzte mir einen Stich in den Magen. Genau dort, wo mich sein Ellenbogen getroffen hatte. Es war keine Absicht gewesen. Es war nie seine Absicht, die Menschen, die er liebte, zu verletzten.

Trotzdem tat er es immer wieder.

Als ich an diesem Abend in mein Bett fiel und an die Decke starrte, konnte ich den Verlauf des Tages nicht fassen. *Sag doch gleich, dass du uns bereust*, drängten sich seine Worte in meinen Sinn. Ich vergrub den Kopf in meinem Kissen und hätte am liebsten geschrien. Innerhalb eines Tages hatten wir es geschafft, zusammenzukommen und uns auf halbem Wege zu trennen.

Ich hatte mich mit mir allein immer am wohlsten gefühlt, hatte geglaubt, allein am effektivsten arbeiten zu können. Wenn die Welt mir zu laut geworden war, hatte ich mich in mein leises Büro zwischen Zahlen und Buchstaben verkrochen. Nie hätte ich gedacht, dass ein dermaßen launischer Mensch, wie Jona es war, mich aus meiner Komfortzone locken könnte.

Aber so war es gewesen.

Er hatte mit mir auf die Kleinen aufgepasst. Er hatte mir und ihnen gezeigt, wie man sich auf eine geschmeidige Art bewegte. Er war geduldig mit mir gewesen, wenn ich mal wieder viel zu lang für einen Tanzschritt gebraucht hatte. Er hatte mich bis aufs Blut gereizt, hatte mit mir gelacht, bis ich davon Bauchschmerzen bekam. Er hatte mir den Spaß am Tanzen beigebracht, hatte mir gezeigt, dass ich nicht immer so verbissen sein und mehr über mich selbst lachen sollte. Und ganz nebenbei hatte er mir das Herz gestohlen.

Ich hatte es ihm heute Abend wieder entrissen, hatte es gerettet, bevor es vollständig zerstört worden war. Doch ich fühlte, dass es zu spät dafür war. Ich spürte es mit jeder schmerzenden Faser meines Körpers.

Jonathan Montague

… and the morning after

»Montague, abgeben! Abgeben!« Coach Nelson brüllte über das Eis, dabei glühte sein Kopf, als handele es sich um ein Baustellenlicht. Von außen mochte das lustig wirken – wenn man das Objekt seines Grolls war, dann war es das nicht.

Wenn man Nelson irgendwo im Alltag begegnete, würde man nie glauben, dass sich dieser einssechzig große Mann auf dem Eis in solch einen Choleriker verwandelte. Carter hatte mir sogar gesteckt, dass Nelson monatlich Unsummen an das örtliche Tierheim spendete. Das Bild von süßen Welpen und Nelson passte in meinem Kopf einfach nicht zusammen.

Ich preschte nach vorne und holte aus. Doch im gleichen Moment rammte mich Steven von links. Ich strauchelte, fing mich allerdings, bevor ich das Eis küsste. Der Puck war trotzdem weg und ich stöhnte frustriert. Was für ein miserables Training heute.

Ich wusste nicht, wo mir der Kopf stand. Ich war unkonzentriert und verlor einen Puck nach dem nächsten. Kein Wunder, dass sich der Coach hinter der Bande vor lauter Wut die Kehle wund schrie.

Als Nelson das Training für beendet erklärte, natürlich nicht ohne auf unsere – besonders meine – Unzulänglichkeiten hinzuweisen, stürmte ich in die Umkleidekabine. Ich zerrte meinen Helm, das Trikot und den Schulterschutz herunter. Die restliche Montur riss ich beinahe in zwei. Dann stapfte ich in die Duschen und ließ eiskaltes Wasser über meinen Kopf regnen. Doch das half nur bedingt. Was stimmte nicht mit mir? Warum musste ich immer alles gegen die Wand fahren?

Die letzten Tage hatte mein Körper in eine Art Überlebensmodus geschaltet. Ich war wie ferngesteuert. Ich reagierte, funktionierte. Aber alles darüber hinaus war nicht möglich. Ich konnte nicht reden, nicht richtig essen, nicht schlafen. Vom Training ganz zu schweigen. Man musste kein Einstein sein, um das zu bemerken. Winnie fehlte mir einfach so sehr. Genauso wie ihre fürsorgliche, verrückte Familie. Stöhnend wischte ich mir übers Gesicht. Ich hatte die letzten beiden Stunden schon den einen oder anderen prüfenden Blick geerntet. Jedes Mal hatte ich einem grimmigen Gesichtsausdruck reagiert, sodass mich noch keiner auf meine Stimmung angesprochen hatte. Gut so.

Als die anderen die Duschen betraten, war ich schon halb angezogen.

»Kommst du noch mit in die Stadt?«, hielt Carter mich auf, bevor ich verschwinden konnte. Seine Hand war zu meiner Brust geschnellt, sodass ich stehenbleiben musste, wenn ich ihn nicht wegschubsen wollte.

»Nein, keine Lust.«

»Was ist los mit dir, Mann? Du warst heute echt … seltsam. Irgendwas mit deiner Granma?«, hakte er nach, jetzt etwas gedämpfter.

»Nein, zur Abwechslung mal nicht«, antwortete ich, machte mich los und schulterte meine Trainingstasche. Doch Carter ließ nicht locker und griff ein weiteres Mal nach mir. Ich seufzte genervt.

»Guck nicht so, als wolltest du meine Hand gleich abreißen«, grinste er. Der hatte Nerven! Ich zog die Augenbrauen hoch, aber Carter blieb unbeeindruckt, mehr noch, er lehnte sich vor. »Hör zu, wir lassen die anderen ziehen und gehen irgendwo allein ein Bier trinken. Nur wir zwei.«

Auch wenn ich mich sträubte und meine Laune irgendwo zwischen Boden und Hölle dümpelte, eigentlich klang der Vorschlag gut. In meiner Wohnung würde ich mir nur selbst auf die Nerven gehen und davon hatte ich zur Abwechslung genug. Bloß Gran durfte ich nicht die ganze Nacht allein lassen, meine schlechte Laune schlug sich in ihrer Verwirrung nieder. »Ein Bier, okay?«

»Wenn du das sagst.« Er grinste schief und ließ von mir ab. »Ich hüpf schnell unter die Dusche und wehe, du bist nicht mehr hier, wenn ich rauskomme.«

»Schon gut. Ein Bier ist okay.«

Carter machte sich in Höchstgeschwindigkeit fertig, während ich mein Zeug ins Auto brachte. Als er über den Parkplatz gejoggt kam, waren seine Haare noch feucht von der Dusche. Zusammen machten wir uns auf den Weg in die Stadt. Wir fuhren in Adams Irish Pub. Heute hatte ich keinen Dienst, was wohl besser für mich und die Kunden war. Zu unserem Glück war die Kneipe noch relativ leer.

Wir rutschten auf zwei Hochstühle an der Bar. Als Adam meinen Gesichtsausdruck erfasste, schob er uns kommentarlos ein Bier herüber. Endlich mal jemand, der kapierte, dass mir nicht nach Reden, sondern mehr nach Betrinken war. Carter hatte da weniger Feingefühl.

»Also, was ist los?«, kam er sofort zum Punkt, ehe er von seinem Bier probiert hatte. Ich schluckte das Seufzen, das meine Kehle emporkroch, wieder hinunter, hob die Flasche an meine Lippen und trank in Ruhe.

»War ein scheiß Wochenende«, fasste ich zusammen.

»Wieso?« So einfach ließ sich Carter nicht abspeisen. »Schlecht geschlafen, oder was?«

»Ja, genau, deswegen hält jeder Abstand zu mir. Weil ich schlecht geschlafen habe«, meinte ich trocken. Ich stützte den Arm auf der Bar ab und fuhr mir durchs Haar.

»Was ist es sonst?«

»Ich hatte eine Freundin«, begann ich und nahm sofort noch einen weiteren Schluck. Meine Flasche war zur Hälfte leer und ich hob einen Finger in Richtung Adam. Er verstand wortlos – für diese Geschichte brauchte ich mehr Alkohol.

Zwanzig Minuten und zwei weitere Bier später war Carter über meine letzten acht Wochen im Bilde. Außer dem *Crunshcrunsh-crunsh*, das von den gerösteten Erdnüssen zwischen seinen Zähnen stammte, hatte er zur Abwechslung mal geschwiegen. Der weichgespülte Teil in mir musste zugeben, dass es ganz gutgetan hatte, die Geschichte loszuwerden. Es änderte zwar nichts an der Situation, mein Kopf fühlte sich trotzdem leichter an. Das konnte natürlich auch an den Mengen an Bier liegen, die ich mir eingeflößt hatte. Wer wusste das schon.

»Also … du stehst auf diese Winnie, hast es aber so kometenmäßig versaut, dass sie kein Wort mehr mit dir spricht«, brachte Carter es nach einer Weile auf den Punkt und schob sich eine weitere Ladung Nüsse in den Mund. Mit vollen Backen sprach er weiter: »Klingt absolut nach dir, Jona.«

Am liebsten hätte ich ihm das verkniffene Grinsen, das an ein verfressenes Backenhörnchen erinnerte, aus seinem Gesicht gewischt. Mit der Flasche vor mir oder meiner Faust. Als er die Mordlust in meinem Blick bemerkte, stoppte er abrupt. »Okay, okay, verstanden. Kein Thema, über das man scherzen sollte.«

»Richtig.«

»Du willst sie zurückgewinnen?«

Ich hob eine Schulter. Natürlich wollte ich das. Auch wenn sie mich regelmäßig an den Rand des Wahnsinns brachte, wusste ich, dass ich daran nicht unbeteiligt war. Dass ich manchmal viel zu impulsiv reagierte und dass meine Reaktion Georges Vater gegenüber nicht durchdacht gewesen war.

»Wenn du diesen Enthusiasmus an den Tag legst, verstehe ich, warum sie dich abgeschossen hat. Du musst sie beeindrucken«, erklärte Dr. Freud neben mir.

»Und wie soll ich das anstellen?«, brummte ich, nahm noch einen großen Schluck von meinem Bier und blickte ihn von der Seite an.

»Keine Ahnung.«

»Sehr hilfreich, Carter. Echt. Du solltest Lebensberater werden. So inspirierend.«

Er verdrehte die Augen. »Na gut, stell die Sarkasmus-Tonspur ab und lass mich überlegen.«

»Tu dir dabei nicht weh.«

»Witzig«, murrte er und ließ den Blick schweifen. An einer schlanken Blonden blieb er hängen und ich war schon im Begriff, ebenfalls die Augen zu verdrehen, da sagte er: »Ich habe eine Idee.«

»Und die wäre?«

»Du setzt an dem Punkt an, an dem du es versaut hast. Nur dadurch kannst du sie packen.« Okay, jetzt mutierte der Zweimeter-Sportstudent neben mir tatsächlich zum Psychologen. Das geheimnisvolle Geschwafel hatte er drauf.

Doch am Ende des Abends musste ich zugeben – ich hatte Carter unterschätzt. Als ich die Kneipe verließ, war ich besser drauf und um eine Idee reicher.

Es war fast elf, als ich den Wagen zu Hause abstellte. Gran fragte sich sicher schon, wo ich blieb. Ich steckte den Schlüssel in das Türschloss und roch bereits beim Reinkommen den durchdringenden Geruch von Rauch. Ich stockte. *Scheiße!* Irgendwas verkohlte und verpestete die Räume mit dichtem, grauem Qualm. Ich erkannte kaum die Hand vor Augen, stieß gegen Stühle und riss einen Stapel mit Zeitungen um.

»Gran?«, schrie ich. Panik schwang in meiner Stimme. Doch ich erhielt keine Antwort. »Gran? Granma, wo bist du?!«

Mein Herz pumpte wie wild und ich hielt mir den Unterarm vor Mund und Nase. Blindlings fiel ich in die Küche ein. Durch die Schwaden erkannte ich eine Pfanne auf dem Herd. Ohne nachzudenken, zerrte ich sie in die Spüle und verbrannte mir dabei die Handinnenfläche.

Fuck.

Kurz sah ich Sterne vor den Augen. Bevor mich der Schmerz lähmte, riss ich sämtliche Fenster auf. Hier musste Luft rein. Ich stellte einen Durchzug her und fiel auf einen Küchenstuhl. Meine Hand brannte wie die Hölle. Zwei rote Striemen waren zu erkennen, dort, wo ich versehentlich den Rand erwischt hatte, und die Haut schlug bereits Blasen.

Ich rappelte mich auf und schleppte mich ans Waschbecken. Dort ließ ich kühles Wasser über die Verbrennung laufen. Der Schmerz durchzuckte mich ein zweites Mal, aber ich biss die Zähne aufeinander. Keine Ahnung, wie lange ich dastand. Eine Minute? Fünf?

Die Türklingel riss mich aus meinen Gedanken. An Gran hatte ich in meinem Schock nicht weitergedacht. Nachdem ich einen Blick ins Wohnzimmer und in ihr Schlafzimmer geworfen hatte, machte ich mich zur Wohnungstür auf. Ich war nicht einmal überrascht, als ich sie öffnete und Gran vor mir stehen sah. Sie hatte ihre pinken Pantoffel und den Morgenmantel an, und musste sich den Hintern abgefroren haben.

»Gran, wo warst du?«, fragte ich müde und ließ sie herein.

Bibbernd stapfte sie an mir vorbei, den einen Arm um ihren Morgenmantel geschlungen, den anderen um eine Plastiktüte. »Ich wollte dir ein paar Pancakes machen, Jonathan. Aber dann ist mir eingefallen, dass wir keine Milch mehr haben. Da bin ich schnell zur Tankstelle gelaufen.«

»Die Tankstelle ist eine Meile entfernt.« Ich klang fassungslos. War sie in dem Aufzug eine Meile hin und eine Meile zurückgegangen? Wir hatten Minusgrade!

»Ach papperlapapp. Was ist hier los?« Sie kniff die Augen zusammen und rümpfte die Nase. »Hast du etwas anbrennen lassen?«

Angespannt und zugleich ermattet nahm ich ihr die Tüte ab und führte sie ins Wohnzimmer. Ich ärgerte mich nicht allein über Gran, auch ich war nicht unbeteiligt an dieser Misere. Die zwei Feuermelder, die ich längst installieren wollte, lagen noch verpackt in meinem Zimmer. Obwohl die einen Brand auch nicht hätten verhindern können und wen hätten sie warnen sollen? Gran auf dem Weg zur Tanke? Was wäre gewesen, wenn ich eine Viertelstunde später zurückgekommen wäre? Hätte dann die Wohnung in Flammen gestanden?

Hoffentlich hatte keiner der anderen Mieter oder der Vermieter selbst etwas mitbekommen. Den Stress wollte ich mir ersparen. Schier erschlagen von all den Fragen und Gedanken massierte ich mir die Nasenwurzel. In meinem Hinterkopf kündigte sich wieder eine Kopfschmerzattacke an.

»Bleib bitte hier, ich mache dir einen Tee.«

»Aber deine Pancakes …«

»Ich will heute Abend keine Pancakes mehr!«, fuhr ich sie an. Ihre Augen wurden rund wie Murmeln, doch sie blieb still. Sofort tat mir mein Ausbruch leid. Aber ich packte es nicht mehr! Alles, schier alles, sackte in sich zusammen! Und ich konnte nur tatenlos dabei zusehen und …

»Gran? Wir müssen reden«, sagte ich, nachdem ich meine Hand mit Salbe eingerieben, verbunden und ihr einen Tee gemacht hatte. Sie saß noch immer auf dem Sofa. Meine Ansage hatte gesessen. Das erkannte ich auch an ihrem Blick. Zur Abwechslung war er klar und irgendwie schuldbewusst. Sie spürte, dass etwas nicht stimmte, und sie der Grund dafür war.

»Wir müssen eine Lösung finden. So kann es nicht weitergehen.«

»Was meinst du, Jonathan?«

»Was ich meine?«, wiederholte ich und überreichte ihr die Tasse. *Du hast fast unsere Wohnung abgefackelt! Alles, was uns etwas bedeutet!* Am liebsten hätte ich Klartext mit ihr gesprochen, sie gefragt, ob sie noch ganz dicht war. Aber was brachte mir das?

Nichts.

»Ich meine damit, dass ich mir Sorgen um dich mache, schon eine Weile, und dass wir so nicht weiterleben können.«

Winnie Fuller

… und die Einsicht – vor seinen Problemen kann man nicht davonlaufen

»Ich bin wahnsinnig stolz auf euch. Ihr habt das toll gemacht!«, lobte ich die Kleinen, die sich in einem Kreis um mich scharrten, und schloss damit die Stunde. Grinsen und rote Backen blitzten mir entgegen. Die meisten waren am Samstag zu beschäftigt gewesen, um den Tumult um Georges Vater zu bemerken. Zum Glück. »Wir sehen uns am Donnerstag.«

Während sich alle erhoben und fertigmachten, kam Jenny auf mich zu. Ihr schütterer, blonder Pferdeschwanz wippte von rechts nach links. »Kommt Jona dann auch?«

Unbewusst hatte Jenny mir einen Schlag direkt in meinen Magen verpasst. Dort, wo mich auch Jona getroffen hatte. Ich rang nach Luft. Gott, ich vermisste ihn so sehr. Auch wenn er sich wie ein Vollidiot verhalten hatte. Aber das änderte nichts an meinen Gefühlen.

»Nein, Jonas Dienst bei uns ist vorüber und er darf jetzt wieder Eishockey spielen«, erklärte ich ihr.

Jenny und die Kinder, die das ebenfalls mitbekommen hatten, zogen einen Flunsch. Hier und da wurde ein bedauerndes *Ohh* ausgestoßen. Ich konnte sie verstehen. Jona hatte aus unseren Stunden immer ein Spektakel gemacht. Er war witzig gewesen und hatte gleichzeitig nie das Ziel aus den Augen verloren. Ich blickte in die kleine Runde und mein Herz schmerzte weiter.

Alle waren hier gewesen.

Alle außer George.

Seit dem Markt hatte ich ihn nicht mehr zu Gesicht bekommen. Gestern hatte ich bei ihm zuhause angerufen, aber es hatte niemand abgehoben. Nicht sein Vater, nicht seine Mutter, nicht George selbst. Vermutlich, weil sie unsere Nummer erkannt hatten.

Die Tür ging auf und vereinzelt betraten Eltern die Halle. Nach und nach lichtete sich unsere Gruppe. Zuletzt kam Simon in unsere Halle gehetzt. Sein Parka wehte nach hinten und seine Brille lief in der warmen Halle sofort an.

»Sorry, Winnie, ich bin zu spät!«, begrüßte er mich und rang nach Atem. Er nahm sich seine Brille ab und putzte mit dem Zipfel seines Pullovers darüber.

»Alles in Ordnung. Mach dir keinen Stress«, beschwichtigte ich ihn.

Er lächelte dankbar. »Und wie geht's dir?«

Ich zwang mich zu einem Lächeln, bei dem meine Gesichtsmuskeln schmerzten. »Gut soweit, und dir?«

»Ja, alles wie immer«, erwiderte er. »Viel Stress auf der Arbeit, aber das wird schon. Es tut mir leid, dass ich nicht euren Wohltätigkeitsmarkt besuchen konnte. Ich musste Samstag eine Sonderschicht einlegen. Wie ist er gelaufen?«

Erstaunlich gut und dann erstaunlich schlecht?

»Unvorhergesehen«, erklärte ich ausweichend, bevor ich mich verquatschen konnte. Ich wollte das Drama, das Jona heraufbeschworen hatte, so gering wie möglich halten. Die Eltern sollten keine Bedenken haben, ihre Kinder in unsere Obhut zu geben. Erst gestern Morgen am Telefon hatte ich Susans Mutter beruhigen und die Situation erklären müssen.

Simon hob die blonden Brauen, aber hakte nicht weiter nach. »Echt schade, dass ich Jennifer nicht sehen konnte. Ich hatte ein richtig schlechtes Gewissen. Konntet ihr Fotos machen?«

»Ich glaube, Maddy hat ein Video gemacht. Das kann ich dir später schicken«, bot ich ihm an und griff nach meiner Weste.

»Ja, das wäre toll.« Er nickte und sein müdes Gesicht hellte auf. Mit seiner nächsten Frage erwischte er mich kalt. »Sag mal, hast du am Wochenende was vor? Vielleicht könnten wir einen Kaffee zusammen trinken?«

Hatte ich richtig gehört? Hatte mich der schier dauerbeschäftigte Simon auf ein Date eingeladen? »Äh…« Meine Eloquenz fiel auf das Level einer Dreijährigen. Damit hatte ich nicht gerechnet. Natürlich hatten wir immer geplänkelt. Dennoch war ich nach der ganzen Zeit überrumpelt. Ich schluckte meine Überraschung hinunter. »Lieb von dir, aber ich kann nicht. Da ist … jemand anderes.«

»Oh, natürlich. Jemand wie du bleibt nicht lange allein.« Er grinste aufgesetzt, ehe er sich nach Jennifer umblickte. Ich verkniff mir, ihn darauf hinzuweisen, dass er über ein Jahr die Möglichkeit gehabt hatte, nach einem Date, einem echten Date, zu fragen. Aber wem machte ich etwas vor? Die Chemie zwischen mir und Simon konnte niemals an die heranreichen, die ich mit Jona verspürt hatte. Das wusste ich nun.

»Jen, kommst du? Wir machen uns auf die Socken«, rief er durch die Halle, dann wandte er sich wieder an mich. »Mach's gut, Winnie.«

»Tschüss, ihr zwei«, antwortete ich mit kratziger Stimme und winkte den beiden hinterher.

Als alle verschwunden waren, sank ich in der Stille der Halle in mich zusammen und schob mir das Haar aus dem Gesicht. Seltsam, dass ich bei Simons Frage nichts als Unbehagen gefühlt hatte. Vor einem Jahr hätte ich einen Luftsprung gemacht, aber ich hatte mich nie getraut, ihn in meine Schwärmerei einzuweihen, da er immer so beschäftigt gewesen war. Auch wenn ich nicht mehr, wie Simon vermutete, mit Jona zusammen war, jetzt mit jemand anderem auf ein Date zu gehen, fühlte sich wie Betrug an.

Prompt klingelte mein Handy, Jonas Name erschien auf dem Display. Mir wurde eiskalt. In gebannter Stille starrte ich auf den Bildschirm, verfolgte das anhaltende Vibrieren, bis der Anruf stoppte und alles wieder schwarz wurde. Es war der dritte Anruf von ihm in den letzten Tagen.

Ich rappelte mich auf, warf mir die Weste über und begann

aufzuräumen. Aber ich war unruhig, Georges Fernbleiben, Simons Frage nach einem Date und Jonas Anruf belasteten mich. Anstatt wie sonst in die Cafeteria zu spazieren und etwas zu essen, verzog ich mich in mein Büro.

Es lag in Dunkelheit und ich knipste das Licht an. Sofort fielen mir die Stapel an Arbeit auf meinem Schreibtisch ins Auge. In den vergangenen Tagen war einiges liegen geblieben. Damit würde ich mich morgen auseinandersetzen. Jetzt galt es, einer meiner vielen Sorgen nachzugehen.

Ich sank auf meinem Schreibtischstuhl und fuhr den Laptop hoch. Relativ schnell hatte ich die Nummer gefunden, nach der ich über die Suchmaschine gesucht hatte. Meine Fingerspitzen kribbelten nervös, als ich nach dem Hörer griff und wählte. Vermutlich erreichte ich um die Uhrzeit sowieso niemanden mehr, aber es war zumindest einen Versuch wert. Ein Freizeichen ertönte, anschließend hörte ich eine jung klingende Stimme.

»Büro für Kinder- und Familiendienste. Ashley Sinclair am Apparat.«

Mein Puls beschleunigte sich und ich schluckte gegen die Trockenheit in meinem Hals an. »Burnaby Association for Kids and Teens, Genevieve Fuller hier. Ich würde gerne eine Anzeige aufgeben.«

Winnie Fuller

… Glück im Spiel, Pech in der Liebe

Gina gähnte ausgelassen und ließ sich zur Seite fallen. Vorwurfsvoll blinzelte sie mich von meiner Matratze aus an. »Deine Laune hält kein Mensch aus.«

»Wieso sitzt du dann in meinem Zimmer?«, murrte ich und sank tiefer in den Sitzsack neben ihr.

»Vielleicht bin ich masochistisch veranlagt?«, fragte sie und grinste mich an. »Oder es macht mir Spaß, dir auf den Geist zu gehen? Auch möglich.«

Ich schmiss ein Kissen nach ihr. Gina fing es behände ein. »Ouh, das hat wehgetan. Wie kannst du nur? Nimm das!«

Ehe ich mich versah, prallte ein Stofftier, das sie mir letztes Jahr zu Weihnachten genäht hatte, an meiner Stirn ab. Das war das Schöne daran, Geschwister zu haben – man schrie sich an, warf sich ein paar Dinge an den Kopf und hatte sich danach genauso gern wie vorher. Ich wusste nicht, was ich ohne Gina machen würde. Sie war nicht nur meine Schwester, sie war auch meine beste Freundin. Gott, war ich wieder sentimental!

Das war mir in den letzten Wochen öfter passiert. Den Dezember und die Feiertage hatte ich entweder lethargisch aus dem Fenster starrend oder in mein Kissen heulend verbracht. Heute hatten wir den dritten Januar und ich konnte mich selbst nicht mehr leiden. Bevor ich erneut in Tränen ausbrach, setzte ich eine undurchdringliche Miene auf. Doch Gina fiel es gar nicht auf. Die tippte mit fliehenden Fingern auf ihrem Handy herum und summte irgendeinen alten Mariah Carey-Song. Auf einmal verstummte sie und blickte genauso undurchschaubar drein wie ich.

»Alles okay?«, hakte ich nach und lehnte mich in meinem Sitzsack hervor. Gar nicht so einfach, wenn man dabei nicht wie ein schwangeres Walross aussehen wollte.

Sie blickte auf, ein seltsamer Ausdruck in den Augen, und rappelte sich hoch. »Ja, klar … aber, du musst jetzt aufstehen. Wir müssen los!«

»Ähm, was? Wir?«

»Ja, du musst mitkommen!«, meinte sie weiterhin ohne irgendeine Erklärung.

»Geht das auch weniger kryptisch? Ist etwas passiert?« Ich verstand nur Bahnhof!

Gina legte ihr Telefon beiseite und hob die Schultern. Auch sie blickte ratlos drein. »Ich weiß es nicht. Madison hat nur geschrieben, dass wir kommen sollen.«

»Wohin?«

»In die Stadt. Sie schickt mir ihren genauen Standort noch.«

»Sie muss doch gesagt haben, um was es geht?«

»Madison meinte, sie weiß nicht, wie sie nach Hause kommen soll.« Gina rollte die Augen. »Vielleicht war sie auf einem Date, vielleicht war sie Weihnachtseinkäufe umtauschen, vielleicht hat sie für einen Marathon trainiert. Wer weiß das schon?«

»Wieso ruft sie nicht Jim an? Der ist sowieso unterwegs.«

Gina warf mir einen Du-kennst-doch-Madison-Blick zu und ich seufzte ergeben.

»Okay, schon verstanden.«

Das war mal wieder typisch. Madison rief und wir sprangen. Mit einem Ächzen ließ ich mich von Gina aus dem Sitzsack ziehen. Dennoch war mein Magen flau, als wir mein Zimmer verließen und im Flur nach unseren Mänteln, Stiefeln und Mums Autoschlüssel griffen. Zusammen machten wir uns auf in Richtung Stadt.

»Es wird schon nichts Schlimmes sein«, sagte Gina, als ich den Motor startete. Ihre Stimme verging in dem stetigen Brummen und ich war mir unsicher, ob sie damit mich oder eher sich selbst beruhigen wollte. Daher schluckte ich eine Erwiderung herunter und konzentrierte mich auf den Straßenverkehr, der immer dichter wurde, je weiter wir ins Zentrum fuhren.

»Und jetzt rechts ab.«

»Sicher? Da geht's zum Burnaby Lake. Was wollte Madison da?«

Wir verließen den Trans-Canada-High-Way und fuhren auf eine Schotterstraße. Der gefrorene Boden knackte, wenn ich einmal zu weit rechts auf den Grasstreifen fuhr.

»Ihre Nachricht war nicht sonderlich informativ. Stand Up-Paddling?«, mutmaßte Gina.

»Im Winter? Mit einem verletzten Bein?« Wieso glaubte ich so langsam nicht mehr daran, dass sie nichts wusste? Irgendetwas war hier faul. Ehe ich weiter nachbohren konnte, wurde ich mir der wachsenden Anzahl Autos um uns bewusst. Ich kniff die Augen zusammen.

»Da hinten ist ein Parkplatz!« Gina gestikulierte wild. »Madison sollte da irgendwo warten.«

»Hier? Bei den Sportplätzen und der *Canlan Ice Sports Hall*?« Ich runzelte die Stirn, warf einen Blick in meinen Rückspiegel und fuhr an den Seitenstreifen. Mit einem Seufzen wandte ich mich an meine Schwester. »Mal im Ernst – was habt ihr vor. Maddy und Sport? Maddy ist froh, wenn sie sich eigenständig ihre Schnürsenkel zubinden kann, ohne sich komplett invalid vorzukommen.«

Gina blinzelte verlegen. Erst jetzt fielen mir die Plakate auf. Die Trikots, die die Besucher trugen. Natürlich – wieso war ich nicht gleich darauf gekommen?

Es war Sonntag.

Sonntag war in der Regel Eishockey-Tag!

Die charakteristischen Farben der *Burnaby Polar Bears* leuchteten in allen Formen. Trikots, Maskottchen, Fahnen und sogar Becher, auf die das Logo der Jungs gedruckt worden war. Ein Meer aus Blau und Weiß drängte sich um die Eingänge und ich schauderte.

»Nein!«, sagte ich entschieden. Ich und meine drei, gestörten Persönlichkeiten – Faulenzer-Beyoncé, meine dauernörgelnde, innere Oma und Panik-Winnie, die am liebsten alles zerdachte – waren alle der gleichen Meinung. Nein, nein, nein! »Was soll das?!«

»Ach, Winnie, du warst so deprimiert und hast nur zu Hause rumgesessen!«, rückte Gina nun mit der Sprache raus.

»Also, wenn das eure Art einer Aufmunterung ist, dann war sie ein Griff ins Klo«, monierte ich und verschränkte die Arme.

Im gleichen Moment riss Madison die Fahrertür auf und blickte gut gelaunt hinein. »Da seid ihr ja endlich! Ich dachte schon, ihr lasst mich hier festfrieren. Kommt, wir sind spät dran!«

»Spät dran?«, wiederholte ich und sah verständnislos zwischen Gina und meiner Cousine hin und her. »Ich dachte, es sei etwas passiert. Etwas Schlimmes à la Maddy-hat-sich-auch-das-zweite-Bein-zerstört. Oder Maddy-steht-einsam-und-allein-irgendwo-im-Nirgendwo! Wie kommt ihr überhaupt auf die Idee, mich hierher zu lotsen?«

Gina lächelte entschuldigend, während Madison prustend nach Atem hechelte. »Siehst du Gina, wir hätten doch die Welpen-Show buchen sollen.«

»Dumm gelaufen«, meinte Gina zerknirscht und zuckte mit einer Schulter. »Aber jetzt sind wir hier und die Karten sind bezahlt.« Anschließend zog sie den Reißverschluss ihres Mantels nach oben und stieg aus. Auf diesem Weg konnte man einer Diskussion natürlich auch entgehen.

Madisons Blick war weiterhin auf meine verschränkten Arme gerichtet. Mit jeder Sekunde, die verstrich, wanderten sie ein Stückchen höher. »Du kannst das hier nicht aussitzen.«

»Wer sagt das?«

»Das Mädchen, das ihre Krücke sehr galant als Waffe nutzt«, entgegnete sie und klopfte damit demonstrativ gegen den Kotflügel.

»Hey, schon gut. Hör auf!« Mit einer mir unbekannten Schnelligkeit sprang ich auf und lief um das Auto herum. Die beiden waren furchtbar! »Ich komme ja mit.«

Madison grinste zufrieden, während Gina sichtlich erleichtert aussah. Beide fädelten sich in den Menschenstrom ein, der auf die Halle zusteuerte, und mir blieb nichts anderes übrig, als ihnen zu folgen. Was um Himmels willen machte ich hier? Und wie hatte ich auf Ginas grottenschlechte Schauspielkünste hereinfallen können?

Da drückte Madison mir eine Karte in die Hand. Die *Burnaby Polar Bears* spielten gegen die *Mission Penguins.*

Nach kurzer Zeit betraten wir die Halle. Die Luft war abgestanden und roch verbraucht, aber das tat der vorherrschenden Stimmung keinen Abbruch. Überall waren Leute. Sie wuselten vor den Kassen, in den Gängen, drängten sich vor den Getränken- und Imbissausgaben. Ein schäumender Ozean aus Blau und Weiß, Plastikbechern und Essen.

Madison durchquerte die mit Linoleum ausgelegten Flure, als handele es sich um ihre zweite Heimat. Ich hingegen fühlte mich wie ein Pinguin, der am Mittelmeer gestrandet war. Meinem natürlichen Lebensraum beraubt. Zu viele Menschen, zu viel Begeisterung für einen Sport, dem ich nichts abgewinnen konnte, und den ich, wenn überhaupt, nur über das Regional-Fernsehen verfolgte. Aber hey, ich wurde nicht müde, es zu betonen – *Bereiten wir Winnie einen schönen Nachmittag in der Eissporthalle. Darüber wird sie sich sicher freuen!*

Ja, das hier war der Spaß meines Lebens. Wie waren meine beiden besten Freundinnen nur darauf gekommen? Genauso gut hätten sie mich auf einem Tennisplatz oder schlimmer ... in einem Schwimmbad aussetzen können.

Den Kiefer vorgeschoben, die Augen zu zwei meuchelmördermäßigen Schlitzen verkniffen, starrte ich auf Madisons kurz geschorenen Hinterkopf. Fehlte nur noch, dass Jona mir über den Weg lief.

Oh, hallo. Wie auf Abruf fiel mir sein Abbild auf einem der Plakate ins Auge. Es zeigte ihn in vorderster Front auf dem Eis, den Schläger bereit zum Ausholen gehoben. Der Puck bildete das erste »O« von *Go, Polar Bears*! Im Augenblick war mir mehr nach *Go home*, aber Gina schob mich unbarmherzig eine der Tribünen hinauf. Von hier aus hatte man einen perfekten Ausblick auf das Eis.

»Ich besorge uns was zu trinken«, verkündete Madison. Bevor ich antworten konnte, war sie im Getümmel verschwunden und ließ mich und Gina vor einer Reihe Plastikklappsitze zurück.

»Das einzige, das diesen Tag noch retten kann, ist jemand, der mit Süßigkeiten um sich schmeißt. Ich habe Hunger«, murrte ich.

»Als Jona mit Pudding nach dir geworfen hat, fandest du das nicht sonderlich lustig«, kommentierte Gina trocken und dirigierte mich auf einen Sitzplatz.

»Woher weißt du das?« Ich wirbelte zu ihr herum und funkelte sie an. Doch Gina lächelte nur süffisant.

Ich verdrehte die Augen. »Warum quält ihr mich so? Ihr wisst doch, was vor vier Wochen zwischen mir und Jona passiert ist. Das Letzte, was ich mir antun will, ist ihm beim Eishockey zuzusehen«, lamentierte ich. »Können wir nicht einfach einen Tee trinken gehen?«

Gina setzte zu einer Antwort an, doch im gleichen Moment wurde das Licht rund um die Tribünen gedimmt. Die Eisfläche leuchtete bläulich, während schmale Lichterkegel in Kreisen darüber zogen. Laute Musik dröhnte aus den Boxen. Der Bass brachte sogar den Boden zum Beben und machte jeden Versuch zunichte, ein Gespräch zu führen. Abgesehen davon, dass es sowieso zu spät war. Nicht einmal ich konnte leugnen, dass die Stimmung nicht mitreißend war.

Madison drängte sich inzwischen zu unseren Sitzplätzen durch, drei volle Becher in den Armen. Ihre Augen funkelten euphorisch. »Es geht los, Mädels!«

»Kann es kaum erwarten«, erwiderte ich und nahm einen der Becher entgegen. Dann richtete ich meine Augen auf das Geschehen vor mir. Bunte Kegel zuckten im Takt der Musik über die

Eisfläche, die Halle verdunkelte sich bis auf einen einzigen Spot, der auf die Einbuchtung in der Bande gerichtet war. Die Leute flippten beinahe aus, als die Spieler auf das Eis kamen und dort ihre Bahnen zogen.

»Jona ist die Nummer 25«, schrie Madison mir über den Lärm hinweg zu.

»Ich lege die Information mal unter *unnützes Wissen* ab.«

Madison zog eine Grimasse, konzentrierte sich aber auf das Geschehen. Die gegnerische Mannschaft betrat das Eis und kurz darauf ging es los. Ein ohrenbetäubend lautes Hupen kündigte den Beginn an und die Spieler setzten sich in Bewegung. Wie ein Schwarm Insekten stoben sie auseinander und fuhren in mir nicht nachvollziehbaren Konstellationen über das Eis. Der Puck war kaum zu erkennen, so schnell wechselte er seine Position.

Es war rasant.

Und schnell.

Und zog mich zu meiner Überraschung mit.

Auch wenn ich die Regeln nur am Rande kannte – eines war klar: Der Puck musste in eines der Tore gelangen. Bestenfalls in das linke, auf das Jonas Mannschaft in einer Tour zuhielt.

Das Spiel war alles andere als seicht. Ein Foul nach dem anderen drängte die Spieler als Strafe für einige Minuten hinter die Bande. Jona war fester Bestandteil davon, egal, ob er einem anderen mit seinem Stock ein Bein stellte oder klammheimlich einen Stoß versetzte. Sein Gesichtsausdruck war stoisch und verbissen, und er schien bei seinen harten Aktionen kein Mitleid zu haben. Die Fans heizte das nur an. Sie grölten, reckten ihre Arme in die Höhe … und von den Flüchen und Beleidigungen, die gegen die gegnerische Mannschaft ausgestoßen wurden, wollte ich gar nicht erst anfangen.

Dennoch behielten die *Polar Bears* die Nase vorn und machten ein Tor nach dem anderen. Am Ende des zweiten Drittels stand es zwei zu null sowie drei zu eins. Am Ende des dritten Drittels folgten sogar noch zwei weitere Tore für uns.

Ich lächelte bitter.

Für *uns.*

Bevor ich mir gedanklich selbst eine verpassen konnte, brach die Hölle über, vor und hinter mir herein. *What the fu*… war das die *Stofftier-Apokalypse*?

Jonathan Montague

… es regnet Bären, Hasen und einen Wurm auf Ecstasy!

Mein Atem kam in kurzen, schnellen Stößen. Ich legte den Helm und den Stock ab, und zog meine Bahnen über das Eis, immer darauf bedacht, kein Stofftier zu erwischen oder eines an den Kopf geknallt zu bekommen. Es regnete Hunderte, nein, Tausende davon.

Wahnsinn. Ich konnte nicht glauben, was gerade geschah. *Es hat geklappt. Verdammt, es hat geklappt!* Den Kopf in den Nacken gelegt verfolgte ich das Schauspiel. Die Leute rasteten förmlich aus. Gäste wie auch Einheimische. Der Aufruf in den sozialen Netzwerken war ein voller Erfolg gewesen.

Ich entschleunigte mein Tempo und fuhr auf Coach Nelson zu, der mir bereits durch die Bandenöffnung ein Mikro entgegenhielt. Ein fettes Grinsen verzog seinen Mund, welches wohl mehr dem feudalen Sieg anstatt der gelungenen Charity-Aktion geschuldet war. Obwohl – vielleicht hatte er nicht nur ein Herz für Welpen, sondern auch für benachteiligte Kinder. Wer weiß?

Seitdem ich bei den Fullers aufgehört hatte, trainierte ich wieder richtig mit und meine Rückkehr hatte sich in den letzten beiden Spielen bemerkbar gemacht. So hoch hatten wir schon lang nicht mehr gewonnen. Vor ein paar Monaten hätte mich das in Hochstimmung versetzt. Heute stand mir der Kopf ganz woanders.

Die Musik wurde leiser gedreht. Mein Räuspern drang überlaut durch die Halle, sicherte mir allerdings die Aufmerksamkeit der Leute auf den Tribünen.

»Leute, ihr seid der Wahnsinn!«, sprach ich meine Gedanken laut aus und ging vor einem Koala, der auf mich zugeflogen kam, in Deckung. Eine hübsche Blondine zwinkerte mir zu, aber meine Aufmerksamkeit galt nicht ihr. »Ich habe eben gesagt bekommen, dass heute über tausendsiebenhundert Gäste gekommen sind. Damit sprengen wir die Zuschauerzahlen der bisherigen Saison! Vielen Dank für euren Support!«

Lautes Grölen und Klatschen folgte, schwappte über mich hinweg. Noch immer segelten vereinzelt Stofftiere aufs Eis. Derweil suchte mein Blick die Ränge ab. Während des Spiels hatte ich kaum Zeit dazu gehabt. Wo zur Hölle war der rotbraune Sturkopf nur?

Ich hatte sie in den vergangenen Tagen mindestens zehn Mal angerufen, um ihr von meiner Idee zu erzählen, doch sie hatte jeden Anruf ignoriert. Danach war ich auf Gina und Madison zugegangen. Die beiden hatten mir versprochen, dass sie Winnie herschleppen würden. *Koste es, was es wolle, und wenn wir sie persönlich reinschleifen müssen!*, drängten sich Madisons Worte in mein Bewusstsein. Vor vier Wochen, als Carter und mir die Idee gekommen war und ich Coach Nelson bis zur Unendlichkeit bequatscht hatte, hatte ich mich auf diesen Moment gefreut. Nun fühlte ich mich unter den Blicken, die auf mich niederregneten, als ziehe man mir die Haut vom Leib.

Fuck, bin ich nervös.

Die Menge beruhigte sich und der Geräuschpegel klang ein wenig ab. Ich rang nach Luft und sprach weiter: »Das war bisher keine einfache Saison für uns. Und ohne euch wären wir nicht so weit gekommen!«

Wieder lautstarker Beifall. Dann erblickte ich sie. Winnie. Mit undurchdringlicher Miene starrte sie mich an. Ich hatte nicht die geringste Ahnung, was in ihr vorging.

»Aber ich wollte mich nicht nur bei den Fans, den Sponsoren und auch den Besuchern der gegnerischen Mannschaft bedanken. Das hier …«, ich zeigte in Richtung der Kuscheltierberge, die sich um mich herum türmten, dann blickte ich wieder in Winnies

Richtung, »ist vor allem der Verdienst einer guten Freundin. Heutzutage gibt es wenig Menschen wie sie und ihre Familie. Menschen, die bedingungslos helfen. Sie hat mir gezeigt, wie gut es ist, das Leben anzunehmen und über seine Grenzen zu gehen, dass man aber auch stetig an sich arbeiten muss. Dafür bin ich ihr mehr als dankbar.«

Ich schluckte und ein Raunen ging durch die Halle. Alter, ich machte mich hier gerade nackig. Bevor ich mich vollends vorführen konnte, schloss ich meinen Monolog.

»Die Einnahmen des heutigen Abends gehen an die hier ansässige *Burnaby Association for Kids and Teens*, eine Organisation, die mit ganz viel Herzblut geführt wird und sozial schwächer gestellte Kinder wie auch Jugendliche auf ihrem Weg unterstützt. Danke für die Aufmerksamkeit.«

Tosendes Klatschen brandete mir entgegen, als ich im Augenwinkel erkannte, dass Winnie sich die Tribüne hinunter drängte. Ihr Gesicht war noch immer völlig verschlossen und kalkweiß. Wo wollte sie hin? Ich hatte ihr gerade mein verdammtes Herz zu Füßen gelegt!

Ich stolperte vom Eis, riss die Schlittschuhe herunter, und eilte Winnie hinterher. Irgendwas hielt mich zurück und als ich nach unten blickte, sah ich, dass sich ein quietschbunter Regenbogen-Wurm um meinen Knöchel gewickelt hatte. Das Ding war so hässlich, dass ich kurz ins Straucheln kam. Fluchend griff ich danach und schloss zu Winnie auf.

»Hey, warte!«, rief ich ihr hinterher. Die Blicke von den Tribünen verfolgten uns, doch ich schaffte es nicht, meine Stimme zu senken. »Jetzt warte doch mal, verdammt!«

Erst, als sie die stickige Halle hinter sich gelassen hatte, und einige Meter über den Parkplatz gelaufen war, wirbelte sie herum. Ihre Augen sprühten grüne Funken. »Warum?!«

»Hast du nichts zu all dem zu sagen?«, fragte ich, um Fassung bemüht. Mein Atem ging schwer und das nicht, weil mich der kleine Marsch angestrengt hatte.

Sie stierte über meine Schulter hinweg, biss auf ihrer Unterlippe herum und verschränkte die Arme vor der Brust. Irgendwie wirkte sie überfordert. Das konnte ich ihr nicht einmal verdenken. Trotzdem hatte ich mit einer anderen Reaktion gerechnet. Nicht gerade, dass sie mir freudestrahlend um den Hals fiel, aber zumindest nicht das!

»Nein. Nein, habe ich nicht.«

Mir klappte die Kinnlade herunter. Nicht nur sprichwörtlich. Scheiß auf Fassung bewahren. War das ihr Ernst? »Ich habe die halbe Stadt zusammengetrommelt! Die Einnahmen der Getränke, des Essens und die Erlöse der Stofftiere gehen komplett an eure Stiftung! Und du hast echt nichts dazu zu sagen?«

Ich klang aufgewühlt und verletzt, auch wenn mich das wurmte. Ich hatte mir in den letzten Wochen den Hintern für dieses Spiel aufgerissen. Was zur Hölle stimmte nicht mit ihr?

Zumindest hatte ich jetzt ihre Aufmerksamkeit. Sie kniff die Augen zusammen und massakrierte mich mit ihren Blicken. »Diese Aktion passt so gut zu dir, Jona, und das Schlimme daran ist, dass du nicht einmal merkst, was damit nicht stimmt«, fauchte sie und gestikulierte dabei in meine Richtung. »Du suhlst dich in dem Jubel und glaubst, dass mit diesen Spenden alles wieder in Ordnung ist. Als hättest du nicht vor vier Wochen beinahe unsere Stiftung … was rede ich da – mein halbes Leben zerstört!«

»Aber ich …«

»Nichts aber! Du bietest an, an Halloween zu helfen und tauchst erst Stunden später auf. Du versprichst mir ein Date, lässt mich dann sitzen. Mehr noch – du knutschst mit meiner Cousine herum! Du randalierst in unserem Garten und küsst mich dann an eine Wand gepresst.« Ihre Wangen glühten bei der Erinnerung daran. Nun war sie diejenige, die völlig aus der Haut fuhr. »Du zerstörst fast das Lebenswerk meines Vaters und machst dann alles wieder *gut*«, das letzte Wort betonte sie besonders. »Dieses Hin und Her macht mich verrückt, aber was mache ich? Ich gebe dir neue Chancen! Immer und immer wieder!«

Ich setzte an, mich zu verteidigen, doch sie schnitt mir das Wort ab.

»Und was habe ich davon? Bei dem Wohltätigkeitsmarkt hast du uns vor allen Besuchern auflaufen lassen. Weißt du, wie viele Sponsoren sich danach bei mir gemeldet haben? Zwei! Und einer davon ist abgesprungen! Soll ich das alles vergessen, weil du mir einen Sack Spenden vor die Füße schmeißt?!«

Winnie rang nach Luft. Zu ihren roten Wangen gesellten sich noch ein paar rote Flecken, die sich quer über ihr Gesicht verteilten. Wobei ich mit meiner Eishockey-Montur, den durchgeschwitzten Haaren und dem angepissten Gesichtsausdruck auch kein besseres Bild abgab.

»Wenn ich so furchtbar bin, was machst du dann hier?!«, schrie ich sie an.

»Das frage ich mich auch!«, schrie sie zurück. Einige Besucher des Spiels strömten bereits an uns vorbei zu ihren Autos, reckten die Köpfe und warfen uns irritierte Blicke zu. »Gina und Madison haben mich hierher gelotst! Freiwillig wäre ich sicher nicht gekommen!«

»Das meinte ich nicht, Winnie. Was, verflucht noch mal, machst du immer noch hier? Wieso bist du nicht längst abgehauen?«

So wie jeder andere auch.

Wie Mum.

Wie Jess.

Sie setzte an, etwas zu sagen, und schloss wieder den Mund. Sie rang mit sich und ihren Worten.

Ich raufte mein Haar. Erst da fiel mir auf, dass ich noch immer den beknackten Wurm in den Händen hielt. Ich festigte den Griff darum. »Was willst du denn noch mehr? Ich habe dir die halbe Stadt zu Füßen gelegt! Ach was, ich würde dir die Welt zu Füßen legen!«

»Was ich will? Vielleicht, dass es gar nicht so weit kommen muss?! Dass du es nicht dermaßen verbockst, dass du halb Burnaby zusammentrommeln musst!«, keifte sie und klang wirklich verzweifelt. Tränen schimmerten in ihren Augen, aber sie gab sich alle Mühe, sie zurückzuhalten.

»Wir tun uns nicht gut, Jona. Du … du bringst einfach meine

schlimmsten Seiten heraus! Und warum um Himmels willen stehen wir auf einem Parkplatz und schreien uns wie zwei kleine Kinder an?!«

»Das frage ich mich auch«, kam es trocken von rechts. Unsere Köpfe flogen beide in die Richtung, aus der die Stimme gekommen war. Madison – wer sonst.

»Halt dich da raus!«, schnappten Winnie und ich unisono und starrten uns sogleich finster an.

Okay, so kamen wir nicht weiter. »Ich bin ein Vollidiot, zufrieden?«, sagte ich und ging einen Schritt auf sie zu. Meine Augen fixierten sie, glühten förmlich, als ich weitersprach: »Ich weiß, dass ich es vermasselt habe, dass ich anstrengend und launisch bin. Aber die Aktion heute war nicht allein wegen dir. Ich weiß, was ich mit meinem Ausrasten angerichtet habe und ich wollte es wiedergutmachen. Ansatzweise jedenfalls. Nimm das Geld und bezahl damit eure Rechnungen. Ich hoffe, dass ihr durch die Publicity einen Haufen neuer Spender bekommt. Und wenn du mir nicht verzeihst, ist das auch in Ordnung. Das habe ich verdient.«

Sie sah gen Himmel und rang nach Atem. Sämtliche Spannung schien ihren Körper zu verlassen und langsam schwanden die Flecken in ihrem Gesicht. Als sie mich wieder anblickte, wirkte sie äußerlich ruhiger. »Was ist das für ein bescheuerter Wurm in deiner Hand?«

Ich blickte auf das bunte Ungetüm in meiner Faust, dem ich die letzten zehn Minuten die Kehle zugeschnürt hatte. »Das frage ich mich auch«, schmunzelte ich gezwungenermaßen. »Willst du ihn haben?«

Sie schüttelte den Kopf und lächelte traurig. »Die Zeit, in der man mich mit Kuscheltieren bezirzen konnte, ist leider seit fünfzehn Jahren vorüber.«

»Es ist ein Wurm in Regenbogenfarben«, hielt ich dagegen.

»Mach's gut, Jona.« Mit diesen Worten verabschiedete sie sich, und ging Gina und Madison entgegen. Die beiden warteten einige Meter weiter.

Wurmi und ich blieben zurück.

Winnie Fuller

… und Momente, in denen man gestreckten Tee braucht

Dinge, auf die die Menschen in und rund um Burnaby abfuhren: Eishockey und damit verbundene Charity-Aktionen. Gutaussehende Eishockeyspieler, die nebulöse Liebeserklärungen auf dem Eis machten. Bier, eine Menge Bier.

Obwohl ich immer noch meine Zweifel hegte, Jonas Ausbruch beim Markt schien niemanden mehr zu interessieren. Wir hatten seit dem Spiel am Wochenende nicht nur zwölf neue Spender registriert, sondern auch drei Anfragen von örtlichen Unternehmen bezüglich einer Zusammenarbeit erhalten. Die Einnahmen, die aus dem Stofftierverkauf zustande gekommen waren, stopften all die Löcher, die ich in den letzten Jahren notdürftig gedeckelt hatte. Der Scheck, der mir ins Büro geflattert war, hatte mich zunächst in eine Schockstarre versetzt, anschließend hatte ich einen ziemlich seltsamen, ziemlich peinlichen Freudentanz aufgeführt. Ganz freiwillig sogar!

Nur blöd, dass Gina in mein Büro gekommen war und alles mitangesehen hatte. Erst hatte mich ihr Jetzt-müssen-wir-sie-einweisen-Blick getroffen. Nachdem ich ihr den Scheck in Höhe von zehntausend kanadischen Dollar gezeigt hatte, stimmte sie spontan in meinen Tanz ein.

Hätte ich im Vorhinein gewusst, dass es lediglich einen Eishockeyschönling und ein paar herzerwärmende Worte in ein Mikro brauchte, dann hätte ich mir die letzten zweieinhalb Monate Blut, Schweiß und Tränen sparen können. Andererseits wollte ich die Zeit, die ich mit Jona und den Kindern verbracht hatte, nicht mehr missen.

Mit einem zufriedenen Brummen schickte ich die Bestellung ab, an der ich die letzte Stunde gesessen hatte. Neue Brettspiele, Hefte, Füller und Malstifte, alles, was man für die Schule gebrauchen konnte, und eine gefühlte Tonne Bastelkarton. Dazu Glitzer, Kleber, neue Scheren. Gina würde einen Kollaps bekommen, wenn sie davon erfuhr. Außerdem hatte ich für alle Kinder, die regelmäßig zu uns kamen, auch eine Kleinigkeit bestellt. Für Jennifer ein paar rosafarbene Haargummis à la Britney, für George ein kleines Feuerwehrauto. Sein Dad hatte, soweit ich es mitbekommen hatte, keine Anzeige gegen uns oder Jona erstattet, aber ich hatte George seit der Weihnachtsshow nicht mehr gesehen. Kein gutes Zeichen, sagte mir mein Bauchgefühl. Ehe mich dieser Gedanke jedoch runterziehen konnte, klingelte das Telefon.

»Burnaby Association for Kids and Teens, Genevieve Fuller, hallo?«, hob ich ab und klemmte mir das Telefon zwischen Ohr und Schulter.

»Büro für Kinder- und Familiendienste. Ashley Sinclair am Apparat.«

Ich stutzte, setzte mich aufrechter hin und fasste den Hörer richtig. Mein Magen zog sich nervös zusammen. »Miss Sinclair, was kann ich für Sie tun?«

»Ich melde mich wegen der Anzeige, die Sie vor einigen Wochen aufgegeben haben, und hätte einige Fragen an Sie.«

»Ja, natürlich. Bitte«, antwortete ich schnell und schob mir die Lesebrille weiter auf die Nase.

»Sie haben erzählt, dass der kleine George blaue Flecken aufwies.«

»Das ist korrekt. Einem Kollegen von mir sind sie aufgefallen. Wir vermuten, dass sie von Georges Vater stammen. Er hat bei einer Veranstaltung einige Wochen zuvor sehr harsch reagiert.«

»Wir haben uns mit der Familie in Verbindung gesetzt und ihnen einen Besuch abgestattet. Der Junge wies tatsächlich Spuren von Gewalt auf. Aktuell befindet er sich in unserer Obhut«, erklärte sie und man konnte heraushören, wie nah ihr die Geschichte ging. »Derzeit gehen wir noch einer anderen Spur nach. Sagt Ihnen der Name Simon Butler etwas?«

Ich stutzte. »Simon? Ja, das ist der Vater eines Mädchens bei uns in der Einrichtung«, beeilte ich mich zu sagen. »Was ist mit ihm?«

»Georges Mutter hat uns mitgeteilt, dass ihr Sohn des Öfteren von Mr. Butler nach Hause gefahren wurde, manchmal ist er auch in seiner Obhut geblieben. Uns liegen Hinweise gegen Mr. Butler vor, dass er schon mit dem Gesetz in Konflikt geraten ist. Können Sie mehr dazu sagen?«

Ich schüttelte den Kopf. »Nein, er ist mir immer wie ein netter, junger Mann vorgekommen. Er hat viel Stress auf der Arbeit, deswegen war er oft ein bisschen abgehetzt. Aber er hat sich mir oder den Kindern gegenüber nie aggressiv verhalten«, erinnerte ich mich, stellte aber jedes Treffen, jede Situation auf einmal infrage. »Sind Sie mit Ihrer Annahme sicher?«

»Ziemlich sogar. Uns liegen eine Anzeige der Ex-Frau und der Hinweis eines Nachbarn vor. Außerdem hat George nicht den Anschein erweckt, dass er sich vor seinen Eltern fürchtet. Er hat keine gute Beziehung zu seinem Dad und seine Mutter arbeitet viel, aber es gab keinen Hinweis auf Übergriffe«, erzählte sie weiter. »Eine Psychologin hat sich gestern mit ihm unterhalten. Erst als das Gespräch auf Mr. Butler kam, hat er sich völlig in sich zurückgezogen und kein Wort mehr gesagt.«

»Das ist … ich weiß nicht, was ich dazu sagen soll.« Ich war fassungslos. Wie hatte ich mich in einem Menschen so irren können? Hätte mir früher etwas auffallen müssen?

»Schon gut. Wir werden dranbleiben«, versicherte sie mir.

»Wie geht es George?«

»Den Umständen entsprechend. Er vermisst sein Zuhause. Ich hoffe, dass wir den Sachverhalt zeitnah aufklären können, sodass er wieder zurück zu seiner Familie kann.«

»Und was ist mit Jennifer, Simons Tochter?« Mir wurde eiskalt und die Nervosität in meinem Magen schwoll an. Es war, als trieb ein Insektenschwarm sein Unwesen darin.

Ashley Sinclair seufzte durch den Hörer. Ein zutiefst unzufriedener Laut. »Jennifer wurde zunächst an ihre Großeltern überstellt. Auch hier gehen wir dem Verdacht der Kindeswohlgefährdung nach. Aber sie weist bisher keine Merkmale auf«, erklärte sie. Das erleichterte mich nur bedingt. Ich lehnte mich in meinem Stuhl nach hinten und starrte an die Decke.

»Jennifer scheint kaum bis gar keinen Kontakt zu ihrer Mutter zu haben. Dennoch haben wir uns mit ihr in Verbindung gesetzt und den Hinweis erhalten, dass es früher zu Auseinandersetzungen zwischen ihr und Mr. Butler gekommen ist. Aus diesem Grund hat sie sich getrennt und ist verzogen. Es wurde keine Anzeige erstattet, daher konnten wir dem ganzen nie nachgehen.«

Ich schluckte den bitteren Geschmack herunter, der sich auf meiner Zunge ausbreitete. Wie konnte jemand sein eigenes Kind zurücklassen, wenn man solch eine Erfahrung mit dem Vater gemacht hatte? Die Frage drängte sich mir auf, dennoch wollte ich mir kein Urteil erlauben. Dafür war es sowieso zu spät.

»Ich wünschte, wir wären bereits früher darauf aufmerksam geworden.«

»Mit ihrer Anzeige haben Sie bereits alles richtig gemacht«, beschwichtigte sie mich. »Sollte ich nochmals Fragen haben, melde ich mich bei Ihnen.«

»In Ordnung. Danke für Ihre Rückmeldung.«

»Gerne. Schönen Tag noch.«

»Ebenso«, beendete ich das Gespräch. Ich war ganz aufgewühlt. Mein Herz pochte wild gegen meine Brust, und mir war warm und kalt zugleich. Emotional erschöpft nahm ich die Brille von der Nase und massierte mir die Stirn. So konnte ich auf keinen Fall weiterarbeiten.

Nachdenklich verließ ich mein Büro, durchquerte die noch leere Cafeteria und betrat die Küche. Mum und Helen bereiteten das Abendessen für später zu, Madison saß in einer Ecke und trank Tee.

»Winnie, alles klar bei dir?«, erkundigte sich Helen, als sie einen Blick auf mein Gesicht erhaschte. Obwohl das Blut in meinen Ohren rauschte, musste ich weißer sein als die Wand in meinem Rücken.

Ich schüttelte den Kopf. Madison musterte mich besorgt und drückte mir kurz darauf eine Tasse in die Hand. Mum verschloss den Topf, in dem sie bis eben noch gerührt hatte, und drehte sich zu mir um.

Bevor ich loslegte, nahm ich einen großen Schluck und … prustete lautstark fluchend in die Tasse. »Was ist das?«

Madisons Augen schimmerten unschuldig. »Pfefferminztee?«

»Und was noch?«

Sie rollte die Augen und biss ihre Unterlippe nieder. »Ein Schuss Wodka. Du siehst aus, als könntest du ihn gebrauchen.«

Für einen langen Augenblick blinzelte ich meine Cousine an. »Du hast recht«, seufzte ich daraufhin und nahm einen weiteren, großen Schluck von der scharf duftenden Brühe. Meine Kehle brannte.

»Ist es wegen Jona?« Ein misstrauischer Ausdruck zierte Mums kluge Züge. Ihr Kopf lag leicht schräg, während sie mich mit Blicken durchbohrte.

Ich schüttelte den Kopf. »Nein, ich muss nur gerade die Rückmeldung des Amtes für Familiendienste verdauen.«

»Das Amt für Familiendienste? Haben sie sich um George gekümmert?«, schnappte Helen und fächelte sich Luft zu. In der Küche herrschte eine brütend feuchte Hitze.

»Ja, sie haben Jennifers Vater, Simon, im Auge. Es muss früher schon Auseinandersetzungen mit seiner Ex-Frau gegeben haben und George soll ganz verstört auf ihn reagiert haben.«

»Simon? Jennys Dad?« Madison wirkte aufgekratzt, richtig geschockt. Kurzerhand nahm sie mir meine Tasse aus der Hand und leerte sie in einem Zug. »Das ist … das hätte ich nicht gedacht.«

»Diese Mistkröte!«, poltere Mum sofort los. »Wenn ich den nochmals sehe dann …«

»Machst du überhaupt nichts«, unterbrach ich sie unwirsch. »Du hast gesehen, was Jona nach der Weihnachtsshow angerichtet hat, als ihm die Nerven durchgebrannt sind. Dafür gibt es das Jugendamt und die Polizei.«

»Du hast recht, mein Schatz.« Mum besann sich, strich mir über den Oberarm und bemühte sich um einen neutralen Ausdruck.

»Das ist alles so furchtbar«, japste Helen und goss sich nun ebenfalls einen Wodka ein. »Wie geht es nun weiter?«

Ich lehnte mich an den Küchentresen und streckte die Beine aus. »George bleibt zunächst in der Obhut des Jugendamtes und Jennifer ist zu ihren Großeltern gebracht worden. Sie bleiben dran.«

Mit einem Blubbern machte sich der Eintopf bemerkbar, den Mum auf dem Herd köcheln ließ. Ehe wir reagieren konnten, kochte die rotbraune Suppe über und breitete sich auf dem Kochfeld aus.

»Oh nein, nein … so eine Scheiße.« Hektisch machte sich Mum am Herd zu schaffen und zog den Topf zu Seite. Auch ihre Nerven lagen blank.

Helen stellte mit einem Flunsch fest, dass keine Lappen mehr unter der Spüle waren. »Wer hat die schon wieder nicht nachgefüllt?«, echauffierte sie sich und schüttelte den Kopf.

»Das war wohl ich«, meldete sich Mum und lächelte entschuldigend.

»Ich geh schon«, klinkte ich mich ein, verließ die Küche, um zu unserer Abstellkammer zu gelangen. Die Cafeteria war immer noch leer. Das würde sich spätestens in einer Stunde ändern, wenn Gina mit ihrer Bastelstunde fertig war.

Die Abstellkammer befand sich neben unserem Gästebad. Ich öffnete die Tür, suchte nach dem Lichtschalter und …

»Erschrick jetzt bitte nicht!«, drang es rau von hinten.

»Wuaaah!« Ein Laut, irgendwo zwischen Hicksen und Kreischen verließ meine Kehle. Ich stolperte einen Schritt in die vollgestopfte Kammer hinein, hielt mich an einem der Regale fest, welches prompt nachgab und auf mich niedersegelte. Ich blinzelte zwischen einer Tonne Lappen hervor und erkannte Jona im Türrahmen lehnen.

»Ich sagte, du sollst nicht erschrecken«, schmunzelte er.

»Hat diese Ankündigung jemals seit Menschengedenken funktioniert? Das wage ich zu bezweifeln!«, grollte ich und schnipste mir eine Moppfluse von der Schulter. Irgendwie fühlte ich mich in der Zeit zurückversetzt. Die Erinnerungen von meinem feuchtfröhlichen Abend im Irish Pub und die anschließende Begegnung mit Jona drängten sich mir auf.

»Komm, ich helfe dir auf.«

»Um mich danach ein weiteres Mal in ein Regal voller Putzzeug zu schubsen?«, fragte ich argwöhnisch und funkelte ihn an. »Du scheinst Spaß daran zu haben.«

»Irgendwie verlockend. Aber ich will es mir nicht noch mehr mit dir verscherzen.« Plötzlich war er ernst.

Eine Gänsehaut breitete sich über meinen Gliedern aus. Es roch nach Putzmittel, stockiger Wäsche und nach Jona. Nach Eis und Wald und einem Hauch Duschzeug.

»Na gut.« Ich hielt ihm meine Hand entgegen und ließ mich von ihm hochziehen. Dabei legte ich die Eleganz eines sterbenden Elefanten an den Tag. Inklusive Schnaufen. Doch Jona behielt seine Kommentare für sich. Nur anhand seiner leicht zusammengekniffenen Augen und dem schmalen Halbgrinsen war zu erkennen, dass ihn die Situation in gewisser Weise belustigte.

Ich blickte zu ihm auf und mein Herz hämmerte. »Was willst du? Mich zu Tode erschrecken?«

Jona presste die Lippen aufeinander und starrte mich an. »Ich will, dass du mir verzeihst«, haute er raus und hatte auch noch die Dreistigkeit, die Tür hinter sich zu schließen.

Was er nicht wusste, ich hatte ihm längst vergeben. Obwohl uns sein Ausrasten in Gefahr gebracht hatte, es tat ihm aufrichtig leid. Hatte er mich mit seinem Wohltätigkeitsspiel überrumpelt? Ja. Hatte er verdient, dass ich ihn zunächst zappeln ließ? Jaaa. Würde ich ihn schon von der Leine lassen? Nein. Eindeutig nicht.

»Einfach so?«, fragte ich und hob eine Braue. Ich hätte zum Nachdruck gern die Arme verschränkt. Allerdings war es in dieser vermaledeiten Kammer so eng, dass ich befürchtete, dabei noch ein paar Regale mit Putzmitteln herunterzureißen. Sicher war sicher.

»Nicht einfach so. Niemand hat je behauptet, dass es einfach werden würde. Vor allem nicht mit jemandem wie mir. Aber es tut mir verdammt leid, wie ich mich verhalten habe, und wir lieben uns, wäre doch verdammt schade, nicht daran anzuknüpfen«, flüsterte er rau.

»Wir …« Ich war sprachlos. Mein Verstand war sprachlos. Sogar Großmütterchen und Beyoncé waren sprachlos. Hatte er echt gerade behauptet … ja, hatte er. Und das leichte, schiefe Grinsen zeugte davon, dass er genau wusste, wie seine Worte auf mich gewirkt hatten. Nun war nicht ich, sondern er derjenige, der mich an der Leine hielt.

»Ist das dein Ernst?«

»Was? Dass ich will, dass wir zusammen sind?«

»Nein, eher das davor. Der Zustand, den du beschrieben hast«, faselte ich. Mein Eloquenz-Level trollte irgendwo zu unseren Füßen. Doch das war mir so was von egal. Ich wollte, dass er weitersprach. Notfalls würde ich ihn auch an den Schultern packen und die Antworten aus ihm herausschütteln.

»Ach, das meinst du.« Sein Grinsen wurde breiter und er kam mir noch näher. Ich spürte seine Hand an meinem Oberarm, seine Brust an meiner. »Mein voller Ernst. Ich liebe dich, Winnie Sturkopf Fuller.«

Ein Wunder, dass der Wischmopp unter meinem Klammergriff nicht entzweigebrochen war. Mit einer Selbstsicherheit, von der ich selbst nicht wusste, woher sie kam, legte ich ihn bei Seite und überbrückte den letzten Abstand. »Du bist auch ganz okay.«

Sein raues Lachen perlte an meinen Lippen ab, dann zog er mich an sich und das Gefühl von Heimkommen erfasste mich. Seine Hände verschränkten sich um meine Taille und ich schlang die Arme um seinen Nacken. Dieser Moment relativierte meine letzte Abstellkammer-Erfahrung. Nein, das war eine Untertreibung. Er schrieb sie neu und brannte sich in mein Gedächtnis ein.

Winnie Fuller

… und eine Abstellkammererfahrung 2.0

Die Zeit dehnte sich aus. Keine Gedanken an die *BAKT*. Keine Gedanken an Simon. Keine Gedanken um Geld oder die Zukunft – nur Jona zählte für den Augenblick.

Atemlos lösten wir uns voneinander. Ich war noch trunken von dem Kuss, den ich mit ihm geteilt hatte. Mein Herz war vor Glück angeschwollen. Hastig atmete ich gegen den Druck auf meiner Brust an. Jona schien es ähnlich zu gehen. Auch er war außer Atem, erweckte aber nicht den Anschein, als wollte er sobald von mir ablassen.

Doch die Entscheidung wurde ihm abgenommen. Mit einem heftigen Ruck wurde die Tür aufgerissen. Wir blinzelten in das gleißende Licht und rückten ein Stück voneinander ab.

»Oh Winnie, Herzchen! Du bist nicht mehr gekommen, da dachte ich … Hier bist du also … hier seid ihr. Hallo, Jona. Ich wollte nur einen Lappen. Lasst euch nicht stören, Kinder«, stammelte Helen in Lichtgeschwindigkeit, schnappte sich mit spitzen Fingern einen Lappen, der über meiner Schulter lag und knallte die Tür wieder zu. So fest, dass ich noch einige Sekunden später die Vibration spürte.

Jona begann zu lachen. Erst leise und rau, dann warf er den Kopf in den Nacken und lachte so unbeschwert und frei, dass ich unwillkürlich miteinstimmte. Tränen liefen über meine Wangen und Jona strich sie fort, als er sich wieder fing.

Dieser Augenblick war perfekt. Es war ein Trugschluss zu glauben, das ganze Leben konnte so sein – perfekt. Aber es waren die

Momente, die wir daraus zogen, die Erinnerungen, die wir damit schufen.

Grinsend schaute ich zu ihm auf, die Arme um seinen Nacken geschlungen. »Warum bist du hierhergekommen?«, wollte ich von ihm wissen. Wir hatten in den vergangenen Tagen weder geschrieben noch miteinander telefoniert.

»Ich konnte das zwischen uns nicht so stehen lassen.«

»Da bin ich aber froh.«

»Ja, das gehörte nicht zu meinen schlechtesten Ideen«, gab er mit einem süffisanten Grinsen zurück.

»Willst du noch hierbleiben oder können wir endlich verschwinden? Langsam wird es stickig hier drin und ich glaube, ich habe irgendeinen Reiniger umgekippt.« Die Dämpfe wurden mit jeder Minute strenger und benebelten mich immer mehr.

»Naja, ich bin mir sicher, dass mittlerweile alle wissen, dass wir uns hier verkrochen haben. Daher wäre es weniger peinlich, die Abstellkammer zu verlassen«, schlussfolgerte er.

»Okay, dann los.« Ich fasste nach seiner Hand, um ihn hinter mir herzuziehen. Doch als meine Finger seine Handinnenfläche streifte, hielt ich inne. Irritiert wandte ich mich zu ihm um und mein Blick flog zu seiner Hand. »Was ist das?«, fragte ich, während ich die beiden länglichen Narben inspizierte. Der Striemen war uneben und hob sich rosarot ab.

»Ach nichts, das war nur ein kleiner Unfall.«

Ich zog eine Braue hoch und Jona verdrehte die Augen. »Was ist passiert?«

»Meine Granma hat den Herd angelassen und ist dann aus der Wohnung, um etwas einzukaufen. Als ich heimgekommen bin, war die ganze Bude voller Qualm. Ich habe nach der heißen Pfanne gegriffen und mich dabei verbrannt«, erzählte er und wirkte dabei so emotionslos für ein Stück altbackenes Brot.

»Das ist furchtbar. Tut es sehr weh?« Die ausgelassene Stimmung war gekippt und die Luft in dem Drei-Quadratmeter-Raum wurde immer dicker.

»Nein, ich merke es kaum noch.«

Ich hob eine Braue. »Sicher? Das sieht schlimm aus, Jona.«

Er hob eine Schulter und sog nach Luft. »Es geht schon, ich habe sogar damit gespielt«, verteidigte er sich. »Zwar mit Handschuhen, aber es geht.«

»Aber?«, bohrte ich nach. Da war noch mehr, das spürte ich.

Sein Atem entwich so schnell, als hätte man seine Lunge punktiert. »Ich muss eine Lösung finden, Winnie. So kann es mit Granma und mir nicht weitergehen«, erwiderte er, geradezu ausgelaugt von dem Thema.

»Ich helfe dir dabei.«

»Selbst wenn du dir das wünschst, du kannst nicht die ganze Welt retten.« Das Lächeln in seiner Stimme war zurück und augenblicklich wurde mir leichter ums Herz.

»Halt mich doch auf.«

»Das würde ich nie tun.«

Ich pickte meinen Zeigefinger in seine Brust und ließ ihn zu seinem Kinn hochschnellen. »Gut, du lernst dazu.«

Manchmal konnte man alles richtigmachen und die Dinge gingen trotzdem den Bach runter. Das Wichtigste war, niemals aufzuhören, das Richtige zu tun. Dranzubleiben und nicht aufzugeben.

Jona schmunzelte und langte mit seiner anderen Hand nach meinem Unterarm. Seine Berührung prickelte in mir nach. »Komm, verschwinden wir. Die Lösungen können auch bis morgen warten. Jetzt möchte ich die Zeit, die ich verloren habe, wieder wettmachen.«

»Wieso klingt das in meinen Ohren unanständig?«, fragte ich, während er mich hinter sich herzog. Klammheimlich verließen wir die Kammer und liefen durch den abgedunkelten Flur. Von Helen, Mum oder Madison war nichts mehr zu sehen.

Jona warf mir einen Blick über die Schulter zu. In seinen Augen blitzte der Schalk. »Vielleicht sollte es genau danach klingen?«

»Wie verheißungsvoll.«

Anstatt einer Antwort zwinkerte er mir nur in seiner jungenhaften Art zu. Draußen schlug uns die kühle Nacht entgegen. Ehe sie uns einfangen konnte, liefen wir zu unserem Wohnhaus und dann hoch in mein Zimmer.

Wir machten uns nicht die Mühe, das Licht anzuknipsen. Der Mond schien hell genug. Jonas Mund lockte mich und unsere Lippen fanden sich zu einem warmen, einladenden Kuss. Mein Kopf schaltete ab und Jona übernahm die Führung. Ich wusste, dass das hier eine Ganz-oder-gar-nicht-Geschichte war. Entweder ich ließ mich zu einhundert Prozent auf ihn, seine Fehler und Altlasten ein, oder ich musste ihn ein weiteres Mal ziehen lassen.

Aber ich wollte es.

Ich wollte ihn.

Diesen ungestümen, lustigen, ab und an ernsten Mann, der mein Leben in so vielen Punkten bereicherte. Auch wenn ich Gefahr lief, wieder verletzt zu werden. Doch das war es mir wert. Dieses leise Seufzen, der gewisperte Schwur an meinen Lippen, all das war es wert.

Jonathan Montague

… und ein Schritt in ein neues Leben

Meine Fingerspitzen trommelten in einem unruhigen Stakkato auf dem Tresen herum. Als ich mir dem anhaltenden Blick der Pflegekraft bewusst wurde, stoppte ich und zwang mich zu einem matten Lächeln.

»Wenn Sie sich für unser Heim entscheiden, könnte Ihre Großmutter schon im Februar bei uns einziehen«, fuhr sie fort und blätterte in ihren Unterlagen herum. »Aktuell haben wir fünf Einzelzimmer frei, eines davon sogar mit Balkon. Jedes verfügt über ein eigenes, behindertengerechtes Badezimmer.«

Ich nickte nachdenklich. Ein Balkon wäre toll, aber wahrscheinlich unbezahlbar, andererseits hatte die Natur Gran immer beruhigt. »Wie sieht es mit den Unterbringungskosten aus?«

»Hier haben Sie eine Broschüre, in denen unsere Kosten aufgeführt sind. Wenn sie unter bestimmte Einkommensgrenzen fallen, können Sie bei den Behörden Zuschüsse bis hin zur vollen Übernahme beantragen. Die entsprechenden Stellen finden Sie auf der letzten Seite.« Sie schob mir einen Flyer mit breit grinsenden, älteren Menschen über den Tresen. Ich nahm ihn und steckte ihn in meine Jackentasche.

»Dann folgen Sie mir bitte hier entlang, Mr. Montague.« Die kleine Brünette mit dem Pferdeschwanz führte mich durch den Eingangsbereich. Ihre weißen Crocs gaben bei jedem Schritt ein Quietschen von sich, das mich jetzt schon zur Verzweiflung brachte. Aber ich riss mich zusammen.

Vor zwei Stunden hatte ich Granma hierhergebracht. Nur mal zum Schnuppern und um zu sehen, wie es ihr gefiel. Der Gedanke, sie einfach irgendwo abzusetzen, wo sie sich unwohl fühlte, brannte mir unter der Haut. Womöglich war ich deshalb so überkritisch und nervös. Ich rümpfte die Nase. Es roch eigentümlich. Eine Mischung aus Desinfektionsmitteln und Kartoffelsuppe mit Würstchen.

»Pflegebedürftigkeit kann jeden treffen. Wird ein Familienmitglied pflegebedürftig, bedeutet das oftmals eine große Veränderung«, fuhr die Pflegekraft neben mir verständnisvoll fort. »Manchmal ist die Pflege im eigenen Zuhause nicht möglich. Das ist kein Grund, ein schlechtes Gewissen zu haben.«

»Ich habe kein …« Ich brach ab und lächelte verkrampft. Na gut, das hatte ich. Und wie!

Ich hatte mit Gran mein ganzes Leben verbracht. Sie hatte für mich gesorgt, wenn es mir schlecht ging, war mit Granpa zu meinen Elternabenden gegangen, bei denen eigentlich Mum erscheinen sollte. Sie hatte mich bei der Wahl meines Studienganges unterstützt, als ich keine Ahnung hatte, was ich mit meinem Leben anstellen sollte. Und nun war ich an der Reihe, mich um sie zu sorgen. Ich wollte ihr in den wenigen Jahren, die ihr noch blieben, ein lebenswertes Leben bieten. Die ganze Zeit über hatte ich mir ein Zukunftsbild ausgemalt, das nie sein sollte. Die Farben waren verschwommen, hatten mich mit sich in die Tiefe gezogen und ich war fast darin ertrunken. Ich war zu stur gewesen, die Augen zu öffnen, hatte weitergemacht, bis ich fast alles an die Wand gefahren hatte. Doch ich war aufgetaucht, hatte die Blindheit abgeschüttelt. Und mir war bewusst geworden – wenn ich untergegangen wäre, dann hätte ich Granma mit mir gezogen. Sie weiter zu Hause zu lassen, wäre eine Gefahr gewesen, für mich wie für sie.

Die Brünette lächelte wissend. »Gerade bei dem Krankheitsbild ihrer Großmutter ist der Umzug in ein Pflegeheim eine gute Lösung. Ihre Großmutter schien sich in den letzten beiden Stunden wohlzufühlen.«

Ich hob eine Braue. »Ist das so?«

Sie wurde langsamer und hob einen Arm. »Ja, verschaffen Sie sich selbst einen Überblick.«

Zusammen betraten wir einen Aufenthaltsraum. Links von uns war eine Fernseh- und Leseecke eingerichtet, mit Sofas und hohen Bücherregalen. Rechts mündete der Raum in einen Wintergarten. Durch die Fensterfassade hindurch waren die schneebedeckten Berge und ein angelegter Park zu erkennen. Es war schön, das musste ich zugeben. Aber es war nicht unser Zuhause.

Mein Blick schweifte umher. Es war nicht viel los, nur vereinzelt gingen Menschen ihren Beschäftigungen nach. Granma saß im Wintergarten in einem Lehnstuhl, neben ihr hatte es sich eine ältere Dame mit sauertöpfischer Miene und ihrem Strickzeug gemütlich gemacht.

»Gran, hey«, begrüßte ich sie und ging neben dem Stuhl in die Hocke. Sie blickte zu mir auf, blinzelte, als ich nach ihrer Hand griff und sie drückte.

»Jonathan«, antwortete sie verspätet und lächelte milde. »Ich habe mich schon gewundert, wo du steckst.«

»Ich komme dich abholen, wir fahren nach Hause«, erklärte ich ihr. »Hast du dich heute Mittag amüsiert?«

»Das Essen war gut.« Sie wandte sich an die Pflegekraft, die sich hinter mir positioniert hatte. »Richten Sie dem Koch meine Zufriedenheit aus. Die Suppe war ausgezeichnet.«

Ich schnitt eine Grimasse. Sie jetzt darauf hinzuweisen, dass wir in einem Pflegeheim und nicht in einem Restaurant waren, war wahrscheinlich nicht förderlich. »Komm, ich helfe dir hoch«, sagte ich stattdessen und stützte sie.

Wir verabschiedeten uns von der Pflegekraft, die sich ein letztes aufmunterndes Nicken für mich abrang, dann machten wir uns auf den Weg zum Auto. Ich hatte den Ford direkt vor dem Heim geparkt. Durch das Beifahrerfenster war schon Winnies langer Pferdeschwanz auszumachen. Sie hatte im Wagen auf mich und Gran gewartet. Ihr Blick war auf uns gerichtet, besorgt, aber aufmunternd. Ich war froh, dass sie mitgekommen war.

Das Fenster zur Beifahrertür sank mit einem Surren nach unten. »Und wie war's?«, fragte sie mit stummen Lippen.

»Warte, gleich.« Ich drückte ihr einen kurzen, festen Kuss auf die viel zu verlockenden Lippen, ehe ich Gran auf den Rücksitz verfrachtete und anschnallte. Als ich neben Winnie auf den Fahrersitz sank, brach der angestaute Atem aus mir hervor. Erst jetzt wurde mir klar, wie nah mir der heutige Tag gegangen war. Nach und nach verging meine Anspannung in dem monotonen Brummen des Motors und wir verließen das Gelände über den Parkplatz. Das Pflegeheim war nicht weit von unserer Wohnung sowie von der Uni entfernt, zehn-, fünfzehn Minuten vielleicht. Eine Strecke, die ich ohne Probleme täglich zurücklegen konnte. Das war mir wichtig gewesen.

»Es war nicht schlecht. Die Pflegerin meinte, dass sie mit den anderen Bewohnern zusammen gegessen hat. Das Essen soll ganz gut sein, auch wenn es nicht danach gerochen hat«, ich verzog kurz das Gesicht und minderte meine Lautstärke, »Gran hat sich mit den anderen unterhalten. Es lief fast … zu gut.«

Eine aufgewühlte Stille trat ein. Ich blickte nach hinten, aber Gran war okay. Sie sah aus dem Fenster und hing ihren Gedanken hinterher. Wieder erfassten mich das schlechte Gewissen und der Argwohn.

»Du vertraust dem Ganzen nicht?«, fasste Winnie die korrekten Schlüsse.

»Exakt.«

»Ach Jona …« Sie griff nach meiner Hand auf dem Schaltknüppel und drückte sie. »Wir schaffen das schon. Wir haben in den letzten Wochen so viel hinbekommen, da lassen wir uns davon nicht unterkriegen. Okay?«

Ich erwiderte den Druck ihrer Finger, den Blick stur durch die Windschutzscheibe gerichtet. Es war fast dunkel und die Bäume zogen wie schwarze Geister an uns vorbei. So einfach war es nicht. Gran war die Einzige, die mir von meiner Familie geblieben war. Sie hatte mir den Halt gegeben, den ich gebraucht hatte. Nun … war die Situation umgekehrt. Ich musste für sie sorgen, ihre Stütze sein.

»Aber was ist, wenn nicht wir uns davon unterkriegen lassen, sondern Granma? Was ist dann?«, murmelte ich.

Im Augenwinkel erkannte ich, dass sie mich anblickte. Im gleichen Moment gingen die Straßenlaternen an. »Dann finden wir eine andere Lösung. Versprochen.«

Winnie Fuller

… und die zweifelhafte Ehre eines neuen Haarschnitts

Gab es etwas Schlimmeres als Kaugummi im Haar? Mein zehnjähriges Ich hätte lediglich den Kopf geschüttelt. Doch Jahre später sah die Angelegenheit ganz anders aus, vor allem, wenn man der eigenen Schwester Bastelkleber aus dem Haar schnitt. Um es mit Ginas Worten zu sagen – es war suboptimal. Um es in meinen Worten auszudrücken: Es war ekelhaft, klebrig und – nun ja – eine selten dämliche, selten peinliche Aktion.

Typisch Gina also.

»Echt jetzt«, zeterte ich und versuchte, meine Finger von den weißen Knötchen in ihrem Haar zu lösen. Funktionierte nur bedingt, abgesehen davon, dass das Zeug mittlerweile hart wie Beton war. »Wie zerstreut muss man sein, um auf einer Tube Bastelkleber einzuschlafen?«

»Hör auf zu maulen. Pass lieber auf, dass du mir keinen Mikropony schneidest«, jammerte Gina und hob die Hände vors Gesicht. »Ich sehe es schon kommen. Pünktlich zu meinem Geburtstag werde ich rumlaufen wie ein gerupftes Huhn! Warum ich?«

»Shh, ich muss mich konzentrieren. Und hör auf zu zappeln, sonst hast du gleich nicht nur einen Mikropony sondern auch einen Vokuhila.«

Ein Laut, der Seufzen, Schnaufen und Lachen zugleich war, stieg aus ihrer Kehle auf, während die feinen rotbraunen Strähnen auf ihre Unterarme und meinen Schoß rieselten. Ich würde ihr nicht auf die Nase binden, dass nicht mehr viel zum Mikropony fehlte.

»Und?« Gina linste zu mir empor.

»Ähm«, räusperte ich mich und kämpfte weiter gegen das Kleisternest. »Bin noch dabei.«

»Du hörst dich nicht sehr optimistisch an.«

»Ach was, ich hab schon ganz andere Dinge geschafft. So, ich denke, so sollte es gehen«, murmelte ich und ließ von ihr ab.

»Wie schlimm ist es auf einer Skala von Furchtbar bis Du-kannst-das-Haus-bis-Ende-des-Jahres-nicht-verlassen?«, seufzte Gina mit einer Theatralik, die kaum zu überbieten war, und nahm die Hände vom Gesicht.

»Entscheide selbst.«

Ich langte nach dem Spiegel auf dem Nachttisch. Mit einem verkniffenen Zug um die Lippen nahm sie ihn entgegen und warf einen Blick hinein. Aus ihren zuvor schulterlangen Wellen war ein Bob geworden, der gerade so über das Kinn reichte. Die vorderen Strähnen waren fransiger und zeigten mehr von ihrem schönen Gesicht. Es war anders, nicht unbedingt schlechter. Mir gefiel es.

»Ich muss mich erst daran gewöhnen«, schloss Gina und legte den Spiegel wieder ab.

»Bestenfalls in den nächsten fünf Minuten.« Ich linste über ihre Schulter hinweg aus dem Fenster. Auf unserem Vorhof hatten sich bereits alle versammelt und die lange Tafel, die Jim aufgebaut hatte, war reichlich gedeckt. Gina folgte meinem Blick.

»Oh-oh.«

»Ich habe ja nichts gegen große Auftritte, aber …«

»Ja, ja, schon gut! Lass uns los!«, unterbrach Gina mich und strauchelte mit wehenden, wenn auch kürzeren Haaren aus dem Zimmer.

Während meine Schwester draußen bereits ihre Gäste begrüßte und ihren neuen Haarschnitt erklärte, räumte ich das Chaos in ihrem Zimmer fort. Anschließend machte ich in der Küche den Radieschensalat an. Sonnenstrahlen brachen sich durch die Fensterscheibe und für einen kurzen Moment legte ich den Kopf in den Nacken und blinzelte in den Nachmittag. Draußen ging es hoch her. Jim heizte den Grill bereits vor und Helen versorgte die Gäste mit ausreichend Getränken.

Für einen Moment wurde ich nostalgisch.

Das letzte Jahr hatte mir zugesetzt. Uns allen. Es war ein Auf und Ab der Gefühle gewesen, angefangen mit unserer immer angespannteren, finanziellen Situation, aufgehört beim Drama der Weihnachtsshow. Doch ich wollte es trotz der Rückschläge nicht missen. Denn es hatte mich gestärkt aus all den Pleiten und Pannen hervorgehen lassen. Unserer Einrichtung ging es besser denn je. Die Spenden hatten sich auf einem Niveau eingependelt, mit dem wir gut über die Runden kamen. Und noch etwas hatte ich dem letzten Jahr zu verdanken. Ich hatte Jona kennengelernt. Nach unserer chaotischen Anfangszeit hatte er sich als echte Stütze in meinem Leben erwiesen. Eine Stütze, der ich zu Beginn nicht vertraut hatte. Eine Stütze, die zeitweise weggebrochen war. Aber auch eine Stütze, auf die ich nun stärker als je zuvor bauen konnte.

Ich packte den Salat und machte mich ebenfalls in den Vorhof auf. Die Sonne brannte darauf nieder. Dieser Mai hatte bisher alles geboten, Sonne, Regen, Hagel und sogar Sturm. Doch heute war er gnädig, als ob er von der Feier wusste. Mit einer kitschig verzierten, goldenen Papierkrone auf ihrem neuen, von mir verpassten Fransenschnitt, schwebte Gina am Tisch entlang. In ihren Händen balancierte sie eine Kuchenplatte. Mum und Helen hatten sich wieder einmal übertroffen. Die zweistöckige Buttercremetorte sah zum Anbeißen aus, auch wenn einem bei der unvorhergesehenen, schwülen Hitze mehr nach Wassereis oder einem kühlen Getränk war.

Nachdem ich den Salat auf den Tisch mit den anderen Speisen abgestellt hatte, ließ ich mich auf einen der freien Stühle fallen. Zwei starke Arme schlangen sich von hinten um meinen Oberkörper. Der vertraute Geruch von Eis und Wald drang in meine Nase und ich schmiegte mich tiefer in die Umarmung. Ich spürte Jonas Lippen, die meinen Scheitel streiften.

»Hey, du bist ja schon hier«, murmelte ich.

»Konnte früher abhauen. Die Besprechung war schneller vorbei als gedacht«, antwortete er.

»Und was meint der Coach?«

»Er ist begeistert. Und das mit dem Bus ist kein Problem.« Jona klang selbst überrascht.

Ich löste mich ein Stück aus seinem Klammergriff und blickte zu ihm hoch. Die Erleichterung war ihm anzusehen. »Wirklich? Das ist wunderbar.«

»Ja, nicht wahr?«

Jona hatte erst vor wenigen Tagen seine zweiwöchige Prüfungsphase beendet und sein aktuelles Semester neigte sich dem Ende zu. Wenn es so gut lief, wie er behauptete, dann hatte er im Sommer endlich seinen Bachelor in der Tasche. Auch wenn er sich in dieser Hinsicht cool gab, ich wusste, wie viel ihm sein Abschluss bedeutete. Statt drei Jahre, hatte er fast doppelt so lange dafür gebraucht, vor allem, weil er so viel um die Ohren gehabt hatte. Nicht, dass sich das geändert hatte. Aber ich unterstützte Jona, wo ich konnte. Wochenlang hatte ich mit ihm für seine Prüfung gebüffelt und ihn immer wieder angetrieben, nicht aufzugeben. Auch wenn mich bei dem Gedanken an seine Prüfungen eine unterschwellige Nervosität erfasste, war ich mir sicher, dass er es gepackt hatte.

Ob er danach in Voll- oder zunächst in Teilzeit bei uns anfing, stand noch nicht fest. Was dafür immer festere Formen annahm, war das Projekt, das er mit den *Polar Bears* gemeinsam auf die Beine stellte. Zweimal pro Woche würde er eine Eishockey-AG anbieten. Die Kinder würden hier eingesammelt und rüber zur *Canlan Ice Sports Hall* gefahren werden. Einen Grundstock an Schlittschuhen spendeten die *Polar Bears* und den Team-Bus durften wir an diesen Tagen auch verwenden. Das hatte Coach Nelson eben bestätigt.

»Ich bin schon gespannt auf nächste Woche.«

»Die Kinder werden es lieben«, beschwichtigte ich ihn und drückte ihm einen Kuss auf die verführerisch nahen Lippen. Er schmunzelte und zog mich fester an sich. Ich war glücklich.

»Hey, nehmt mal ein bisschen Rücksicht auf die Single-Seite hier«, hörte ich Madison rufen, die indes nach der Kuchenplatte in Ginas Händen griff und auf dem Tisch platzierte. Ihr Knie war schon besser. An Sport war zwar immer noch nicht zu denken, aber sie war um eine Operation herumgekommen und nicht mehr auf die Krücken angewiesen.

»Schon gut, hab' verstanden.« Ich streckte ihr die Zunge raus und machte mich aus Jonas Umarmung los, um den anderen beiden zur Hand zu gehen. »Bin gleich wieder da«, wandte ich mich an Jona.

»Das will ich auch hoffen«, schmunzelte er und machte sich zur anderen Seite des Tisches auf, wo seine Großmutter saß.

Ein großer Sonnenhut schirmte sie von der Sonne ab, während sie die Hände im Schoß verschränkt hatte, und uns mit einem Halbgrinsen auf den Lippen beobachtete. Manchmal wusste ich nicht, wie viel sie mitbekam. Obwohl sie körperlich fit war, wirkte sie zeitweise verwirrt und desorientiert. Es war eine gute, wenn nicht sogar notwendige Entscheidung gewesen, sie ins Pflegeheim zu geben. Auch wenn es nicht leicht gewesen war. Obwohl die ersten Besuche relativ problemlos verlaufen waren, der Umzug hatte sich als Herausforderung herausgestellt. Für Jonas Großmutter Emilie, aber auch für Jona selbst. Sobald Emilie registriert hatte, dass es sich nicht nur um einen kurzen Aufenthalt in einem *Restaurant*, sondern um etwas Dauerhaftes handelte, war das Drama losgegangen. Ihre Verwirrung hatte zugenommen und war in Heulkrämpfe und Beschimpfungen übergegangen. Jona hatte das schlechte Gewissen nächtelange wach gehalten.

Aber es war besser geworden. Mit jedem Tag ein klein Bisschen mehr. Jona konnte sich auf sein Studium konzentrieren und Emilie erhielt endlich die Betreuung, die sie benötigte. Mit den staatlichen Zuschüssen, die wir beantragt hatten, war das glücklicherweise möglich. Anderenfalls … ich wollte nicht an ein Anderenfalls denken. Es war gut so. Wir hatten uns eingespielt und holten Emilie so oft wie möglich aus dem Heim ab. Manchmal aß sie auch mit den Kindern zusammen in der Cafeteria, und Jona fuhr sie jeden Samstag zur Kirche, wo sie sich mit ihren Freundinnen traf.

Als ich aus der Küche zurückkehrte, einen riesigen Erdbeerkuchen in den Händen, der mit zweiundzwanzig Kerzen bestückt war, stimmten Mum, Helen und Madison bereits *Happy Birthday* an.

»… Happy Birthday, liebe Gina, happy Birthday to you!«, klinkte ich mich ein und stellte den Kuchen vor ihr ab. Nachdem sie einmal tief Luft geholt hatte, blies sie alle Kerzen auf einmal aus.

Jubel und Klatschen erklang, während Gina sich daranmachte, die beiden Kuchen anzuschneiden und auf die umstehenden Teller zu verteilen. Dabei fragte ich mich, wer das ganze Essen vernichten sollte. Wir hatten locker für eine Eishockey-Mannschaft gekocht.

Als ich an der langen Tafel hinabsah, musste ich unwillkürlich grinsen. Alle waren hier – Jim, Mum, Helen, Madison, Gina, Jona und Emilie. Die wichtigsten Personen in meinem Leben vereint und jeder hatte ein Lächeln aufgelegt. So ausgelassen hatten wir schon länger nicht mehr zusammengesessen.

»Kannst du mir mal den Sekt reichen?«, unterbrach Helen meine Gefühlsduselei und ich nickte.

»Ja, klar. Warte, ich schenke ein«, erwiderte ich schnell und ging mit der Flasche einmal reihum. Nachdem jeder versorgt war, ließ ich mich auf einen Stuhl zwischen Madison und Jona gleiten.

Madison stupste ihren Ellenbogen in meine Seite. »Denkst du an unseren Kurs morgen?«

»Sagst du das gerade zu mir? Du bist beim letzten Mal eine Dreiviertelstunde zu spät gekommen, weil du auf dem Sofa eingeschlafen bist«, hielt ich ihr vor.

Sie grinste schuldbewusst. Madison und ich teilten uns den Tanzkurs. Sie übernahm den anleitenden Part, ich den vorführenden. Auch wenn ich fest davon überzeugt war, dass sie mich nur zu ihrem Amüsement daran teilnehmen ließ. Die Hochzeiten meiner Unsportlichkeit waren zwar vorüber, eine Sportskanone würde ich trotzdem nie werden. Aber die Kleinen waren mir ans Herz gewachsen und hinter meinem Schreibtisch, begraben unter Unterlagen, ließ sich diese Bindung nicht halten.

George war mittlerweile wieder dabei. Seine Eltern hatten eine Familienhelferin zur Seite gestellt bekommen und ich hatte das Gefühl, dass das Verhältnis zu seinem Vater besser geworden war. George war offener seitdem, weniger ängstlich. Er würde das neue Eishockey-Angebot lieben. Das wusste ich jetzt schon. Jennifer hingegen hatte unser Zentrum verlassen. Sie war zu ihren Großeltern nach Hope gezogen. Ich vermisste sie jedes Mal, wenn wir mit unserem Kurs begannen. Aber es war besser so, das redete ich mir ein. Denn Simon war das Sorgerecht vorläufig entzogen worden. Der ständige Druck und Stress auf der Arbeit hatten bei ihm ein furchtbares Ventil geöffnet. Trotz meiner Wut auf ihn, ein kleiner Teil in mir bemitleidete ihn, und ich hoffte, dass er irgendwann die Beziehung zu seiner Tochter kitten konnte.

Als die Kaffeekanne leer war, machte ich mich in die Küche auf, um neuen zu kochen und mir einen Tee zu besorgen.

»So nachdenklich?«, murmelte Jona mir ins Ohr, aber ich spürte sein Schmunzeln an meiner Haut und seinen Körper, der sich gegen meinen Rücken drückte.

»Nein«, entschied ich, drehte mich um und blinzelte ihn an. »Zur Abwechslung einfach nur glücklich.«

Manchmal rief unsere Liebe fast eine Art Beklemmung in mir hervor. Wir hatten die Macht einander zu verletzen, so tief, dass ich nicht wusste, ob ich es überstehen würde. Aber wir gaben auch alles dafür, es nicht zu tun. Wir arbeiteten an uns. Tagtäglich. Und obwohl wir uns erst einige Monate kannten, spürte ich, dass diese Liebe echt und größer als all meine Ängste war. Dass wir alles füreinander tun und schaffen konnten. Ja, ich liebte ihn. Und er mich. Gemeinsam konnten wir alles erreichen. Das war das, was am Ende für mich zählte.

Danke

Ich hoffe, ihr habt die Geschichte genossen und mit Winnie und Jona gelitten und gelacht.

Als Ende 2018 der Wettbewerb *Read! Sport! Love!* publiziert wurde, war mein erster Gedanke »Uhh, klingt cool« und der zweite »Urgh, Sport«. Da ich trotz meiner ausgeprägten Sport-Phobie daran teilnehmen wollte, war der Weg zur Story nicht einfach. Daher ein riesiges Danke an meinen besten Freund und partner in crime Olli, der mit mir tagelang überlegt und geplottet hat. Herausgekommen ist eine Geschichte rund um Familienzusammenhalt, eine Achterbahn-Liebe und natürlich … die Unsportlichkeit in Person. :)

Da ein Buch nicht von allein entsteht und viele daran mitwirken, möchte ich mich bei all den Beteiligten bedanken. Danke Eliane, dass du mir die Chance gegeben hast, mein Projekt bei Piper zu platzieren. Danke Barbara und Elke, dass ihr immer ein offenes Ohr für meine Fragen hattet. Und dann möchte ich natürlich auch dir danken, liebe Cornelia. Ich habe unseren konstruktiven und doch amüsanten Austausch im Rahmen des Lektorats sehr geschätzt. Du hast so viel aus *Until we Fall* herausgeholt, dem Text den letzten Feinschliff und mir viele hilfreiche Impulse verpasst – ich sag nur »Now-Kiss-Szene«.

Besonders schön war es, dass sich im Rahmen des Wettbewerbs Freundschaften entwickelt haben, die ich jetzt nicht mehr missen möchte. Liebe Sabrina, danke für den tollen Austausch. Ich bin froh, dass ich mich bei Zweifeln, egal welcher Art, an dich wenden kann.

Danke an Kenny – du hast das Manuskript, das damals noch

Full Mind And A Fuller Heart hieß, von meinen Freunden als erster gelesen. In deinen Flitterwochen. Auf den Malediven. Das hat mich ehrlich überrascht und gefreut. Danke an meine Mädels Alis, Lena und Anna, dass ihr immer für mich da seid und mich in allem unterstützt.

Und natürlich danke an alle Leser für eure Zeit!